古典文獻研究輯刊

三十編

潘美月・杜潔祥 主編

第15冊

西夏文《喜金剛現證如意寶》考釋與研究

李若愚 著

國家圖書館出版品預行編目資料

西夏文《喜金剛現證如意寶》考釋與研究／李若愚 著—初版—
新北市：花木蘭文化事業有限公司，2020〔民 109〕
序 2+ 目 2+170 面；19×26 公分
（古典文獻研究輯刊 三十編；第 15 冊）
ISBN 978-986-518-100-0（精裝）
1. 藏傳佛教 2. 注釋
011.08 109000663

ISBN-978-986-518-100-0
9 789865 181000

古典文獻研究輯刊
三十編 第十五冊 ISBN：978-986-518-100-0

西夏文《喜金剛現證如意寶》考釋與研究

作　　者 李若愚
主　　編 潘美月　杜潔祥
總 編 輯 杜潔祥
副總編輯 楊嘉樂
編　　輯 許郁翎、張雅淋　美術編輯　陳逸婷
出　　版 花木蘭文化事業有限公司
發 行 人 高小娟
聯絡地址 235 新北市中和區中安街七二號十三樓
電話：02-2923-1455／傳眞：02-2923-1452
網　　址 http://www.huamulan.tw 信箱 hml 810518@gmail.com
印　　刷 普羅文化出版廣告事業
初　　版 2020 年 3 月
全書字數 191223 字
定　　價 三十編 18 冊（精裝）新台幣 40,000 元

西夏文《喜金剛現證如意寶》考釋與研究

李若愚 著

作者簡介

李若愚，男，河南省焦作市人，1990 年生，2015 年～2016 年獲國家留學基金委獎學金，作爲聯合培養博士研究生，赴哈佛大學學習，2017 年於中國社會科學院研究生院畢業，獲史學博士學位。現爲故宮博物院圖書館館員，中國民族古文字研究會會員。主要從事藏文、西夏文等少數民族古籍文獻的細編目整理與文本對勘工作。主持故宮博物院課題《故宮博物院藏藏文文獻序跋整理研究》（KT2018-04），參與國家社科基金重大研究專項《〈滿文大藏經〉研究》（18VJX031）等相關課題，並在《寧夏社會科學》、《藏學學刊》等刊物發表相關論文 5 篇。

提　要

本文研究的是元代帝師八思巴《喜金剛現證如意寶》上卷的西夏譯本，是一部修習喜金剛法的現證法本，內容由入定始，止於出定部分的誦咒定。底本原爲藏文，本文刊布西夏文錄文，並附上對應的藏文底本和漢文翻譯，西夏文《喜金剛現證如意寶》部分內容可以與莎南屹囉集譯的漢文譯文《吉祥喜金剛集輪甘露泉》堪同，其差別亦出校注進行說明。對西夏文獻中最後的三行草書修習法，本文亦進行了解讀，總結了西夏文草體與楷體的對應規律，並歸納了一批西夏草書的構字部件。通過對西夏文進行對勘與釋讀，可以總結出一批藏傳密教詞語的夏、藏對當關係，並摸清西夏人對「喜金剛現證法」藏文底本的理解方式和翻譯方法，爲藏傳西夏文文獻的全面解讀提供基本的語言資料。

本文還探討了西夏文《喜金剛現證如意寶》的歷史、宗教背景和翻譯的年代。重點探討了西夏中後期藏傳佛教的流傳，藏傳佛教在蒙元初期的流傳以及蒙元初期西夏遺僧的佛教活動三方面的內容，並結合喜金剛現證法本的傳承體系與《喜金剛現證如意寶》藏文底本的創作時間，推斷了西夏文本大致的翻譯年代。這部分內容的目的是勾勒西夏文《喜金剛現證如意寶》翻譯的時代特徵，探討西夏譯本出現的內在動因，證明在蒙元時期，依然有党項遺民使用西夏文來翻譯佛教作品。

西夏文《喜金剛現正如意寶》不僅是迄今僅見的夏譯八思巴著作，也是迄今僅見的有大致年代可考的蒙元譯本，對它的解讀不僅能爲研究藏傳西夏文文獻提供基本的資料，同時也爲研究蒙元時期西夏遺民的宗教思想提供了基本的歷史資料。

序

「西夏學」這個學科名稱由石濱純太郎在一個世紀前首倡，其後經過幾代學者的努力，西夏這個神秘王朝的面目正在逐漸變得清晰起來。到目前爲止，存世的相關文獻大都得到了科學的鑒定乃至完美的解讀，最終餘下的難題是其中的藏傳佛教部分。

藏傳佛教在 12 世紀中葉開始受到西夏重視，後來滅亡西夏的蒙古人更是賦予了藏傳佛教空前的崇高地位。蒙元王朝的有些佛教因素是從西夏繼承來的，所以蒙古人也有意地吸納舊王朝的僧人爲新政府服務。然而與此不大相稱的是，那一個多世紀間用西夏文寫成的藏傳佛教文獻數量卻比人們預期的要少，而且除了 11 世紀末期西夏皇室布施刊印的「五部經」之外，其餘文獻大都爲字跡潦草的民間抄本，似乎表明藏傳佛教在羣眾中的普及程度不高。由此可以理解，今天見到的每一部西夏文藏傳佛教文獻都屬於珍稀文物，針對這些文獻的研究也都會引人關注。

解讀這些文獻之所以被學術界視爲畏途，其原因主要有二。首先是這項工作要求研究者熟練掌握西夏語和古代藏語，有能力把西夏文譯成藏文，而且譯文還必須最大限度地接近佛教藏語的行文風格。其次是這項工作要求研究者熟悉用西夏文和藏文寫成的大量存世佛教文獻，因爲那個時代的經文大都是由喇嘛用藏語口傳，然後由兼通西夏語和藏語的和尚譯成西夏文的。喇嘛口傳的經文可能夾雜著他自己的加工，甚至還可能有他本人的創作，這使我們很難從傳世的藏文大藏經裏識別出完全相同的文本。毋庸諱言，具備這樣知識基礎的學者還一直沒有出現——粗通現代藏語的人在當今固然不少，但能流暢閱讀理解藏文佛經的卻是寥若晨星，遑論這些學者還必須在有生之年學會失傳六百年之久的西夏語。

儘管遇到了重重困難，學術界近些年來在這方面的努力畢竟取得了一些可喜的進展，學者通過反覆的對勘已經知道了一批西夏詞和藏文佛教術語的對應關係，甚至針對語法對應的探索也初露端倪。從中我們知道，西夏人在翻譯藏傳佛教作品時總是要盡力保持兩種語言間的詞語對當，甚至在某些場合據字面硬譯也在所不惜，並不像翻譯漢文儒家和兵家經典那樣，在保持原意的基礎上追求西夏譯文的曉暢，而不一定嚴守詞語的逐一對應。

此前學者解讀的夏譯藏傳佛經大都有藏文本和相應漢文本可資對照，嚴格地講，人們是借助相應的漢文本來解讀藏文本和西夏文本的，例如《聖勝慧到彼岸功德寶集偈》和「五部經」等。若說到解讀一個全然沒有原本蹤跡可尋的西夏譯本，擺在讀者面前的這本書可以說是首次嘗試。本書的作者李若愚在攻讀碩士和博士學位期間接受過正規的藏語和西夏語專業訓練，其間又曾在哈佛大學隨著名藏學家範德康受教一年，本書涉及的藏文基礎資料曾由若愚和范德康教授反覆討論，但由於經文傳授的是帶有個人體驗的實踐修行法而非通行的佛家義理，所以其間有些具體細節還是不能得到正統經書和生活情理的驗證。不過儘管如此，若愚畢竟是少有的兼通西夏文和藏文的青年學者，他朝這個方向做出的一切努力都值得鼓勵，因爲當前絕對沒人敢於聲稱自己同時「精通」西夏學和藏學這兩個很少有人涉足的學科。

除了解讀經文之外，本項研究還有一個值得稱道的地方，那就是若愚嘗試確定了這部作品產生的大致年代。就目前所知，蒙元時代刊印的佛經大都是利用西夏時代的原有譯本，雖然刊印者聲稱有些譯本已經失傳，需要自己重新翻譯，但學界始終不能確定哪些作品是元代產生的。現在若愚明確告訴我們，這部短小的「喜金剛」經文應該出自忽必烈時代的帝師八思巴羅古羅思監藏之手，這實在是一個重要的信息，由此我們首次瞭解到，蒙元時代不僅整理和翻譯了前代的西夏文佛經，而且竟然有全新的作品出現，這證明在西夏覆亡之後其語言和文字還在新的王朝中發揮著作用。

最後要說的是，本書研究的基礎資料出自民間收藏，這類民間收藏往往因其來歷不明而不被看好。然而我覺得，學術界實際上重視的衹是資料的文獻價值，衹要在其轉手之前能有人公布高質量的照片並做出相應的研究，就足以豐富我們的歷史文獻寶庫，至於文物最終落入誰人之手，相比之下就不重要了。

聶鴻音

2019 年 8 月 5 日

目次

緒　論

西夏於西元 1038 年建國，至 1227 年爲蒙古所滅。從那之後，西夏文字以及党項族的民族語言似乎很快消失在歷史的長河中。在已經整理發現的黑水城西夏文文獻中，最晚的明確紀年只到西元 1226 年〔註 1〕。當然這並不能證明所有的西夏文獻都來自於西夏時期，隨黑水城出土的部分漢文文書已被明確證明爲元代〔註 2〕，尤其引人矚目的是一件收藏於俄羅斯艾爾米塔什博物館的唐卡，上畫有「帶冠佛」，佛陀手心中握著一枚錢幣，上有「天元通寶」的題銘〔註 3〕，儘管缺乏相關的文獻記錄，且這幅唐卡不同於黑水城出土的其他唐卡的風格〔註 4〕，但是錢上的文字足以暗示我們，晚到北元的天元年間（1378～1387 年），黑水城依然沒有被廢棄，且宗教和藝術傳統也沒有受到伊斯蘭勢力的影響〔註 5〕。此外保留下來的一些有西夏字的文物也暗示我們西夏文字存在的時間要比學界認爲的時間要長，包括著名的居庸關過街塔的六體

〔註 1〕聶鴻音：《西元 1226：黑水城文獻最晚的西夏紀年》，《寧夏社會科學》，2012 年第 4 期，第 80～85 頁。

〔註 2〕相關研究介紹可參考張琰玲、張玉海：《國內黑水城漢文文獻的整理、翻譯與研究》，《寧夏社會科學》，2011 年第 6 期，第 102～109 頁。杜建錄：《黑水城漢文文獻綜述》，杜建錄主編《西夏學》第 4 輯，上海古籍出版社 2009 年版，第 3～14 頁。

〔註 3〕M.Piotrovsky（ed.）. *Lost Empire of the Silk Road, Buddhist Art from Khara Khoto（X-XIII century）*, Milano: Electa, 1993, p234～235.

〔註 4〕在柯茲洛夫第一次發掘黑水城的時候，發現有「帶冠佛」的陶像，其類似於唐卡「帶冠佛」。

〔註 5〕Kira Samosyuk, "Historical Subjects in the Paintings from Khara Khoto. Facts and Hypotheses", *Silk Road Art and Archaeology 8*, Kamakura: Journal of Institute of Silk Road Studies, 2002, p239～254.

石刻，不僅刻有西夏文《佛頂尊勝陀羅尼》，且有西夏文小字記錄的《建塔功德記》〔註 6〕；著名的河北保定韓莊明代西夏文「佛頂尊勝陀羅尼經幢」，上面刻有西夏文題款以及一批西夏助緣者的題名〔註 7〕；元順帝至正八年（1348）所立的《元代速來蠻刻石》，中心刻有六臂觀音一尊，周圍有用梵、藏、漢、西夏、八思巴蒙文、回鶻六種文字刻的六字眞言〔註 8〕；以及 2013 年 9 月在河北省大名縣出土的帶有西夏文的墓誌銘，上面記載有西夏遺民小李鈐部（1191～1259）家族在元代的仕宦經歷〔註 9〕。上述的唐卡、漢文文書、經幢、碑文給了我們這樣一個結論，即在蒙元時期，西夏文字並沒有隨著西夏王朝的滅亡而立即消亡，依舊有西夏遺民使用西夏文來翻譯和創作。

同樣的證據還來自兩份材料，一份是西夏文的，即國家圖書館藏西夏文《過去莊嚴劫千佛名經》的發願文〔註 10〕，其詳細記載了西夏翻譯佛經的數量、過程，以及在元代重新校勘，翻譯、雕刻西夏文大藏經的過程；另一份爲漢文的，即元刊《磧砂藏》本踐字函《大宗地玄文本論》卷三的發願文〔註 11〕，其詳細記載了江南浙西道杭州路大萬壽寺雕刊河西字大藏經的數量，以及管主八欽此勝緣，施印河西藏的情況〔註 12〕。孫伯君先生通過對比元代雕印西夏文大藏經與西夏時期所譯大藏經的數量，發現元代雕印西夏文大藏經比西夏時期所譯的大藏經多出了 41 卷，從而推測出元刊《河西藏》中必然收入了新譯的西夏文佛經〔註 13〕。孫先生進一步指出白雲宗祖師清覺所著的《正行集》只是在元代才受到重視，從而被收入《普寧藏》中，因此《正行集》的

〔註 6〕西田龍雄對居庸關銘文做了詳細的解讀，見〔日〕村田治郎：《居庸關》，京都大學工學部 1954 年版，第 279～306 頁。

〔註 7〕史金波、白濱：《明代西夏文經卷和石幢初探》，《考古學報》，1977 年第 1 期，第 143～164 頁。

〔註 8〕陳永耕：《西夏碑（石）刻述要》，《文博》，2010 年第 5 期，第 22～55 頁。

〔註 9〕《大名縣發現元代古墓》，《燕趙都市報》，2013 年 10 月 11 日第 10 版。

〔註 10〕史金波：《西夏文〈過去莊嚴劫千佛名經〉發願文譯證》，中國社會科學院學術委員文庫《史金波文集》，上海辭書出版社 2005 年版，第 312～330 頁。

〔註 11〕李富華、何梅：《漢文佛教大藏經研究》，宗教文化出版社 2003 年版，第 291～292 頁。

〔註 12〕學界往往誤認爲杭州大萬壽寺刻本爲管主八負責雕刻，從發願文內容看，管主八僅印造了《河西藏》，並沒有雕刻這些佛經，參見段玉泉：《元刊西夏文大藏經的幾個問題》，《文獻》，2009 年第 1 期，第 42～51 頁。

〔註 13〕孫伯君：《元刊〈河西藏〉考補》，《民族研究》，2011 年第 2 期，第 56～63 頁。

西夏文譯本，當是在元代被白雲宗徒所翻譯的〔註 14〕。沿著這一思路，孫先生指出，另外如西夏文《三觀九門鑰匙文》、《三代屬明言文集》、《求生淨土法要門》和《中華傳心地禪門師資承襲圖》等被認定爲是白雲宗的作品似乎也是在元代才被翻譯的〔註 15〕。

儘管對具體篇幅的認定上，學界存在爭議〔註 16〕，但就總體的思考方向來看，孫先生這一推斷無疑是值得肯定的，由於缺乏有年代題署的實證，這一結論暫時難以得到百分之百的肯定。

幸運的是，本文所討論的西夏文《喜金剛現證如意寶》可以作爲一個實證來證明孫教授的推論。該西夏文是譯自八思巴用藏文所寫的《喜金剛現證如意寶》這篇著作。此前學界並不知道《喜金剛現證如意寶》還有其他文字的譯本。事實上該書尚有西夏文譯本存世。該譯本此前未見報導，原件來歷不詳，爲一名未透露姓名的收藏家所有，實物現存於北京泰和嘉成拍賣公司。本項研究依據的照片是清華大學人文學院劉石教授轉交給聶鴻音先生的。照片表明西夏文原件爲卷子裝行楷寫本，墨框勾欄，行 23 至 26 字，卷首題「喜金剛現證如意寶上卷」（[illegible]），卷尾題「喜金剛現證定次上卷」（[illegible]），其後附有校訂者的題名、三行西夏文草書所作的修習法，以及抄寫後核對的題記「一遍校」（[illegible]）。全文未見確切的年代題署，今考對應的藏文原本卷尾有如下記述：

ས་སྐྱ་པཎྜི་ཏ་ཆེན་པོའི་ཞབས་རྡུལ་སྤྱི་བོས་ལེན་པ་འཕགས་པས། དཔལ་ཀྱེ་རྡོ་རྗེའི་མངོན་པར་རྟོགས་པ་ཡིད་བཞིན་གྱི་ནོར་བུ་ཞེས་བྱ་བ་འདི། ས་ཕོ་རྟའི་ལོ་དབྱུ་གུའི་ཟླ་བ་ལ། རྒྱལ་པོ་གོ་པེ་ལའི་ཕོ་བྲང་ཆེན་པོར་སྦྱར་བའོ།།

sa skya paṇḍi ta chen po’i zhabs rdul spyi bos len pa ’phags pas／dpal kye rdo rje’i mngon par rtogs pa yid bzhin gyi nor bu zhes bya ba ’di／sa pho rta’i lo dbyu gu’i zla ba la／rgyal po go pe la’i pho brang chen por sbyar ba’o〔註 17〕//

〔註 14〕孫伯君：《西夏文〈正行集〉考釋》，《寧夏社會科學》，2011 年第 1 期，第 87～94 頁。

〔註 15〕孫伯君：《元代白雲宗譯刊西夏文文獻綜考》，《文獻》，2011 年第 2 期，第 146～157 頁。

〔註 16〕比如對西夏文《三觀九門鑰匙文》、《求生淨土法要門》，索羅寧教授有不同看法，詳見索羅寧：《白雲釋子〈三觀九門〉初探》，杜建錄主編《西夏學》第 8 輯，上海古籍出版社 2011 年版，第 9～22 頁。

〔註 17〕八思巴著、百慈藏文古籍研究室編：《先哲遺書（十九）·薩迦五祖全集對勘本（17／25）》（藏文），中國藏學出版社 2007 年版，第 413～415 頁。

〔頂禮薩迦班智達之足塵，此《喜金剛現證如意寶》係八思巴於陽土馬年藏曆九月作於汗王忽必烈之大殿。〕

這則題記表明最初的藏文原本完成於陽土馬年（1258），那麼西夏文本的翻譯一定不會早於這個時間。

因此，西夏文《喜金剛現正如意寶》不僅是迄今僅見的夏譯八思巴著作，也是迄今僅見的有大致年代可考的蒙元譯本，它首次證明了在蒙元時期，依然有党項遺民使用西夏文來翻譯佛教作品，對它的全文解讀，將爲西夏文獻學與蒙元時期的佛教研究提供一份新的資料，而對其中的草書研究，也利於學界對西夏文草書與楷書的轉寫規律有更深入的理解。

第一章　藏傳西夏文佛教文獻研究史

1909 年，俄國探險家科茲洛夫（П·К·Козлов）在內蒙古額濟納旗的黑水城遺址中發現大量的西夏文獻〔註 1〕，從此眞正打開了西夏研究的大門〔註 2〕。在現存的西夏文文獻中，佛教經典佔了大多數，而佛教經典中，保留了大量的漢傳與藏傳西夏文佛教文獻。漢傳佛教的研究起步較早，早在 1904 年，法國學者毛利瑟（M.G.Morisse）就通過研究西夏文的《妙法蓮華經》確定了一大批西夏字的字音、字義，並初步探討了西夏文的語法〔註 3〕。直到 1932

〔註 1〕科茲洛夫在黑水城所發現的西夏文文獻現今收藏在俄羅斯科學院東方文獻研究所，文獻的整理工作至今沒有完成，其中西夏文文獻經初步整理後的編號已經超過 9000，種類涉及佛教、文學、歷史、法律以及語言文字等。1914 年英國的斯坦因再次對黑水城進行發掘，所獲文獻現藏英國國家圖書館，約 8 千餘件。之後，人們又對黑水城進行過零星的考古發掘。1983～1984 年，在內蒙古額濟納旗黑水古城的調查發掘中，出土近 3000 份文書。除了黑水城以外，中國其他地方也陸續發現出土了一些西夏文獻，如 1917 年寧夏靈武縣出土兩大箱西夏文經卷。1941～1943 年張大千在敦煌莫高窟北區挖掘中，出土了一批西夏文獻。1972 年甘肅武威張義鄉下西溝峴亥母洞中發現西夏時期夏漢文文書、發願文、醫方、占卜辭、日曆等珍貴文獻。1972 年以來，寧夏銀川西夏帝陵出土大批夏漢文殘碑，有的文字比較完整。1983～1984 年，在內蒙古額濟納旗黑水古城的調查發掘中，出土近 3000 份文書。1991 年寧夏賀蘭縣拜寺口方塔出土 9 冊 10 萬字西夏文活字印本《吉祥遍至口和本續》。中國藏西夏文獻見杜建錄：《中國藏西夏文獻敘錄》，杜建錄主編《西夏學》第 3 輯，上海古籍出版社 2008 年版，第 72～158 頁。

〔註 2〕在此之前，研究西夏文僅有碑刻、錢幣等零星的材料，見偉烈：《華北居庸關古代佛教銘文考》，卜士禮：《簡介一枚新見的西夏文錢》，以及毛利瑟：《西夏語言文字初探》，孫伯君編《國外早期西夏學論集（一）》，民族出版社 2005 年版，第 1～27、89～91、97～133 頁。

〔註 3〕毛利瑟：《西夏語言文字初探》，孫伯君編《國外早期西夏學論集（一）》，民族出版社 2005 年版，第 97～133 頁。

年，才有第一部藏傳西夏文佛經得到確認解讀，王靜如先生在研究西夏文《佛母大孔雀明王經》時，通過證明西夏文經名中「種咒」二字係將藏文 རིག་སྔགས（rig sngags）誤讀爲 རིགས་སྔགས（rigs sngags），並考校經文組織，比較梵、藏、漢諸譯本的差別，證明了西夏文譯自藏文〔註 4〕。與此同時，聶歷山和石濱純太郎先生對西夏文《八千頌般若經》片段做了考釋，並指出西夏佛典中有「五部經」以及《八千頌般若經》譯自藏文〔註 5〕。羅福成先生也對西夏文《大隨求陀羅尼經》部分內容作了解讀，並通過對比經名判斷其譯自藏文〔註 6〕。此後，學界對藏傳西夏文佛經的解讀沈寂了很長一段時間，直到 2005 年，才有聶鴻音先生對俄藏西夏文《般若心經》的抄本進行解讀，並將此抄本與漢文、梵文與藏文本對比，通過對比文中出現的藏式佛教術語，指出該抄本必定譯自藏文〔註 7〕。2006 年，林英津先生對西夏文《聖妙吉祥眞實名經》做了解讀，並對西夏文的構詞及語法作了分析，與學界普遍觀點不同的是，林英津並不認爲西夏文《聖妙吉祥眞實名經》譯自藏文本〔註 8〕。同年，孫昌盛先生對 1991 年在賀蘭山拜寺溝西夏方塔〔註 9〕出土的《吉祥遍至口合本續》第四卷做了解讀，通過對比其內容基本一致的藏文佛經《眞實相應大本續》（ཡང་དག་པར་སྦྱོར་བ་ཞེས་བྱ་བའི་རྒྱུད་ཆེན་པོ། yang dag par sbyor ba zhes bya ba'i rgyud chen po），搞清楚了一大批藏傳密教西夏文詞彙的意義〔註 10〕。之後，段玉泉先生結合同題、同源的房山雲居寺的藏漢合璧本，對西夏文《聖勝慧到彼岸功德寶集偈》做了多語言的對勘研究〔註 11〕。此外還有安婭對西夏文《守護大千國土經》的解讀，文中對西夏文「五部經」的流傳情況做了簡單研究，並探討了夏譯藏文佛經的

〔註 4〕王靜如：《〈佛母大孔雀明王經〉夏梵漢合璧校釋》，《西夏研究》第 1 輯，國立中央研究院歷史語言研究所單刊之八，1932 年，第 181～249 頁。

〔註 5〕聶歷山、石濱純太郎：《西夏文〈八千頌般若經〉合璧考釋》，《國立北平圖書館館刊》第四卷第三號（西夏文專號），1932 年，第 2751～2762 頁。

〔註 6〕羅福成：《聖大明王隨求皆得經下卷釋文》，《國立北平圖書館館刊》第四卷第三號（西夏文專號），1932 年，第 2723～2726 頁。

〔註 7〕聶鴻音：《西夏文藏傳〈般若心經〉研究》，《民族語文》，2005 年第 2 期。

〔註 8〕林英津：《西夏語〈眞實名經〉釋文研究》，《語言暨語言學》專刊甲種之八，中央研究院語言學研究所，2006 年。

〔註 9〕寧夏文物考古研究所編著：《拜寺溝西夏方塔》，文物出版社 2005 年版。

〔註 10〕孫昌盛：《西夏文〈吉祥遍至口合本續〉（第四卷）研究》，南京大學博士論文，2006 年。

〔註 11〕段玉泉：《西夏〈功德寶集偈〉跨語言對刊研究》，上海古籍出版社 2014 年版。

翻譯規律〔註 12〕，以及張九玲對西夏文《大隨求陀羅尼經》的研究，總結了一大批藏式西夏文詞彙〔註 13〕。

解讀藏傳西夏文文獻，最重要的是找出這部西夏文佛經所依據的底本，然後參照這個底本進行解讀。因此，底本鑒定工作是解讀西夏文，尤其是藏傳西夏文文獻的關鍵。與漢傳西夏文佛經不同的是，藏傳西夏文佛教文本多爲寫本，相關的書題著錄最早見於戈爾巴喬娃與克恰諾夫的《西夏文寫本與刊本》〔註 14〕，之後，西田龍雄對部分文獻做過基礎的鑒定〔註 15〕，由於西田龍雄僅僅對比了西夏文和藏文的經題，因此有部分訛誤，而這部分訛誤在克恰諾夫的《西夏文佛教文獻目錄》〔註 16〕中被繼承了下來。現在來看，由於藏傳西夏文佛經存量過大，加之西夏學界對藏式的西夏文詞彙積累不夠，缺乏藏學背景，大量的藏傳西夏文文獻至今不能給予確切的定名與解讀，因此，整理解讀藏傳西夏文文獻依然還有很長的路要走。

在解讀藏傳西夏文文獻的過程中，學界同時也對夏譯藏傳佛經的翻譯規則做著總結。隨著藏式西夏文詞彙的積累，2002 年聶鴻音先生提出「現存的西夏文佛經譯本所用的術語實際上至少有漢語和藏語兩個不同的來源，即使是在西夏晚期翻譯或校訂的佛經裏，漢式詞和藏式詞仍然並行不悖一譯自漢文本的西夏佛經採用漢式詞，譯自藏文本的西夏佛經採用藏式詞，其間雖偶有參差，但總的規律是可以肯定的」〔註 17〕。之後孫伯君先生又進一步對比藏文、漢文佛經翻譯的原則，指出漢文佛經大多奉行唐玄奘的「五不翻」原則，而藏文佛經大多奉行吐蕃贊普赤德松贊 814 年頒布的法令，故翻譯梵文佛經時，關於佛、菩薩和聲聞等詞語，漢文佛經主要採用音譯，藏文佛經主要採用意譯，受此影響，西夏文佛經在翻譯藏文佛經時，對佛、菩薩、聲聞

〔註 12〕安婭：《西夏文藏傳〈守護大千國土經〉研究》，中國社會科學院研究生院博士學位論文，2011 年。

〔註 13〕張九玲：《西夏文〈大隨求陀羅尼經〉研究》，中國社會科學院研究生院博士學位論文，2015 年。

〔註 14〕З. И. Горбачева и Е. И. Кычанов: *Тангутские рукописи и ксилографы*, Москва: Издательство восточной литературы, 1963.

〔註 15〕〔日〕西田龍雄：《西夏文華嚴經》第 3 卷，京都大學文學部 1977 年版。

〔註 16〕Е. И. Кычанов, *Каталог тангутских буддийских памятников*, Киото: Университет Киото, 1999.

〔註 17〕聶鴻音：《西夏佛教術語的來源》，《固原師專學報》，2002 年第 2 期，第 13～15 頁。

等詞語則採用意譯的方式，反之則採用音譯的方式〔註 18〕。如西夏文「出有壞」（[illegible]），藏文作 བཅོམ་ལྡན་འདས（bcom ldan 'das；壞有出），梵文作 Bhagavān，漢文則音譯作「薄伽梵」；西夏文「非天」（[illegible]），藏文作 ལྷ་མིན（lha min；非天），梵文 Asura，漢文譯作「阿修羅」；西夏文「食香」（[illegible]），藏文作 དྲི་ཟ（dri za；食香），梵文 Gandharva，漢文譯作「乾達婆」等等〔註 19〕。安婭進一步將藏傳西夏文佛經的翻譯原則總結爲意譯藏文、音譯和意譯藏文結合、音譯梵文和意譯藏文結合。音譯藏文以及音譯梵文〔註 20〕，這也從側面反映出西夏譯經來源的複雜性。在實際解讀西夏文的過程中，情況也遠比學者們預想的要複雜，如孫伯君先生解讀西夏文《佛說聖大乘三歸依經》時，認爲西夏文本依漢文本而譯，從而進一步推測在西夏時期，某些番、漢兩譯佛經的翻譯程序可能是先翻譯成漢文，然後再根據漢文翻譯成了西夏文〔註 21〕。段玉泉在解讀西夏文《功德寶集偈》的時候，認爲其西夏文本和漢文本是由藏文本同步譯出的，它們之間互有參考，且它們的藏文底本也經過了重新處理，由梵文譯出，也參考了前人的翻譯成果〔註 22〕。另外，譯經者的翻譯習慣也會影響翻譯的結果，如西夏文《佛說聖佛母般若波羅蜜多心經》（инв. № 4336）中最後有一句「舍利子與觀自在菩薩等無量眾會，天、龍、夜叉、乾達婆、阿修羅、迦樓羅、緊那羅、摩和羅伽、人、非人等聞佛所說，皆大歡喜，信受奉行。」其中「龍、夜叉、迦樓羅、緊那羅、摩和羅伽、人、非人」不見於現存任何的漢、藏文本，似爲譯者個人的增補。

隨著藏傳西夏文佛經研究的積累，對西夏文藏傳密教文獻的研究也進一步開始深入。突破性的研究始於西田龍雄爲《聖彼德堡東方文獻研究所所藏西夏佛教文獻目錄》所撰寫的序文，文中西田龍雄先生介紹了西夏文《大印究竟要集》、《大手印頓入要門》、《大手印定引導要門》等幾篇藏密「大手印」

〔註 18〕孫伯君：《西夏佛經翻譯的用字特點與譯經時代的判定》，《中華文史論叢》2007 年第 86 輯，第 307～326 頁。

〔註 19〕聶鴻音：《西夏文藏傳〈般若心經〉研究》，《民族語文》，2005 年第 2 期，第 22～29 頁。

〔註 20〕安婭：《西夏文藏傳〈守護大千國土經〉研究》，中國社會科學院研究生院博士論文，2011 年。

〔註 21〕孫伯君：《黑水城出土西夏文〈佛說聖大乘三歸依經〉譯釋》，《蘭州學刊》，2009 年第 7 期。

〔註 22〕段玉泉：《西夏〈功德寶集偈〉跨語言對刊研究》，上海古籍出版社 2014 年版，第 78 頁。

法經典，並翻譯探討了大手印法的傳承體系〔註 23〕。另外漢文《大乘要道密集》的發現，也爲西夏文藏傳密教文獻的研究開闢了新的視野，通過對勘《大乘要道密集》與黑水城出土的西夏文同名經典，索羅寧指出西夏文 инв. №2841、№7216 與同名漢文經典難以判斷母本和譯本，可能爲獨立並行的資料，並進一步指出《大乘要道密集》所反映的是西夏晚期的「大手印」系統〔註 24〕，孫伯君指出有些西夏文本儘管與《大乘要道密集》收錄的漢文題名完全相同，但內容頗有差異，提醒學界注意西夏時期盛行的薩迦派、噶舉派教法或許與元代的傳承文本頗有不同〔註 25〕。

整理藏傳西夏文文獻的同時，學界同時也對西夏傳法的上師做了梳理。史金波先生曾結合西夏和漢文資料梳理了西夏藏傳佛教的僧人和封號〔註 26〕，鄧如萍先生則利用藏文史料以及西夏文獻題款，較爲詳細地考證了八個西夏僧人的生平〔註 27〕，聶鴻音先生通過比較西夏譯名方式與藏式譯法，對部分國師、帝師的名字進行還原勘同，確定了四個較爲可靠的帝師，並探討了西夏的帝師封號與帝師制度〔註 28〕。同樣的方法，孫伯君先生對西夏遺存文獻中所載的藏傳佛教「大手印」修法的傳承脈絡進行了梳理，明確了西夏所傳承的「金剛默有母修法」、「大手印修法」以及「金剛亥母修習法」等與薩迦派的關係〔註 29〕。

〔註 23〕西田龙雄：《西夏语仏典目录编纂の诸问题》，收錄於 Е. И. Кычанов, *Каталог тангутских буддийски памятников,* Киото: Университет Киото, 1999. XLI-XLIV。對西田龍雄的解讀分析討論見 K. J. Solonin, Mahāmudrā Texts in the Tangut Buddhism and the Doctrine of No-thought，沈衛榮主編《西域歷史語言研究集刊》第二輯，科學出版社 2009 年版，第 277～305 頁。對西夏文《大手印定引導要門》解讀見孫伯君：《俄藏西夏文〈大手印定引導要門〉考釋》，沈衛榮主編《西域歷史語言研究集刊》第 5 輯，科學出版社 2012 年版，第 189～208 頁。

〔註 24〕索洛寧：《西夏文「大手印」文獻雜考》，載沈文榮主編《漢藏佛學研究：文本、人物、圖像和歷史》，中國藏學出版社 2013 年版，第 235～267 頁。

〔註 25〕孫伯君：《黑水城出土〈大手印定引導略文〉考釋》，《西夏研究》，2011 年第 4 期，第 12～19 頁；《俄藏西夏文〈大手印定引導要門〉考釋》，沈衛榮主編《西域歷史語言研究集刊》第 5 輯，科學出版社 2012 年版，第 189～208 頁；《黑水城出土藏傳佛典〈中有身要門〉考釋》，《藏學學刊》第 9 輯，2014 年，第 246～264 頁。

〔註 26〕史金波：《西夏的藏傳佛教》，《中國藏學》，2002 年第 1 期，第 33～50 頁。

〔註 27〕鄧如萍：《西夏佛典中的翻譯史料》，《中華文史論叢》2009 年第 95 輯，第 111～162 頁。

〔註 28〕聶鴻音：《西夏帝師考辯》，《文史》，2005 年第 3 期，第 205～217 頁。

〔註 29〕孫伯君：《西夏遺存文獻所見藏傳佛教的傳承世系》，《中華文史論叢》2014 年第 115 輯，第 71～109 頁。

另外，孫昌盛在解讀西夏文《吉祥遍至口合本續》以及段玉泉在解讀西夏文《聖勝慧到彼岸功德寶集偈》的過程中，都考證了該經典在西夏的傳譯過程〔註 30〕。

總的來說，對藏傳西夏文文獻的解讀與整理，學界已經取得一定的成果，同時也積累了一大批藏式西夏文詞彙，在此基礎上，學界已經不滿足於對藏傳西夏文文獻做簡單的整理解讀，開始嘗試發掘背後的宗教、歷史等內涵，並取得了可喜的成果。然而對藏傳西夏文文獻的整理解讀工作，依然會是一段時間內西夏學界工作的重點與難點。

〔註 30〕孫昌盛：《西夏文〈吉祥遍至口合本續〉（第四卷）研究》，南京大學博士論文，2006 年，第 3～7 頁；段玉泉：《西夏〈功德寶集偈〉跨語言對勘研究》，上海古籍出版社 2014 年版，第 49～69 頁。

第二章　《喜金剛現證如意寶》的歷史、宗教背景

第一節　西夏時期藏傳佛教的流傳

討論西夏時期藏傳佛教的流傳，一個重要的前提是如何界定「藏傳佛教」這一概念。通常認爲其有兩層含義：一是指在藏族地區形成和經藏族地區傳播並影響其他地區的佛教；二是指用藏文藏語傳播的佛教，即「藏語系佛教」。由於學界對於藏傳西夏文佛教文獻的研究還處於起步階段，大量的文獻還沒得到整理，甚至難以給出準確的定題，因此難以界定西夏「藏傳佛教」的具體內涵。從目前研究的思路來看，多採用了第二層含義，即用藏文藏語傳播的佛教，其判斷的標誌就是西夏文的翻譯採用了藏文底本。比如史金波先生在論述藏傳佛教對西夏的影響時，依照西田龍雄先生的對西夏文獻的整理成果，確定已發現的西夏文佛經中，相當大一部分是由藏文譯過來的〔註 1〕。聶鴻音先生也指出在西夏晚期翻譯或校訂的佛經中，漢式詞和藏式詞仍然並行不悖——譯自漢文本的西夏佛經採用漢式詞，譯自藏文本的西夏佛經採用藏式詞，其間雖偶有參差，但總的規律是可以肯定的〔註 2〕。就學界目前整理的西夏文佛經來看，符合聶鴻音先生總結的規律，因此從翻譯底本的語言入手，是追溯藏傳佛教在西夏流傳的重要手段。

〔註 1〕史金波：《西夏佛教史略》，寧夏人民出版社 1988 年版，第 56 頁。

〔註 2〕聶鴻音：《西夏佛教術語的來源》，聶鴻音《西夏文獻論稿》，上海古籍出版社 2012 年版，第 253～255 頁。

另外是否要將時間限制在西夏時期。孫伯君先生通過對比元代雕印西夏文大藏經與西夏時期所譯大藏經的數量，發現元代雕印的西夏文大藏經比西夏時期所譯的大藏經多出了 41 卷，從而推斷出元代依然有党項遺民使用西夏文新譯佛經〔註3〕，西夏文《喜金剛現證如意寶》也能作爲實證來證明孫先生的觀點〔註4〕，因此對於西夏文創作年代的時間下限，應該採取更加謹慎的態度，不能單單憑藉西夏文就認定是西夏時期的。

過去一般認爲西夏佛教受藏傳佛教影響主要是在西夏后期〔註5〕，但是從西夏文中某些佛教術語的語源來看，西夏佛教應該很早就受到了藏傳佛教的影響，如佛教最基本的術語「經」，西夏文作「[illegible]」，字面意思是「契經」，相當於藏語 མདོ་སྡེ(mdo sde)，並不同於梵語 sūtra 和漢語單音節的「經」，而且整個西夏時代的佛經都在使用這個術語，甚至在翻譯漢文佛經時也沒有仿照漢語造出新詞，這表明西夏人最早接觸的佛教術語中有一部分來源於藏語〔註6〕。從西夏文獻的情況來看，黑水城藏品中保存的藏傳西夏文《大乘無量壽經》〔註7〕（инв. № 812、№ 6943）以及藏傳西夏文《聖勝慧到彼岸八千經》〔註8〕（инв. № 102）皆有如下題款：

[illegible]

[illegible]

勝智廣祿治民俱禮德盛皇太后　梁氏　御譯

聖功勝祿正教治民仁淨皇帝　嵬名　御譯

這表明在西夏崇宗乾順（1087～1139）時期，已經開始使用西夏文來翻譯藏文佛經，藏傳佛教已經受到西夏統治者尊崇與信奉。

現有的資料看，西夏時期藏傳佛教以及藏傳密教在西夏的流行有明顯的官方色彩，受到西夏政府的尊崇與管理，藏傳佛教和漢傳佛教一起被西夏的統治者信奉，除了翻譯語言及詞彙上的差別，兩者看不出明顯的隔離。

〔註 3〕孫伯君：《元刊〈河西藏〉考補》，《民族研究》，2011 年第 2 期，第 56～63 頁。

〔註 4〕李若愚：《〈喜金剛現證如意寶〉：元帝師八思巴著作的西夏譯本》，《寧夏社會科學》，2016 年第 5 期，第 206～212 頁。

〔註 5〕史金波：《西夏佛教史略》，寧夏人民出版社 1988 年版，第 54 頁。

〔註 6〕聶鴻音：《西夏的佛教術語》，《寧夏社會科學》，2005 年第 6 期，第 90～92 頁。

〔註 7〕孫穎新：《西夏文〈大乘無量壽經〉考釋》，《寧夏社會科學》，2012 年第 1 期，第 88～95 頁。

〔註 8〕Е. И. Кычанов, *Каталог тангутских буддийских памятников*, Киото: Университет Киото, 1999. с. 266

據仁宗天盛二年（1150）頒行的西夏法典《天盛律令》記載：「國師、法師、禪師、功德司大人、承旨等司中有職管事限度者一日起至十日，寺檢校、僧監、眾主等二十日期間當告功德司，使定寬限度，二十日以上當告變。國師、法師、禪師、定師等司內不管者，徑直當報中書，依所報次第限之」〔註 9〕。顯然，具有「國師」、「法師」、「禪師」等稱號的僧人，隸屬於西夏的國家職官系統。稍晚成書的《雜字》中「官位第十七」收錄了「帝師」一詞，位列「國師」、「法師」、「禪師」之前〔註 10〕。據聶鴻音先生考證，西夏存在「帝師」封號，卻沒有形成相應的「帝師制度」〔註 11〕，但無論如何，具有「帝師」稱號的僧人具有官方身份當毋庸置疑。

在西夏譯經傳法的藏族僧人多有官方身份。據藏文史料記載，噶舉派在創立之初，即受到了西夏皇帝的重視。西夏仁宗仁孝曾經邀請藏傳佛教噶瑪噶舉派的祖師都松欽巴（དུས་གསུམ་མཁྱེན་པ། dus gsum mkhyen pa；1110～1193）到西夏傳法，都松欽巴本人沒有前往，而是派了弟子臧波巴貢卻僧格（གཙང་པོ་པ་དཀོན་མཆོག་སེང་གེ། gtsang po pa dkon mchog seng ge；？～1218）前往西夏，臧波巴後來在西夏被封爲「帝師」，號稱「臧巴底室哩」（གཙང་པ་ཏི་ཤྲཱི། gtsang pa ti shrī）〔註 12〕。西夏文的資料中不見「臧巴帝師」，但有名爲「西藏中國三藏知覺寶獅子」這一稱號〔註 13〕，「寶獅子」可與貢卻僧格（དཀོན་མཆོག་སེང་གེ། dkon mchog seng ge）勘同，似乎爲同一個人。後拔絨噶舉派的底室哩喇實巴（ཏི་ཤྲཱི་རས་པ། ti shrī ras pa；1163～1236）來到西夏傳法，並受封爲國師，在臧波巴圓寂兩年後，被封爲帝師，並數次修持了退敵儀軌（དམག་བཟློག dmag bzlog）來抵禦蒙古軍隊，並在西夏滅亡前夕返回康區〔註 14〕。底室哩喇實巴暫時不見於西夏文資料。

據西夏文資料，在西夏傳播藏傳佛教並翻譯藏文佛經的僧人同樣具有官方身份。西夏文《聖勝慧到彼岸功德寶集偈》（инв. № 598）卷尾有如下題記：

〔註 9〕史金波等譯注：《天盛改舊新定律令》，法律出版社 2000 年版，第 352 頁。

〔註 10〕史金波：《西夏漢文本〈雜字〉初探》，白濱、史金波等編《中國民族史研究》（二），中央民族學院出版社 1989 年版，第 167～185 頁。

〔註 11〕聶鴻音：《西夏帝師考辨》，《文史》，2005 年第 3 期，第 205～217 頁。

〔註 12〕E. Sperling, further Remarks Apropos of the 'ba'-rom-pa and the Tanguts, *Acta orientalia Academiae Scientiarum Hungaricae*, vol. 57（1）, 2004.

〔註 13〕Е. И. Кычанов, *Каталог тангутских буддийских памятников*, Киото: Университет Киото, 1999. с. 520.

〔註 14〕陳慶英：《大乘玄密帝師考》，《佛學研究》，2000 年，第 138～151 頁。

[illegible]；

[illegible]；

[illegible]；

[illegible]；

[illegible]

賢覺帝師講經律論功德司正都大偏袒提點嚷臥勒沙門波羅顯勝察義；

西天大般彌怛五明顯密國師講經律論功德司正嚷乃將沙門㖃也阿難捺親執梵本證義；

演義法師路贊訛嚷賞則沙門遏啊難捺吃哩底梵譯；

顯秘法師功德司副使嚷臥英沙門周慧海番譯

面前淨本寫者李長剛寫〔註 15〕

上述提到的參與翻譯《聖勝慧到彼岸功德寶集偈》的人員中，除了李長剛之外，皆有「帝師」、「國師」或「法師」等稱號，也能明確隸屬於功德司。其中「賢覺帝師」同樣出現在西夏文《一切如來之百字要門》（инв. № 598）和《佛說阿彌陀經》（инв. № 6761）的題款中。《一切如來百字要門》經文題款：「[illegible]；[illegible]；[illegible]；[illegible]」，（賢覺帝師共西天五明般彌怛傳；演義法師路贊訛師遏梵譯；顯密法師功德司副周番譯；出家功德司正至覺禪師李漢譯）〔註 16〕。以及《佛說阿彌陀經》題款：「[illegible]；[illegible]；[illegible]；[illegible]；[illegible]；[illegible]」，（賢覺帝師沙門顯勝；五明國師沙門㖃也阿難捺；金解國師沙門法慧；至覺國師沙門慧護；圓通法師沙門智明；覺行國師沙門德慧等傳）〔註 17〕。同樣的，

〔註 15〕段玉泉：《西夏〈功德寶集偈〉跨語言對勘研究》，上海古籍出版社 2014 年版，第 50 頁。

〔註 16〕聶鴻音：《一切如來百字要門發願文》，聶鴻音著《西夏佛經序跋譯注》，上海古籍出版社 2016 年版，第 117 頁。

〔註 17〕孫伯君：《〈佛說阿彌陀經〉的西夏譯本》，《西夏研究》，2001 年第 1 期，第 23～32 頁。

「賢覺帝師」對藏傳密教在西夏流傳也有影響，據現有的資料看，他主要傳承了「大手印」成就法中的「大黑求修法」，黑水城出土的漢文本《大黑求修法》（俄藏 B59）記錄了其傳承世系：

> 修習人求手印成就有三期曰：上根□□定尅證，中根人一七（期）日，下根人生必證□。此生不證，則中有身上決定成就也。彼劑門相襲次第者，鈴杵法師傳賢覺師，彼師傳金剛座法師，彼師傳阿滅葛囉口葛八恒（怛）草頭路贊訛，彼師傳大吉祥，彼師傳阿師，彼師傳浪布師，彼師傳阿浪座主，彼師處傳礬上師，彼師處淨信弟子授得此法，無信人勿傳者矣。自攝受劑門也〔註 18〕。

孫伯君先生將其簡括爲：「鈴杵法師—賢覺師—金剛座法師—阿滅葛囉口葛八怛草頭路贊訛—大吉祥—阿師—浪布師—阿浪座主—礬上師—淨信弟子」〔註 19〕。這裡提到的「賢覺師」即「賢覺帝師」。

此外，對於「哆也阿難捺」學界也有比較專門的研究，他被冠以「五明顯密國師」的頭銜，且被授予「功德司正」的官職，顯然有著明確的官方背景。據范德康（Leonard W. J. van der Kuijp）教授的研究，「哆也阿難捺」梵文名爲 jayānanda，迦濕彌羅人，在去西夏之前是西藏有名的高僧，他曾與西藏思想家恰巴・卻吉僧格（ཆ་པ་ཆོས་ཀྱི་སེང་གེ། cha pa chos kyi seng ge；1109～1169）就中觀題目進行公開辯論，最後以失敗而告終，之後離開西藏去了五臺山〔註 20〕。在某些文本中，他被省稱爲「西天金剛座大五明」，沈衛榮先生在考察黑水城出土漢文本《念一切如來百字懺悔劑門儀軌》時指出「西天金剛座大五明」即是 jayānanda〔註 21〕，除此之外，西夏文《聖觀自在大悲心求法》（инв. № 6502）題款：「[illegible]」，即「西天大師哆也阿難捺傳」，並記載

〔註 18〕《俄藏黑水城文獻》，第 6 冊，上海古籍出版社 2000 年版，第 43 頁。

〔註 19〕孫伯君：《西夏遺存文獻所見藏傳佛教的傳承世襲》，《中華文史論叢》2014 年第 115 輯，第 71～109 頁。

〔註 20〕Leonard W. J. van der Kuijp, "Jayānanda. A Twelfth Century Guoshi from Kashimir among the Tangut", *Central Asiatic Journal* 37／3-4, 1993, p188～199；中譯本見范德康著、陳小強、喬天碧譯：《拶也阿難捺：12 世紀唐古忒的喀什米爾國師》，陳慶英等編《國外藏學研究譯文集》第 14 輯，西藏人民出版社 1998 年版，第 341～351 頁。

〔註 21〕沈衛榮：《序說有關西夏、元朝所傳藏傳密法之漢文文獻——以黑水城所見漢譯藏傳佛教儀軌文書爲中心》，《歐亞學刊》第 7 輯，2007 年，第 159～179 頁。

了此法本的傳承世系，該傳承世系與黑水城出土的漢文本《金剛劑門》（TK. 287）有頗多相似之處，孫伯君先生將西夏文《聖觀自在大悲心求法》傳承世襲簡括爲：「金剛座師——皇帝—爲皇帝—大菩提惠心—勤師—白衣思師—意寶師—遮勒缽師」，將漢文《金剛劑門》記敘的「金剛亥母」修習法的傳承世系簡括爲：「金剛座師—曼機拶帝國王—爲帝國王—得菩薩行法師—智惠多心法師—麓麻結—白色法師—於施礙國王注釋說漢本」〔註 22〕。「金剛座師」即「哆也阿難捺」，「爲皇帝」對應「爲帝國王」，孫伯君先生推測爲西夏仁宗皇帝，若依孫先生的推斷，「哆也阿難捺傳」不僅在西夏傳了一批藏傳佛教密法，迄今仍有西夏文、漢文譯本存世，且直接傳授給了西夏的仁宗皇帝。

此外，西夏資料中提到的「法獅子」也極大地推動了藏傳密教在西夏的傳播。「法獅子」在西夏佛經的題記裏全稱爲「[illegible]」（大度民寺覺照國師法獅子）或是「[illegible]」（大度民寺院中國覺照國師法獅子），聶鴻音先生據其名字還原爲藏文 ཆོས་ཀྱི་སེང་གེ（chos kyi seng ge），或是梵文 dharmasiṃha，並推斷其活動的高峰時期爲西夏仁宗乾祐年間（1170～1193）〔註 23〕，然而依據現有的藏文資料找不到其在西夏傳法的記載，因此學界對其生平暫時還不甚清楚。在西夏文《聚輪供養作次第》（инв. № 821）卷尾有一段關於「法獅子」的傳法記載，西夏文錄文及孫伯君先生譯文如下：

> [illegible]，[illegible]，[illegible]，[illegible]。[illegible]，[illegible]，[illegible]。

> 大吉祥雅羅大寒林墓地成就，得證現前，吉祥上樂輪中圍佛會見面時，集《以等持略受主法》。依憑此文，商余囉歌巴師因作所謂「取手作次儀」，雅礱斯巴法獅子集此文〔註 24〕。

將「雅礱斯巴」與「法獅子」聯繫在一起，我們可以知道他們指的是同一位上師。這樣俄藏西夏文 инв. № 821 提到的「雅礱斯巴」即是「法獅子」，

〔註 22〕 孫伯君：《西夏遺存文獻所見藏傳佛教的傳承世襲》，《中華文史論叢》2014 年第 115 輯，第 71～109 頁。

〔註 23〕 聶鴻音：《大度民寺考》，《民族研究》，2003 年第 4 期，第 94～98 頁。

〔註 24〕 孫伯君：《西夏遺存文獻所見藏傳佛教的傳承世系》，《中華文史論叢》2014 年第 115 輯，第 71～109 頁。

西田龍雄先生最早注意到這份文獻所載的傳承世系，並做了簡要翻譯〔註 25〕。之後孫伯君先生又做了詳細的翻譯，有關其生平資料如下：

> [illegible]
> [illegible]
> [illegible]
> [illegible]
> [illegible]

> 次彼之弟子者是雅礱斯巴師，此師生長於域嚕雅礱國，姓氏爲雅，小時恭敬父母，令往喇嘛魯處學法八年整，多聞受般若等法。次修心發願往撈國菩提勇識月幢師處，道內間□出未至，喇嘛畢師處，師令往，日夜夢中師處聽聞要門及修習禪定，安樂顯明無察，平時起發〔註 26〕。……

由此可知，雅礱斯巴法獅子除了多聞受般若等法，還聽聞修習了各種要門及禪定。以「雅礱斯巴」或是「法獅子」爲線索，可知他傳授了西夏文《六法圓融道次》（инв. № 2734、6373），以及西夏文《金剛王亥母隨淨瓶以親誦作順》（инв. № 2557）、《聚輪供養作次第》（инв. № 821）、《道之間休止順要論》（инв. № 3823）、《中有身要門》（инв. № 7116）等一批有關金剛亥母的修習法典。

西夏時期藏傳佛教在西夏境內的流行有明顯的官方色彩還表現在西夏政府出面組織翻譯了一批藏傳佛教經典，其目的同漢傳佛教一樣，不外乎實現其國泰民安的護國策略。其中最有代表性的當屬西夏文的「五部經」〔註 27〕，

〔註 25〕西田龙雄：《西夏语仏典目录编纂の诸问题》，收錄於 E. И. Кычанов, *Каталог тангутских буддийски памятников,* Киото: Университет Киото, 1999. XLI-XLIV。

〔註 26〕孫伯君：《西夏遺存文獻所見藏傳佛教的傳承世系》，《中華文史論叢》2014 年第 115 輯，第 71～109 頁。

〔註 27〕五部經，又稱「五部陀羅尼」或「五部守護經」，即藏傳佛教的《守護大千國土經》、《大孔雀明王經》、《大寒林經》、《大隨求陀羅尼經》及《大密咒受持經》，西夏人將這「五部經」翻譯成了西夏文，相關研究見王靜如：《〈佛母大孔雀明王經〉夏梵漢合璧校釋》，國立中央研究院歷史語言研究所單刊之八，《西夏研究》第 1 輯，1932 年，第 181～249 頁；羅福成：《聖大明王隨求皆得經下卷釋文》，《國立北平圖書館館刊》第四卷第三號（西夏文專號），1932 年，第 2723～2726 頁；安婭：《西夏文藏傳〈守護大千國土經〉研究》，中國社會科學院研究生院博士學位論文，2011 年；張九玲：《西夏文〈大隨求陀羅尼經〉研究》，中國社會科學院研究生院博士學位論文，2015 年。

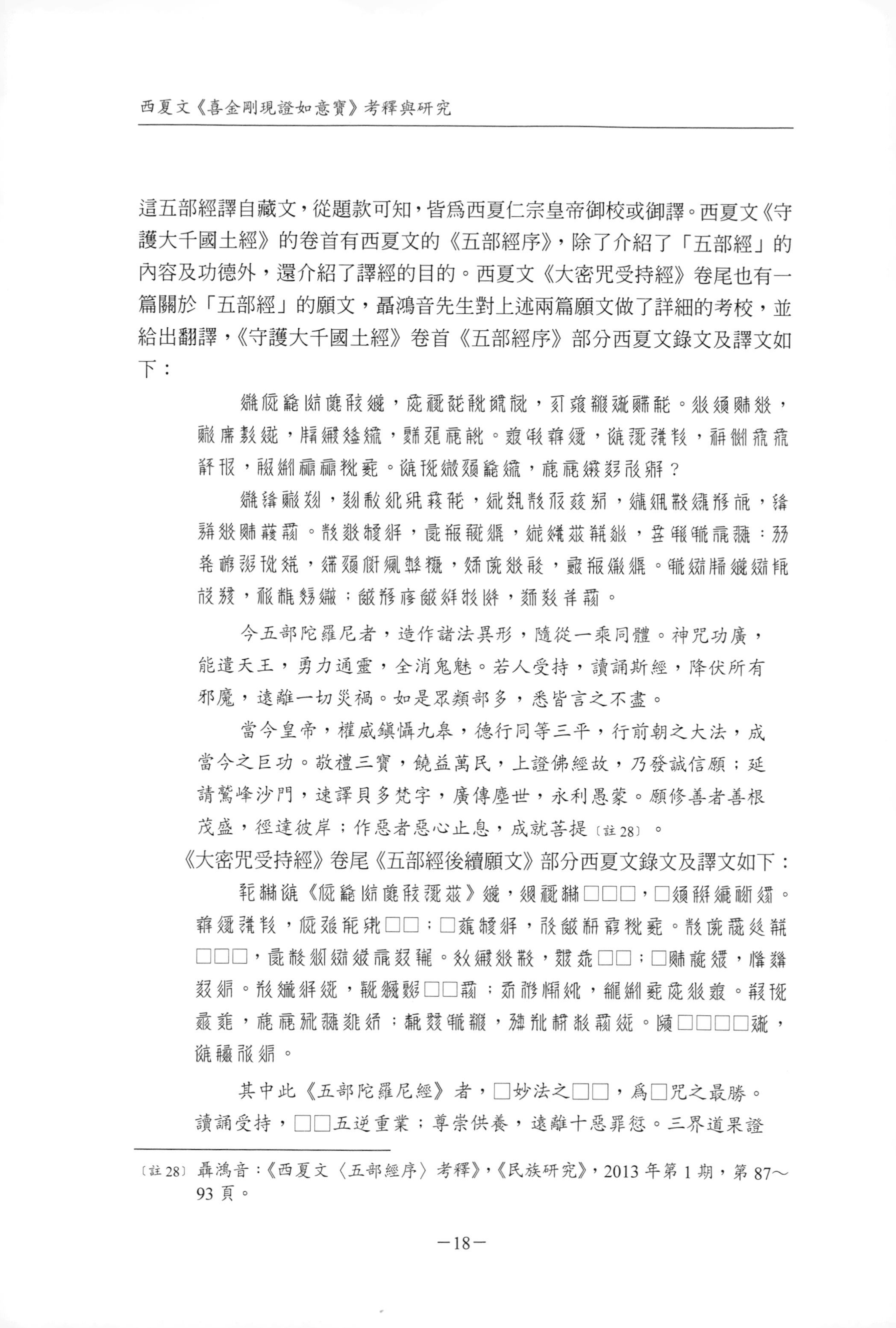

這五部經譯自藏文，從題款可知，皆爲西夏仁宗皇帝御校或御譯。西夏文《守護大千國土經》的卷首有西夏文的《五部經序》，除了介紹了「五部經」的內容及功德外，還介紹了譯經的目的。西夏文《大密咒受持經》卷尾也有一篇關於「五部經」的願文，聶鴻音先生對上述兩篇願文做了詳細的考校，並給出翻譯，《守護大千國土經》卷首《五部經序》部分西夏文錄文及譯文如下：

[illegible]

[illegible]

今五部陀羅尼者，造作諸法異形，隨從一乘同體。神咒功廣，能遣天王，勇力通靈，全消鬼魅。若人受持，讀誦斯經，降伏所有邪魔，遠離一切災禍。如是眾類部多，悉皆言之不盡。

當今皇帝，權威鎮懾九皋，德行同等三平，行前朝之大法，成當今之巨功。敬禮三寶，饒益萬民，上證佛經故，乃發誠信願；延請鷲峰沙門，速譯貝多梵字，廣傳塵世，永利愚蒙。願修善者善根茂盛，徑達彼岸；作惡者惡心止息，成就菩提〔註28〕。

《大密咒受持經》卷尾《五部經後續願文》部分西夏文錄文及譯文如下：

[illegible]

其中此《五部陀羅尼經》者，□妙法之□□，爲□咒之最勝。讀誦受持，□□五逆重業；尊崇供養，遠離十惡罪愆。三界道果證

〔註28〕聶鴻音：《西夏文〈五部經序〉考釋》，《民族研究》，2013年第1期，第87～93頁。

> □□□，萬種福善生起之源。神力廣大，□□相匹；□功玄奧，不可度量。一時恭敬，和風雨而□□成，少許冥思，離患難而諸神護。所愛所欲，悉皆隨意滿足；所願所求，立便以利成就。國□□□□法，莫過於斯〔註 29〕。

從上述兩篇發願文來看，「五部經」的功能主要是降伏邪魔，遠離災禍，同時滿足念誦者的所願所求，積福善之緣。西夏統治者組織翻譯這「五部經」主要是爲了饒益萬民，同時起到懲惡揚善的目的。比較「五部經」的願文，與其他漢傳佛教發願文並沒有太大的區別，可以看出，在西夏統治者的心目中，藏傳佛教和漢傳佛教並沒有過於明顯的差別，以致需要區別對待。

西夏時期藏傳佛教流行的官方色彩還表現在藏族僧人不僅參與了西夏政府組織的佛事活動，而且還在法會上主持了藏傳佛教的儀軌。

據西夏仁宗乾祐二十年（1189）御製的《觀彌勒菩薩上生兜率天經發願文》記載：「謹乾祐己酉二十年九月十五日，延請宗律國師、淨戒國師、大乘玄密國師、禪師、法師、僧眾等，請就大度民寺內，具設求修往生兜率內宮彌勒廣大法會，燒施道場作廣大供養，奉無量施食，並念誦佛名咒語，讀番、西番、漢藏經及大乘經典……」〔註 30〕，其中大乘玄密國師在西夏文《大手印伽陀支要門》記載的傳承世系有提及：

> [illegible]，[illegible]，[illegible]，[illegible]，[illegible]，[illegible]，[illegible]□[illegible]，[illegible]……[illegible]……

> 大手印要門師承者，眞實究竟明滿傳與菩提勇識大寶意，此師傳與薩囉曷，此師傳與薩囉巴，此師傳與啞斡諾帝巴，此師傳與辢麻馬巴，此師傳與銘啰辢囉悉巴，此師傳與辢麻辢征，此師傳與玄……

《大乘要道密集》卷四《大手印伽陀支要門》所的記載的傳承世系與西夏文本相應：

> 此要門師承次第者，眞實究竟明滿傳與菩提勇識大寶意解脱師，此師傳與薩囉曷師，此師傳與薩囉巴師，此師傳與啞斡諾帝，

〔註 29〕聶鴻音：《五部經後序願文》，聶鴻音著《西夏佛經序跋譯注》，上海古籍出版社 2016 年版，第 134～137 頁。

〔註 30〕聶鴻音：《乾祐二十年〈彌勒上生經御製發願文〉的夏漢對勘研究》，杜建錄主編《西夏學》第 4 輯，寧夏人民出版社 2009 年版，第 42～45 頁。

此師傳與辢麻馬巴，此師傳與銘哆辢囉悉巴，此師傳與辢麻辢徵，此師傳與玄密帝師，此師傳與大寶上師，此師傳與玄照國師〔註31〕。

綜合夏、漢兩種文本，《大手印伽陀支要門》的師承次第可以簡括爲：真實究竟名滿—菩提勇識大寶意師—薩囉曷師—薩囉巴師—啞斡諾帝巴—辢麻馬巴—銘哆辢囉悉巴—辢麻辢徵—玄密帝師—大寶上師—玄照國師〔註32〕。陳慶英先生推測「大乘玄密國師」與「玄密帝師」當爲同一個人，「大乘玄密帝師」是「大乘玄密國師」提升爲帝師所用的稱號〔註33〕。另外，「銘哆辢囉悉巴」即「米拉日巴」（མི་ལ་རས་པ། mi la ras pa；1040～1123），因此「大乘玄密帝師」當爲「米拉日巴」的再傳弟子。「大乘玄密帝師」在西夏文《吉祥上樂輪隨耶稀鳩稀字咒以前尊習爲識過定入順要論》題記作「[illegible]」（中國大乘玄密帝師沙門慧稱傳），「慧稱」被聶鴻音先生勘同爲梵語的「般若吃哩底」（prajñākīrti）或者藏文的「喜饒紮巴」（ཤེས་རབ་གྲགས་པ། shes rab grags pa）〔註34〕。此外，據西夏文《仁王護國般若波羅蜜多經後序願文》（инв.№ 683）：「謹以元年亡故之日，請工刊刻斯經，印製番一萬部、漢二萬部，散施臣民。又請中國大乘玄密國師並宗律國師、禪法師，做七日七夜廣大法會。又請演義法師並慧照禪師，做三日三夜地水無遮清淨大齋法事」〔註35〕。此處「元年亡故之日」指天慶元年（1194）仁宗皇帝去世一週年，可見「大乘玄密帝師」在西夏不僅僅傳了一批藏傳佛教法典，還多次參與了西夏政府組織的佛事活動。

〔註31〕中國人民大學國學院漢藏佛學研究中心主編：《大乘要道密集》（第四冊），北京大學出版社 2012 年版。

〔註32〕孫伯君：《西夏遺存文獻所見藏傳佛教的傳承世襲》，《中華文史論叢》第 115 輯，2014 年。

〔註33〕崔紅芬有不同意見，她依據西夏文《吉祥上樂輪隨耶稀鳩稀字咒以前尊習爲識過定入順要論》題記：「中國大乘玄密帝師、沙門慧宣編傳、蘭山覺行國師德慧譯西夏文」，指出德慧天盛十九年（1167）封號爲蘭山覺行國師，乾祐十五年（1185）封號爲蘭山智昭國師，而西夏文《觀彌勒菩薩上生兜率天經發願文》中提到大乘玄密國師已經是乾祐二十年（1189），認爲「大乘玄密帝師」和「大乘玄密國師」不是一個人，考西夏文《吉祥上樂輪隨耶稀鳩稀字咒以前尊習爲識過定入順要論》原文，題款應爲「聘珊箎豎繕祇籙蕒麼膳握」（蘭山智昭國師沙門德慧譯）。見崔紅芬：《再論西夏帝師》，《中國藏學》，2008 年第 1 期，第 210～214 頁；陳慶英：《西夏大乘玄密帝師的生平》，《西藏大學學報》，2000 年第 3 期，第 5～13 頁。

〔註34〕聶鴻音：《西夏帝師考辯》，《文史》，2005 年第 3 期，第 205～217 頁。

〔註35〕轉引自孫伯君：《西夏遺存文獻所見藏傳佛教的傳承世襲》，《中華文史論叢》2014 年第 115 輯，第 71～109 頁。

蘭山覺行國師沙門德慧傳譯的《持誦聖佛母般若多心經要門》卷末有一篇天盛十九年（1167）五月初九的夏仁宗御製後序，講述了譯經的緣起，文中說道：

> 朕睹勝因，遂陳誠願。尋命蘭山覺行國師沙門德慧重將梵本，再譯微言，仍集《眞空觀門施食儀軌》附於卷末，連爲一軸。於神妣皇太后周忌之辰，開板印造番漢共二萬卷，散施臣民。仍請覺行國師等燒結滅惡趣中圍壇儀，並拽六道及講演《金剛般若經》、《般若心經》，做法華會大乘懺悔，放神幡、救生命、施貧濟苦等事，懇伸追薦之儀，用達劬勞之德〔註36〕。

此處提到的蘭山覺行國師沙門德慧被聶鴻音先生還原爲藏文 ཡོན་ཏན་བློ་གྲོས（yon tan blo gros）或是 ཡོན་ཏན་ཡེ་ཤེས（yon tan ye shes），但是在相關藏文史料中似乎找不到這個人的記載。從西夏文資料來看，最初他的頭銜是「覺行法師」，在不遲於 1167 年升爲「覺行國師」，不遲於 1184 年頭銜又變成了「智昭國師」，他精通梵文、藏文、漢文和西夏文。在俄藏黑水城文獻中有多部他翻譯的作品，由他從藏文譯爲漢文、西夏文的有：《佛說聖佛母般若波羅蜜多心經》〔註 37〕、《持誦聖佛母般若多心經要門》〔註 38〕、《佛說大乘三歸依經》〔註 39〕和《聖大乘勝意菩薩經》〔註 40〕等，由他撰寫、校訂、纂集的有：《三十五佛懺悔要門》、《無垢淨光總持》〔註 41〕、《吉祥上樂輪獅子臥修正覺要門》、《吉祥上樂輪耶稀鳩稀字咒現前勞苦時正覺入定要門》、《大印究竟要集》等。而他在法會上所主持的「燒結滅惡趣中圍壇儀」，顯然也具有明顯的藏傳佛教風格。

〔註36〕聶鴻音：《西夏譯本〈持誦聖佛母般若多心經要門〉述略》，《寧夏社會科學》，2005 年第 2 期，第 87～89 頁。

〔註37〕李若愚：《西夏文〈佛說聖佛母般若波羅蜜多心經〉譯釋》，《西夏學輯刊》（待刊）。

〔註38〕聶鴻音：《西夏譯本〈持誦聖佛母般若多心經要門〉述略》，《寧夏社會科學》，2005 年第 2 期，第 87～89 頁。

〔註39〕孫伯君：《黑水城出土西夏文〈佛說聖大乘三歸依經〉譯釋》，《蘭州學刊》，2009 年第 7 期，第 4～9 頁。

〔註40〕沈衛榮：《漢、藏譯〈聖大乘勝意菩薩經〉研究——以俄藏黑水城漢文文獻 TK145 文書爲中心》，《中國邊疆民族研究》，2008 年第 1 輯。

〔註41〕孫伯君：《〈無垢淨光總持〉的西夏文譯本》，《寧夏社會科學》，2012 年第 5 期，第 77～87 頁。

在德慧所譯的《大乘三歸依經》卷末夏乾祐十五年（1184）仁宗皇帝的御製願文提到：「朕適逢本命之年，特發利生之願，懇命國師、法師、禪師暨副判、提點、承旨、僧錄、座主、眾僧等，遂乃燒施、結壇、攝瓶、誦呪。作廣大供養，放千種施食，讀誦大藏等尊經，講演上乘等妙法。亦致打截截、作懺悔，放生命、喂囚徒。飭僧設貧，諸多法事」〔註 42〕。文中提到的「截截」通常寫作「擦擦」，來自藏文 ཚ་ཚ（tsha tsha），即一種用於供養的小型脫模泥塑，「打截截」即用香泥印製各種小泥佛、小泥塔等，以用於供養〔註 43〕。這也說明了在西夏皇室組織的佛事活動中，藏傳佛教儀軌同樣佔據了一席之地。

西夏王朝在前期就受到了藏傳佛教的影響，藏傳佛教在西夏的流行也與西夏統治階層的支持密切相關，這不僅表現在在西夏傳播藏傳佛教以及藏傳密教的僧人多被冠以「帝師」、「國師」等頭銜，且隸屬於功德司，還表現在西夏統治者對藏傳佛教有著濃厚興趣，不僅出面組織翻譯了一批藏傳佛經，還在組織的佛事活動中，舉辦了各種藏傳佛教的儀軌。

第二節　藏傳佛教在蒙元初期的流傳

蒙元帝國，疆域遼闊，民族眾多，各種宗教信仰並存，各個教派之間關係複雜，如其統治下的回回、阿兒渾、哈剌魯人多信奉伊斯蘭教，畏吾兒人則多信奉佛教，欽察人、阿速人、斡羅斯人傳統上多信奉基督教〔註 44〕，此外還有傳統的漢地佛教、摩尼教、猶太教等，面對多民族雜居以及各種宗教並行發展的情況，協調各民族以及各個宗教教派的關係，關係到蒙元帝國的興衰與穩定。對此，蒙元帝國的統治者採取了寬容的宗教政策，「教諸色人戶各依本俗行事」，因俗而治，相容撫納，以達到維護帝國統治的目的。

另一方面，蒙古早期仍處於相對落後的文化狀態，在宗教信仰方面，大多數的蒙古部落仍然保持著原始的薩滿信仰，面對精妙嚴謹的外來宗教，此時的蒙古統治者思想與信仰皆處在一個活躍，多變的狀態中，原始的薩滿信

〔註 42〕《俄藏黑水城文獻》第 3 冊，上海：上海古籍出版社，1996 年，第 56 頁。

〔註 43〕麻曉芳：《「擦擦」的西夏譯法小考》，《寧夏社會科學》，2016 年第 5 期，第 219～221 頁。

〔註 44〕蔣遠柏：《元代宗教寬容性成因淺析》，《廣西師院學報》（哲學社會科學版），1996 年第 1 期，第 103～109 頁。

仰已經不能滿足蒙古統治者對於宗教的需求，這種情況下，蒙古的統治者需要因地制宜的選擇不同的宗教爲自己的統治服務。正如札奇斯欽先生所言：「從一個古樸簡單的游牧社會，一躍而成世界之主的蒙古人，面對許多不同的文化、新奇的生活，都不能不有所愛慕和採納，對於外來宗教，當然也是如此。同時也因所接觸的外族文化愈多、愈複雜，其原始簡單的宗教，愈不會像一個有哲理和隆重法儀的宗教更能吸引或滿足這些世界征服者們的精神上的需求。」〔註 45〕

在諸多宗教中，蒙古統治者尤爲崇信藏傳佛教，究其原因，有維護其統治的需要。蒙古擴張的過程中，有必要將西藏地區納入其統治版圖，而西藏地處高原，廣闊而險要，依靠征戰武力統一併非易事，儘管在 1239 年闊端派部下多達那波率軍直入藏北地區，燒毀了熱振寺等一些寺廟，並殺害了一些僧侶，但其主要目的在於確定西藏的政體性質，爲下一步的行動提供情報〔註 46〕。而在西夏故地以及甘肅、青海和西藏地區流行藏傳佛教，當時西藏地區長期分裂，僧俗勢力分割而治，沒有一個統一的領袖，這種情況下，蒙古統治者需要扶持一個宗教領袖來方便自己的統治，而在諸多教派領袖中，學貫五明，精通佛法的薩迦班智達頗受蒙古統治者的青睞，因此，1244 年，當多達那波再次入藏時，即邀請薩迦班智達前往會見闊端〔註 47〕。同樣的，爲了西藏地區的和平統治，另一方面也是爲了薩迦教派的發展，薩迦班智達當即攜八思巴和恰那多吉動身，終於在 1247 年與闊端進行了歷史性的會晤，這也是元朝統一前蒙古王室和西藏地方的宗教領袖的第一次接觸。1251 年，蒙哥即大汗位，同年闊端和薩迦班智達相繼去世，蒙哥欲將吐蕃完全納入蒙元帝國的版圖之內，爲了加強對藏區的控制，一方面武力討伐藏區的反抗勢力，派人入藏括戶徵稅，另一方面直接與藏區各個教派接觸，確定各自的歸屬關係〔註 48〕，擴大了蒙古分封制的範圍，將藏區正式納入蒙古的管轄之下。蒙古的分封制一定程度上加劇了吐蕃各個教派與各個地方勢力之間的矛盾，

〔註 45〕札奇斯欽：《蒙古與西藏歷史關係之研究》，臺灣正中書局 1978 年版，第 2～3 頁。

〔註 46〕王啓龍：《藏傳佛教在元代政治中的作用與影響》，《西藏研究》，2001 年第 4 期，第 19～33 頁。

〔註 47〕昂旺·貢噶索南：《薩迦世系譜》（藏文），民族出版社 1986 年版，第 118 頁。

〔註 48〕司徒班欽·絳曲堅贊：《郎氏家族史》（藏文），西藏人民出版社 1986 年版，第 109～110 頁。

蒙元帝國爲了在藏區建立長期、穩定統一的統治，必須與西藏的宗教領袖合作，這個歷史的重任就落在了八思巴的肩上，經過長期的接觸和交往，八思巴終於取得了忽必烈的信任，1253 年八思巴爲忽必烈傳授了薩迦派的吉祥喜金剛灌頂，雙方建立起了供施關係〔註 49〕。1260 年，忽必烈即大汗位，是爲元世祖，同年末，封八思巴爲國師，此時的國師不僅是宗教上的領袖，而且是整個藏族地區的政治代表，通過封受國師，蒙古統治者得以有效統治西藏地區，達到了「因其俗而柔其人」，也就是「以蕃治蕃」的目的。

另外，蒙古統治者青睞藏傳佛教也和藏傳佛教尤其是藏傳密教的特點有關。「藏傳佛教本身具有令人畏服的神秘色彩，其侈設儀式、講究修法、演習咒術等，又與蒙古游牧民族固有的薩滿教俗非常接近，容易融合，適應了蒙古統治者既要君臨天下又缺少精神依託。既要縱慾又要長生的矛盾心理。而中原道教專注清心寡欲、漢地佛教禪宗的頓悟行善、儒家的仁義道德或是基督教的平等博愛等，都不及藏傳佛教易於被蒙古統治者接受。加上藏族被列爲色目人，與蒙古族同屬上等人。匆匆戎馬生涯使蒙古人來不及創立一個比藏傳佛教更有體系、更有組織、更有影響並利於蒙古人的新教，借用藏傳佛教作爲精神支柱和文飾精靈崇拜是一條最好的途徑」〔註 50〕。薩迦班智達到達涼州後，與闊端談論教法，示現神變，逐漸得到闊端的信任，「法王薩迦班智達爲了闊端，舉行了獅子吼菩薩儀軌，將闊端從病魔中解脫出來，使得闊端生出信仰之心，曾多次向法王薩班請教大乘發心等博大精深的教法」〔註 51〕，《蒙古佛教史》記載：「薩迦班智達向闊端傳授了大乘發心及喜金剛灌頂等許多深廣教法，使蒙古地方的眾生完成敬奉三寶等善業，拋棄諸種惡業，皈依於佛陀的教法。此外，薩迦班智達還示現神變，在石頭上和沙地上留下手印和腳印，爲該處加持」〔註 52〕。而八思巴也是通過與噶瑪拔希鬥法，顯示出來了種種不可思議的神變，從而了贏得了忽必烈的敬信之心。可見，藏傳佛教神秘的儀軌，示現出來的種種神變，也是蒙古統治者能夠接受藏傳佛教，產生信仰之心的重要原因。

〔註 49〕昂旺・貢噶索南：《薩迦世系譜》（藏文），民族出版社 1986 年版，第 159 頁。

〔註 50〕黃玉生等編著：《西藏地方與中央政府關係史》，西藏人民出版社 1995 年版，第 44 頁。

〔註 51〕昂旺・貢噶索南：《薩迦世系譜》（藏文），民族出版社 1986 年版，第 128 頁。

〔註 52〕陳慶英、孟軻：《藏文〈蒙古佛教史〉選譯——佛教在蒙古地方的傳播》，《西北民族研究》，1989 年第 1 期，第 44～52 頁。

蒙古王室崇信藏傳佛教跟薩迦派僧人尤其是八思巴的大力弘法有關。1251 年 6 月，蒙哥被推舉爲大汗，其同胞兄弟忽必烈總領漢南軍事，標誌著王權由窩闊台－闊端一系轉移到了拖雷一系，薩迦派在蒙古王室取得的優勢地位立即化爲烏有。同年，薩迦班智達病逝，病逝前將自己的法螺及衣缽傳與八思巴，並將自己的弟子和教派都託付於他，八思巴成爲了薩迦派新一代的教主。這種情況下，八思巴與忽必烈進行了初次會晤〔註 53〕，對於會晤的情況，藏文史料《漢藏史集》有如下記載：

> 當（薩迦班智達）伯侄到達涼州幻化寺後，蒙古薛禪汗傳來令旨說：「有名薩迦喇嘛之殊勝者抵達涼州，應作我之上師。」法主因年老未去，喇嘛八思巴與涼州的王子蒙哥都一起，前往漢地，與駐在漢地六盤山的薛禪汗忽必烈相見。（忽必烈）大喜，贈給涼州蒙古馬軍一百，留下薩迦人（八思巴），結爲施主與福田。（八思巴）擔任喇嘛以及在涼州爲法主圓寂舉行超薦法事等，在漢地和蒙古住了多年。

實際上這次會面並不成功，八思巴「至都旬日，即乞西還」，因爲同年薩迦班智達與闊端相繼去世，八思巴需要考慮自己的同胞弟弟恰那多吉的安危，同時準備薩班靈塔的開光儀式和自己的受比丘戒之事，之後還要忙於協助執行在西藏地區的括戶，並安撫民心，拉攏其他教派。括戶完成之後，蒙哥汗按照各個教派的勢力範圍劃分藏區給諸王，這樣一來，諸王與各個教派就建立起直接的聯繫，嚴重動搖了薩迦派在藏區的地位，這種情況下，八思巴需要在蒙古王室重新找到靠山，這樣就有了八思巴與忽必烈的第二次會晤，這次會晤頗爲成功，忽必烈用許多在別人那裡沒能得到解答的疑難問題來問他，八思巴都一一答覆，使得忽必烈十分歡喜。此外，八思巴還向忽必烈誇述先祖功業，講述先輩喇嘛被漢地、西夏、印度、門地、吐蕃的帝王供奉爲上師，並且誇耀自己祖父之時，西夏王曾獻上一個可以將公鹿從角整個蓋住的錦緞傘蓋，忽必烈派人查看核實，一一應驗，頓生信仰〔註 54〕，這樣，憑藉著八思巴個人的學識，初步贏得了忽必烈的好感與信任。

〔註 53〕學界多認爲八思巴與忽必烈初次會晤的時間是 1253 年，綜合史料來看，當爲 1251 年。見王啓龍：《忽必烈與八思巴、噶瑪拔希關係新探》，《清華大學學報》（哲學社會科學版），1997 年第 2 期，第 25～36 頁。

〔註 54〕昂旺・貢噶索南：《薩迦世系譜》（藏文），民族出版社 1986 年版，第 151～152 頁。

在八思巴與忽必烈建立供施關係的過程中，王妃察必起了關鍵作用。她先是向忽必烈提出應該請八思巴傳授薩迦派的甚深密法灌頂，忽必烈建議她先行請求授予灌頂儀式，王妃受喜金剛灌頂之後十分信仰，並將耳環上的大珍珠作爲灌頂之後所供奉的禮物。當忽必烈提出灌頂請求時，八思巴並未立即同意，而是借機提出了自己的要求，而此時王妃察必又出面調和，《薩迦世系譜》有如下記載：

> （忽必烈）向上師請求灌頂，八思巴答：「恐汗王不能遵守法誓，且沒有好的譯師，且等將來。」汗王問：「須遵守何種法誓？」八思巴答：「受灌頂之後，上師坐上座，以身體禮拜，聽從上師言語，不違上師心願。」汗王説：「此事不可。」王妃察必調節道：「聽法及人少之時，上師可坐上座，皇子、駙馬、官員以及百姓聚會之時，恐不能鎮服，由汗王坐上座。吐蕃之事悉聽上師之教，不請於上師絕不下詔，其餘大小事務因上師心慈，難卻他人之請，恐難以鎮國，故上師不必講論。」八思巴答：「當今蒙古難入不戰之和平，我未受比丘戒，故授予灌頂亦無效用，可先籌畫受戒之事。」遂遣使者速招譯師，在八思巴受比丘戒期間，汗王在二十五有受戒資格師三次受戒之時，接受了薩迦派特有的吉祥喜金剛灌頂，這是蒙古地方金剛乘之開端〔註55〕。

表面上八思巴提出的是宗教教規，其實際目的是將教權至於王權之上，這是忽必烈所不能允許的，在王妃察必的調和下，藏傳佛教教權在一定程度上可以左右、影響王權的要求，這也直接影響了整個元代的宗教政策，也是蒙古統治者崇信藏傳佛教，設立帝師制度之濫觴。而通過向汗王忽必烈授予喜金剛灌頂，八思巴與忽必烈建立起了供施關係，八思巴也終於在蒙古王室謀求到了一席之地。

之後，忽必烈及蒙古皇室成員也紛紛向八思巴求經問法，藏傳佛教逐漸在元代宮廷開始流行，也正是在這種背景下，八思巴用藏文寫了《喜金剛現證如意寶》（དཔལ་ཀྱེ་རྡོ་རྗེའི་མངོན་རྟོགས་ཡིད་བཞིན་ནོར་བུ། dpal kye rdo rje'i mngon rtogs yid bzhin nor bu）這樣的著作，完整呈現了喜金剛成就法的各種現證儀軌，來指導喜金剛法的觀想修行。除此之外，八思巴還爲皇室成員撰寫了諸多教誡，如《給啓必貼木兒所寫的珍珠寶串》（ཇི་མིགས་དེ་སྲུར་ལ་གདམས་དུ་བྱུང་བ་ནོར་བུའི་ཕྲེང་བ། ji migs de

〔註55〕昂旺・貢噶索南：《薩迦世系譜》（藏文），民族出版社1986年版，第154頁。

mur la gtam du byung ba nor bu'i phreng ba）、《爲忙哥剌所寫的吉祥寶串》（མངྒ་ལ་གཏམ་དུ་བྱ་བ་བཀྲ་ཤིས་ཀྱི་ཕྲེང་བ། mangala gtam du bya ba bkra shis kyi phreng ba）、《給皇子那木汗的信》（རྒྱལ་པོ་མོ་ནོ་གན་ལ་སྤྲིངས་ཡིག། rgyal po mo no gan la springs yig）、《授忽哥之教誡》（ཧོ་གོ་ལ་གདམས་པ། ho go la gdams pa）、《授王妃布那達日噶之教誡》（དེ་གུ་བྷོ་ག་ལ་གདམས་པ། de gu bho ga la gdams pa）、《授汗王眞金之教誡三篇》（རྒྱལ་པོ་ཇིམ་གྱིམ་ལ་གདམས་པ་གསུམ། rgyal po jim gyim la gdams pa gsum）、《給王子寄送的講經文九篇》（རྒྱལ་བུ་ལ་སྤྲིངས་པ་ཆོས་གཏམ་དགུ་པ། rgyal bu la springs pa chos gtam dgu pa）等一系列教誡講義，蒙元皇室開始念經、受戒、齋僧，崇佛之風開始在皇宮內部盛行，藏傳佛教被抬升至國教的地位，蒙元宮廷中藏傳佛教一支獨大的地位也正式確立。

第三節　西夏遺僧的佛教活動

1227 年，雖然幾經反抗，西夏王朝最終仍覆滅在了蒙古大軍的鐵騎之下。當蒙古統治者一旦確立了對西夏故地的統治權，則立刻改變了對党項人以及河西地區居民的態度，爲了維護統治，他們需要採取一切手段來安撫當地的居民。由於党項人具有較高的文化水準，在政治上也屬於「色目人」一系，有較好的政治待遇，世祖忽必烈也提過「以西夏子弟多俊逸，欲試用之」的說法〔註 56〕。因此，在蒙元時期，西夏的遺民在很短的時間內就掌握了一定的政治勢力，在中央和地方的許多部門都擔任了重要的職務，其影響輻射各地〔註 57〕。

西夏故地流行佛教，尤其流行藏傳密教。元代詩人馬祖常在其《河西歌效長吉體》提到「賀蘭山下河西地，女郎十八梳高髻。茜根染衣光如霞，卻

〔註 56〕《元史》卷 134，《朵兒赤傳》，中華書局 1976 年版，第 3255 頁。

〔註 57〕元代以來，隨著政治中心的轉移，一些党項家族隨之遷徙，四散各地，如今的一些零星的考古發現也能支持這個結論，如河北保定韓莊的西夏文「佛頂尊勝陀羅尼經幢」上保留了一大批西夏助緣者的題名；河北大名縣出土了帶有西夏字的墓誌，上面記載了西夏遺民小李鈐部家族在元代的仕宦經歷；元代唐兀人李愛魯的墓誌記載其「改雲南諸路行尚書省右丞，隨從鎮南王深入交趾」的經歷。詳見白濱：《元代唐兀氏與西夏遺民》，何廣博主編《述善集研究論集》，甘肅人民出版社 2001 年版；史金波、白濱：《明代西夏文經卷和石幢初探》，《考古學報》，1977 年第 1 期，第 143～164 頁；《大名縣發現元代古墓》，《燕趙都市報》，2013 年 10 月 11 日第 10 版；朱建路、劉佳：《元代唐兀人李愛魯墓誌考釋》，《民族研究》2012 年第 3 期，第 76～80 頁。

召瞿曇作夫婿」〔註 58〕這樣的詩句，側面反映了河西故地藏傳密教的流行情況。另外，署名爲「元代八思巴國師譯集」〔註 59〕的元代藏傳佛教經典《大乘要道密集》中的一些法典與西夏所傳的藏傳密法有很大的關聯。在該書的第 6 篇《解釋道果語錄金剛句記》的篇首有這麼 3 行題款，「北山大清涼寺沙門慧中譯 中國大乘玄密帝師傳 西番中國法師禪巴集」〔註 60〕，大乘玄密帝師是西夏時期著名的僧人，在西夏文《大手印伽陀支要門》記載的傳承世系有提及，且多次參與了西夏政府組織的佛事活動。另外，據孫伯君先生考證，黑水城出土的一些「大手印」法經典的西夏文本也可以與《大乘要道密集》中所收漢文本做題名與內容上的勘同〔註 61〕。因此，元代藏傳佛教的流行，西夏是其源流之一。

爲了維護龐大的帝國，處理好錯綜複雜的民族與宗教關係，蒙古統治者採取了寬容的宗教政策，「教諸色人戶各依本俗行事」，因此，河西故地的藏傳佛教在蒙元時期依然得以流行。同時在蒙古皇室內部，由於八思巴個人的才華及努力，蒙古統治者開始日趨崇信藏傳佛教，佛學修養深厚的西夏遺僧也開始得到蒙古統治者的青睞，並在蒙古的宗教政策中發揮了巨大的作用。

有資料顯示，西夏滅亡之後，一批西夏遺僧從賀蘭山南下杭州，他們重新振興了被視爲「吃菜事魔教」的「白雲宗」，同時校理前代的佛教文獻，並編刊了漢文的《普寧藏》和西夏文的《河西藏》，這一行動也得到了以江南釋教總統楊璉眞加爲首的西夏裔上層佛教領導以及元代統治者的支持。國家圖書館藏西夏文《過去莊嚴劫千佛名經》的發願文詳細記載了西夏時期翻譯大藏經，以及元代翻譯、校理和刊印《河西藏》的整個過程。史金波先生早在 1981 年就對這部分發願文做過譯釋〔註 62〕，之後收入《西夏佛教史略》

〔註 58〕〔元〕馬祖常：《石田先生文集》，中州古籍出版社 1991 年版，第 112 頁。

〔註 59〕《大乘要道密集》中可以確定是八思巴傳述或者是集錄的法典只有四篇，即《觀師要門》、《彌勒菩薩求修》、《修習自在擁護要門》、《略勝住法儀》。詳見陳慶英：《〈大乘要道密集〉與西夏王朝的藏傳佛教》，《中國藏學》，2003 年第 3 期，第 94～106 頁。

〔註 60〕中國人民大學國學院漢藏佛學研究中心主編：《大乘要道密集》（第三冊），北京大學出版社 2012 年版。

〔註 61〕孫伯君：《〈大乘要道密集〉與西夏文關係再探》，杜建錄主編《西夏學》第 10 輯，上海古籍出版社 2013 年版，第 57～66 頁。

〔註 62〕史金波：《西夏文〈過去莊嚴劫千佛名經〉發願文譯證》，中國社會科學院學術委員文庫《史金波文集》，上海辭書出版社 2005 年版，第 312～330 頁。

和《史金波文集》兩本書中時略有改動，聶鴻音先生對其中兩個西夏年號有過專門的研究〔註 63〕，孫伯君先生在引用史金波先生的譯文時也做了相應的校證〔註 64〕。史金波先生所譯《過去莊嚴劫千佛名經》部分發願文譯文如下：

> 漢國賢者？歲中夏國風帝新起興禮式德。戊寅年中，國師白法信及後稟德歲臣智光等，先後三十二人爲頭，令依蕃譯。民安元年，五十三歲，國中先後大小三乘半滿教及傳中不有者，作成三百六十二帙，八百十二部，三千五百七十九卷。後奉護城帝敕，與南北經重校，令國土盛。慧提照世，法雨普潤天下，大夏爲池，諸藏潮全無。皇元界朝，中界寂澄，上師結合勝弱，修整一藏舊經。至元七年，化身一行國師，廣生佛事，具令校有譯無。過如意寶，印製三藏新經。後我世祖皇帝，恩德滿貫天下，令各國通。高道勝比萬古，四海安平。八方由旬時經，深信三寶。因欲重舉法幢。法師慧寶，深舉禪法密律，志多長意，上聖欲願滿故，令經院？西壁小狗鐵等報，以不可解德音，發出聖敕，江南杭州實版當做己爲，以主僧事西壁土情行敕，知覺和尚慧中爲始先遣。龍象師中選有多行者，以取舊經，先後二十餘人。至元三十年，萬壽寺中刻印，應用千種，施財萬品數超過。成宗帝朝，大德六年夏始告完畢。奉上敕施印十藏。武宗皇帝聖威神功無比，僧尼大安，愈加明治法門。金輪今帝爾時東宮藏龍，建廣大願，施印五十藏。當今皇帝，一達至尊至聖，勝於南面中上萬乘諸主，文武特出，深悟佛法才藝，賢知大瑞？功德皆比高大。帝道日新，佛事無有續斷。以執七寶，明治四海如子。因欲奉行十善，德化八方。因詔重五十藏可爲印製，大臣知院淨德法處心重，受敕遣用二使共勾管明，至大四年七月十一開始，皇慶元年八月望日印畢……〔註 65〕

由西夏文發願文可知，至元七年（1270）開始，一行國師開始重新修整西夏時翻譯的舊經，並校訂原有經典，補充翻譯經戰爭等原因損失漏譯的佛經，即「廣生佛事，具令校有譯無」。此舉也得到了元世祖忽必烈的大力支持，

〔註 63〕聶鴻音：《西夏文〈過去莊嚴劫千佛名經〉發願文中的兩個年號》，《固原師專學報》，2004 年第 5 期，第 11～12 頁。

〔註 64〕孫伯君：《元刊〈河西藏〉考補》，《民族研究》2001 年第 2 期，第 56～63 頁。

〔註 65〕史金波：《西夏佛教史略》，寧夏人民出版社 1988 年版，第 321～322 頁。

他命知覺和尚慧中等人為先遣，在江南杭州製作雕版，並於至元三十年（1293）在杭州萬壽寺開始刻印，至成宗大德六年（1302）始告完畢，當時即奉敕施印十藏，之後又多次施印。

文中提到的「一行國師」即「一行慧覺」，對於此人的研究，除了史金波先生發表的《西夏文〈過去莊嚴劫千佛名經〉發願文譯證》，還有史先生發表的《西夏文〈金光明最勝王經〉序跋考》一文，他對一行慧覺所撰寫西夏文《金光明經流傳序》做了全文的翻譯，並推測該經刊刻於 1245～1247 年左右〔註 66〕。聶鴻音先生將「慧覺」構擬為藏文 ཤེས་རབ་བྱང་ཆུབ（shes rab byang chub；喜饒江秋）〔註 67〕，鄧如萍以及白濱先生也探討了一行慧覺的生平活動〔註 68〕。對其生平詳細討論的主要有崔紅芬先生的《僧人「慧覺」考略—兼談西夏的華嚴信仰》〔註 69〕和李燦、侯浩然先生的《西夏遺僧一行慧覺生平、著述新探》〔註 70〕兩篇文章，這兩篇文章都結合出土於洛陽的《故釋源宗主宗密圓融大師塔銘》和遺存佛經題記對僧人慧覺生平進行了詳細的考證。一行慧覺的作品以及涉及他的材料主要有：《大方廣佛華嚴經海印道場懺儀》、國家圖書館藏西夏文《金光明經流傳序》、《過去莊嚴劫千佛名經》發願文、《現在賢劫千佛名經》序（《滌罪禮懺要門》）以及《故釋源宗主宗密圓融大師塔銘》。結合上述資料和研究成果，我們可以勾勒出一行慧覺的生平：

一行慧覺為西夏遺僧，俗姓楊，「姑臧人」（今甘肅武威），其父曾是西夏高官，後因西夏滅亡而出家為僧，受其影響，慧覺稍長之時，即因志慕佛乘而出家，受當時西夏故地藏傳密教盛行的影響，慧覺在密教修為上頗下工夫，即「時西北之俗，篤信密乘。公服膺既久，深得其道」，之後跟隨洛陽白馬寺第一任釋源宗主龍川行育研習華嚴「法性圓融之旨」，經過六、七年的學習，對於華嚴思想的理解慧覺達到了「於法性圓融之旨煥焉，若臨秦鏡而睹肝膈，

〔註 66〕史金波：《西夏文〈金光明最勝王經〉序跋考》，《世界宗教研究》，1983 年第 3 期，第 45～53 頁。

〔註 67〕聶鴻音：《西夏帝師考辨》，《文史》，2005 年第 3 期，第 205～217 頁。

〔註 68〕詳見鄧如萍：《西夏佛典中的翻譯史料》，《中華文史論叢》，2009 年第 95 期，第 111～162 頁；白濱：《元代西夏一行慧覺法師輯漢文〈華嚴懺儀〉補釋》，杜建錄主編《西夏學》第 1 輯，寧夏人民出版社 2006 年版，第 82～86 頁。

〔註 69〕崔紅芬：《僧人「慧覺」考略——兼談西夏的華嚴信仰》，《世界宗教研究》，2010 年第 4 期，第 47～57 頁。

〔註 70〕李燦、侯浩然：《西夏遺僧一行慧覺生平、著述新探》，杜建錄主編《西夏學》第 6 輯，上海古籍出版社 2010 年版，第 176～190 頁。

無復餘蘊矣」的地步。慧覺多次校譯佛經，除了1270年那次大規模校譯西夏舊經、編譯新經之外，他還隨龍川一起赴大都參與編纂《至元法寶勘同總錄》的工作，即「世祖皇帝昭海內德望，校經於燕。公從護法，以見賜『宗密圓融大師』之號」。此外，慧覺還多次往返於涼州、洛陽兩地弘法，並在回洛陽爲龍川奔喪期間，被朝廷授予河南僧錄一職，之後又出任白馬寺釋源宗主，直至仁宗皇慶二年（1313）圓寂於白馬寺。

元刊《磧砂藏》本踐字函《大宗地玄文本論》卷三的發願文也記錄了元刊《河西藏》的情況，相關內容如下：

> 管主八誓報四恩，流通正教，累年發心，印施漢本大藏經五十餘藏……心願未周，欽睹聖旨，於江南浙西道杭州路大萬壽寺雕刊河西字大藏經板三千六百二十餘卷，華嚴諸經懺板，至大德六年完備。管主八欽此勝緣，印造三十餘藏，及華嚴大經、梁皇寶懺、華嚴道場懺儀各百餘部，焰口施食儀軌千有餘部，施於寧夏、永昌等路寺院，永遠流通。……大德十年丙午臘八日，宣授松江府僧錄管主八謹願。〔註71〕

管主八全稱爲「廣福大師僧錄管主八」，其生平不詳，王靜如先生推測「管主八」爲 བཀའ་འགྱུར་པ（bka' 'gyur pa）的音譯，是藏傳佛教對精通經藏大師的尊稱〔註72〕。這段發願文記錄了元代皇帝頒布了雕刊河西字大藏經的聖旨，於江南浙西道杭州路大萬壽寺雕刊河西字大藏經板三千六百二十餘卷，華嚴諸經懺板，並於大德六年完備。管主八欽慕這種善緣，印造三十餘藏河西字大藏經及華嚴大經、各種懺儀儀軌，並施於寧夏、永昌等路寺院。管主八施印的《河西藏》殘片現保存在法國巴黎國家圖書館與日本天理圖書館，其主要特徵是西夏文之間有壓按上去的管主八漢文牌記〔註73〕。

《河西藏》和《普寧藏》的編刊和雕印也得到了以楊璉真加爲首的西夏裔上層佛教人士以及元代統治者的支持。楊璉真加又稱楊輦眞加、憐眞加、璉眞加、永福大師。在元代文獻他被稱爲「西僧」、「番僧」或「胡僧」，

〔註71〕李富華、何梅：《漢文佛教大藏經研究》，宗教文化出版社2003年版，第291～292頁。

〔註72〕王靜如：《河西字藏經雕版考》，國立中央研究院歷史語言研究所單刊之八，《西夏研究》第1輯，1932年，第5頁。

〔註73〕段玉泉：《管主八施印〈河西字大藏經〉新探》，杜建錄主編《西夏學》第1輯，寧夏人民出版社2006年版，第99～104頁。

學界多認爲其爲西夏遺僧〔註 74〕。歷史上關於他的身世記錄不詳，《元史》、《佛祖歷代通載》、《佛祖統記》、《辨僞錄序》等有關楊璉眞加職位的記載也十分混亂，可知他於至元十四年（1277）同僧亢吉祥、加瓦一起被封爲「江南釋教總攝」，之後又有「江南釋教都總統」，「江淮諸路釋教都總統」等職位，在至元二十八年（1291）隨著他的政治靠山權臣桑哥獲罪被殺，楊璉眞加也受到牽連，至元二十九年（1292）之後就再也沒有關於楊璉眞加的記載。

《大宗地玄文本論》卷三的發願文提到《河西藏》的雕刊是在江南浙西道杭州路大萬壽寺中，而據《西湖志纂》，萬壽寺的地址在杭州孤山西南，唐代爲孤山寺，北宋時改爲廣化寺，南宋理宗時改爲西太乙宮，元楊璉眞加改爲萬壽寺，元末寺毀〔註 75〕。楊璉眞加將南宋時期的道觀改爲寺院，符合忽必烈「崇佛壓道」的政策，而隨著西夏滅亡，西夏佛經部分被毀，爲了安撫西夏遺民，元代重新雕刊了《河西藏》，楊璉眞加作爲「江南釋教都總統」，負責江南佛教事務，在此期間他大力推廣佛教，萬壽寺可視爲他一手經營的寺院。同時楊又是西夏遺民，《河西藏》的雕刊也滿足了西夏遺民的宗教需求，因此，《河西藏》能在杭州萬壽寺刊刻，無疑離不開楊的支持。

《普寧藏》的刊刻也得到了楊璉眞加的大力支持。《普寧藏》雕刻於杭州餘杭縣南山普寧寺，宋元時期普寧寺一直是白雲宗的重要寺院。據《普寧藏》臣字《大方廣佛華嚴經入不可思議解脫境界普賢行願品》卷尾題記載：

> 又蒙江淮諸路釋教都總攝所護念，准給文憑，及轉呈檐八上師引覲。皇帝頒降聖旨，護持宗門作成勝事。……仍贊大元帝師、大元國師、檐八上師、江淮諸路釋教都總攝扶宗弘教大師、江淮諸路釋教都總統永福大師，大闡宗乘，同增福算。更冀時和歲稔，物阜

〔註 74〕福蘭克（Herbent Franke）教授認爲楊璉眞加爲吐蕃人或唐兀人，陳高華認爲楊氏爲河西唐兀人，族屬上屬於党項人，李燦提出了楊璉眞加有可能是在保持漢姓的基礎上，入鄉隨俗地起了一個党項名字，崔紅芬將唐兀氏理解爲河西地區諸民族的總稱，不論怎樣，楊璉眞加來自西夏故地，屬於西夏遺僧當無疑問。詳見陳高華：《略論楊璉眞加和楊暗普父子》，《西北民族研究》，1986 年第 1 期，第 55～63 頁；陳高華：《再論元代河西僧人楊璉眞加》，《中華文史論叢》2006 年第 82 輯，第 159～180 頁；李燦、侯浩然：《西夏遺僧一行慧覺生平、著述新探》，杜建錄主編《西夏學》第 6 輯，上海古籍出版社 2010 年版，第 176～190 頁；崔紅芬：《元代楊璉眞伽佛事活動考略》，《西部蒙古論壇》，2015 年第 4 期，第 11～20 頁。

〔註 75〕王菡：《元代杭州刊刻〈大藏經〉與西夏的關係》，《文獻》2005 年第 1 期，第 111～118 頁。

民康，四恩三有盡沾恩，一切有情登彼岸。宣授浙西道杭州等路白雲宗僧錄南山普寧寺住持傳三乘教九世孫慧照大師沙門道安謹願。時至元十六年己卯十二月吉日拜書〔註 76〕。

由題記可知，《普寧藏》的刊刻是由杭州路白雲宗僧錄道安發起，得到了江淮諸路釋教都總攝頒布的文憑准許，也得到了檐八上師引覲以及皇帝的恩旨，同時又得到了帝師、國師、以及江淮諸路釋教都總攝扶宗弘教大師和江淮諸路釋教都總統永福大師的大力支持，這裡提到的江淮諸路釋教都總統永福大師就是楊璉眞加。另外《普寧藏》中《不空羂索陀羅尼經》卷首佛說法圖中，圍繞在佛陀周圍的聽法者有髡髮胡僧的形象，旁標有「總統永福大師」的榜題，也可以視爲楊璉眞加支持《普寧藏》刊刻的有力證據。

楊璉眞加等一批西夏遺僧大力籌措刊刻《河西藏》和《普寧藏》的過程頗讓人不齒，他們公然盤剝百姓，搜刮財物，盜掘墳墓，造成民怨沸騰，並且屢遭彈劾。據《元史・釋老傳》記載：

有楊璉眞加者，世祖用爲江南釋教總統，發掘故宋趙氏諸陵之在錢唐、紹興者及其大臣冢墓凡一百一所；戕殺平民四人；受人獻美女寶物無算；且攘奪盜取財物，計金一千七百兩、銀六千八百兩、玉帶九、玉器大小百一十有一、雜寶貝百五十有二、大珠五十兩、鈔一十一萬六千二百錠、田二萬三千畝；私庇平民不輸公賦者二萬三千戶。他所藏匿未露者不論也〔註 77〕。

直到權臣桑哥失勢被殺，楊璉眞加才受到牽連，在查出其種種不法之事之後，世祖忽必烈不僅免其死罪，而且還「給還其人口、土田」，並且其子楊暗普仍得到重用。由此可見元代統治者對西夏遺僧的籠絡與扶持，以及對他們弘揚佛教事業的肯定。

孫伯君先生曾經對比西夏文《過去莊嚴劫千佛名經》的發願文和元刊《磧砂藏》本踐字函《大宗地玄文本論》卷三的發願文，她發現元代施印的西夏文大藏經的卷數比西夏時期所印的大藏經多出 41 卷，推測元刊《河西藏》中必然收入了元代新譯的西夏文佛經〔註 78〕。考慮到白雲宗在元代再次興

〔註 76〕轉引自李富華、何梅：《漢文佛教大藏經研究》，宗教文化出版社 2003 年版，第 318 頁。

〔註 77〕《元史》卷 202，《釋老傳》，第 4521 頁，中華書局 1976 年版。

〔註 78〕孫伯君：《元刊〈河西藏〉考補》，《民族研究》，2011 年第 2 期，第 56～63 頁。

盛，而其祖師清覺的作品《初學記》和《正行集》也只入藏於西夏遺僧刊刻的《普寧藏》中，故而推測白雲宗所尊奉的經典被翻譯成西夏文也只能是在元代〔註 79〕。

西夏遺僧在蒙元時期依舊是佛教界的一股重要勢力，並且由於蒙古統治者崇信藏傳佛教，實行寬容的宗教政策，籠絡扶持西夏遺僧，西夏故地的佛教在蒙元時期依舊得以繼承，並有所發展，因此，孫先生的推斷無疑是正確的。本文研究的西夏文《喜金剛現證如意寶》也可以作爲支持這一觀點的重要證據。另外，西夏文《喜金剛現證如意寶》也是迄今僅見的夏譯八思巴著作，這提示我們，蒙元時期藏傳佛教依然受西夏遺民的崇信，並有相應的佛教作品被翻譯成了西夏文，可供我們研究的材料和問題還有很多很多。

第四節　西夏文《喜金剛現證如意寶》的時代判定

西夏文《喜金剛現證如意寶》全文未見確切的年代提署，難以確定其準確的譯寫年代，但是根據薩迦派喜金剛法的現證法本源流和西夏文《喜金剛現證如意寶》的翻譯方式，可以判定其譯寫的年代當在蒙元時期。

《喜金剛本續》（Hevajra tantra）通常被認爲在九世紀末十世紀初期完成於印度東部〔註 80〕，隨後以此爲中心，湧現出了大量的相關注釋以及實修指南，隨著藏傳佛教後宏期的開始，這些密續經典又被翻譯成了藏文。1043 年，卜囉彌譯師釋迦也失從印度返回西藏後，與印度上師迦耶達囉（Gayadhara）合譯了《喜金剛三續》（ཀྱེ་རྡོར་རྒྱུད་གསུམ། kye rdor rgyud gsum）〔註 81〕。而薩迦派的印度祖師密哩斡巴（Virūpa）則在金剛無我佛母（Nairātmyā）的指導下造《道果根本金剛句偈》（ལམ་འབྲས་བུ་དང་བཅས་པའི་རྩ་བ་རྡོ་རྗེའི་ཚིག་རྐང་། lam ’bras bu dang bcas pa’i

〔註 79〕孫伯君：《元代白雲宗譯刊西夏文文獻綜考》，《文獻》，2011 年第 2 期，第 146～157 頁。

〔註 80〕Ronald M. Davidson, *Tibetan Renaissance: Tantric Buddhism in the Rebirth of Tibetan Culture*, New York: Columbia University Press, 2005, p41.

〔註 81〕喜金剛三續（Kye rdor rgyud gsum）即本續《喜金剛二品本續王》（Hevajra tantra rāja, kye’i rdo rje shes bya ba rgyud kyi rgyal po）、不共注釋續《聖空行母金剛帳續》（Ārya ḍākinī vajrapañjara, ’phags pa mkha’ ’gro ma rdo rje gur）、共通注釋續《吉祥三菩怛續》（Sampuṭa nāma mahātantra， yang dag par shes bya ba’i rgyud chen po）。轉引自安海燕：《臺灣故宮博物館藏漢譯密教儀軌〈吉祥喜金剛集輪甘露泉〉源流考述》，人民大學博士學位論文，2013 年，第 19 頁。

rtsa ba rdo rje'i tshig rkang），濃縮了《喜金剛三續》的精華，自此，喜金剛的修法則成爲薩迦派最重要的教法，喜金剛也成爲了薩迦派最重要的本尊。

　　薩迦派所傳承的喜金剛成就修法主要來自於四個系統，即端必兮嚕葛（Ḍombiheruka）、堪哈（Kāṇha）、蓮花金剛（Padmavajra，即海生金剛，Saroruhavajra）和黑足師（Kṛṣṇapaṇḍita）系統〔註82〕。而據安海燕先生的研究，在現存的薩迦派喜金剛現證法本中，根據升起次第的不同，形成了「四支」（ཡན་ལག་བཞི་པ། yan lag bzhi pa）和「六支」（ཡན་ལག་དྲུག་པ། yan lag drug pa）兩種傳承，分別繼承了蓮花金剛和端必兮嚕葛。其中「四支」的修法以薩迦派第二祖娑南節謨（བསོད་ནམས་ཚེ་མོ། bsod nams tse mo，1142～1182）所造的《吉祥喜金剛現證四支》（དཔལ་ཀྱེའི་རྡོ་རྗེའི་མངོན་པར་རྟོགས་པ་ཡན་ལག་བཞི་པ། dpal kye'i rdo rje'i mngon par rtogs pa yan lag bzhi pa）和八思巴所造的《喜金剛現證如意寶》（དཔལ་ཀྱེ་རྡོ་རྗེའི་མངོན་རྟོགས་ཡིད་བཞིན་ནོར་བུ། dpal kye rdo rje'i mngon rtogs yid bzhin nor bu）爲代表。「六支」的修法主要有薩迦派第三祖葛剌思巴監藏（གྲགས་པ་རྒྱལ་མཚན། grags pa rgyal mtshan，1147～1216）所造的《吉祥喜金剛現證六支》（དཔལ་ཀྱེ་རྡོ་རྗེའི་མངོན་རྟོགས་ཡན་ལག་དྲུག་པ། dpal kye rdo rje'i mngon rtogs yan lag drug pa）和第十七任薩迦座主喇嘛丹巴娑南監藏（བླ་མ་དམ་པ་བསོད་ནམས་རྒྱལ་མཚན། bla ma dam pa bsod nams rgyal mtshan，1312～1375）所造的《吉祥喜金剛現證六支》（དཔལ་ཀྱེ་རྡོ་རྗེའི་མངོན་རྟོགས་ཡན་ལག་དྲུག་པ། dpal kye rdo rje'i mngon rtogs yan lag drug pa），而受到娑南監藏這篇法本的影響，之後喜金剛的現證文本都採用了「六支修法」〔註83〕。西夏文《喜金剛現證如意寶》的修法系統依據的是八思巴喜金剛現證法本的「四支」系統，而自娑南監藏之後流行「六支」的修法系統，因此，西夏文《喜金剛現證如意寶》的翻譯時間應該早於娑南監藏「六支」修法系統的流行。

　　另外一個間接的線索是西夏文《喜金剛現證如意寶》的翻譯方式，西夏文本採用的是直譯的翻譯方式。在臺灣故宮博物院有一本藏傳密教儀軌漢文著作，題爲《吉祥喜金剛集輪甘露泉》，這部作品明確標明爲「持咒沙門釋莎南屹囉二合集譯」〔註84〕。據安海燕先生的研究，這部作品主體由四篇八思

〔註82〕Ronald M. Davidson, *Tibetan Renaissance: Tantric Buddhism in the Rebirth of Tibetan Culture*, New York: Columbia University Press, 2005, p. 42.

〔註83〕安海燕：《臺灣故宮博物館藏漢譯密教儀軌〈吉祥喜金剛集輪甘露泉〉源流考述》，人民大學博士學位論文，2013 年，第 20～21 頁。

〔註84〕莎南屹囉集譯：《吉祥喜金剛集輪甘露泉》（上卷），世樺國際 2005 年版，第五開。

巴的作品和一篇薩迦第三祖葛剌思巴監藏的作品組成，分別爲八思巴造《喜金剛現證如意寶》、《喜金剛護輪成就法》（ཀྱེ་རྡོ་རྗེའི་སྒྲུབ་ཐབས་སྲུང་འཁོར་དང་བཅས་པ། kye rdo rje'i sgrub thabs srung 'khor dang bcas pa）、《喜金剛集輪甘露瓶》（ཀྱེའི་རྡོ་རྗེའི་ཚོགས་ཀྱི་འཁོར་ལོའི་ཆོ་ག་བདུད་རྩི་བུམ་པ། kye'i rdo rje'i tshogs kyi 'khor lo'i cho ga bdud rtsi bum pa）、《兄妹施食儀》（ལྕམ་དྲལ་གྱི་གཏོར་ཆོག། lcam dral gyi gtor chog）和葛剌思巴監藏所造的《吉祥喜金剛現證六支》，譯者依據的是「六支」的修法系統，在這個系統的基礎上，取各篇之所長，對所依據的藏文原本進行比較、篩選與重新整合，然後將譯出的修習法門合理地安排在《吉祥喜金剛集輪甘露泉》中〔註 85〕。而《吉祥喜金剛集輪甘露泉》的譯者莎南屹囉則被認爲是明代人〔註 86〕。

在《吉祥喜金剛集輪甘露泉》中，《喜金剛現證如意寶》佔了相當大的篇幅，而譯者依然採用了「六支」的修法系統，而「集譯」的翻譯方式相比於「直譯」也暗示著人們對於喜金剛現證法本認識的深化。因此，西夏文《喜金剛現證如意寶》採用完全「直譯」的方式，這暗示我們這部西夏文譯本不會距藏文原本的創作時間過晚。

西夏文《喜金剛現證如意寶》所對應的藏文原本卷尾有如下記述：

ས་སྐྱ་པཎྜི་ཏ་ཆེན་པོའི་ཞབས་རྡུལ་སྤྱི་བོས་ལེན་པ་འཕགས་པས། དཔལ་ཀྱེ་རྡོ་རྗེའི་མངོན་པར་རྟོགས་པ་ཡིད་བཞིན་གྱི་ནོར་བུ་ཞེས་བྱ་བ་འདི། ས་ཕོ་རྟའི་ལོ་དབྱུ་གུའི་ཟླ་བ་ལ། རྒྱལ་པོ་གོ་པེ་ལའི་ཕོ་བྲང་ཆེན་པོར་སྦྱར་བའོ།།

sa skya paṇḍi ta chen po'i zhabs rdul spyi bos len pa 'phags pas／dpal kye rdo rje'i mngon par rtogs pa yid bzhin gyi nor bu zhes bya ba 'di／sa pho rta'i lo dbyu gu'i zla ba la／rgyal po go pe la'i pho brang chen por sbyar ba'o〔註 87〕//

〔頂禮薩迦班智達之足塵，此《喜金剛現證如意寶》係八思巴於陽土馬年藏曆九月作於汗王忽必烈之大殿。〕

在創作者八思巴在世的 1235 至 1280 年中，只有一個陽土馬年，即西元 1258 年，因此西夏文本的翻譯一定不會早於這個時間，但由於其採用的是「四

〔註 85〕安海燕，沈衛榮：《臺灣「故宮博物院」藏漢譯藏傳密教儀軌〈吉祥喜金剛集輪甘露泉〉源流考述》，《文史》，2010 年第 3 輯，第 175～218 頁。

〔註 86〕沈衛榮，安海燕：《明代漢譯藏傳密教文獻和西域僧團——兼談漢藏佛教史研究的語文學方法》，《清華大學學報》（哲學社會科學版），2011 年第 2 期，第 81～93 頁。

〔註 87〕八思巴著、百慈藏文古籍研究室編：《先哲遺書（十九）·薩迦五祖全集對勘本（17／25）》（藏文），中國藏學出版社 2007 年版，第 451 頁。

支」的修法系統以及「直譯」的翻譯方式，也不會據藏文原本創作的時間即1258年過晚。

在西夏文本最後有校訂者的題名，寫作「[illegible]」（衣衲慧增持藏文重校詳定）。通常認爲校訂與翻譯的時間不會相差過遠，然而「衣衲慧增」這個人卻沒有任何與之相關的歷史信息，儘管在西夏滅亡之後，以楊璉眞加爲首的一批西夏遺僧重振了「白雲宗」，並編刊了漢文的《普寧藏》和西夏文的《河西藏》，但是目前也沒有資料能證明慧增是其中的一員。

帝師八思巴在蒙古宮廷受到極大的崇信，並成爲全國佛教的領袖。西夏故地信奉藏傳佛教的風俗在蒙元時期也得以延續，西夏的遺僧仍繼續其弘揚佛教的事業，其中的一些甚至成爲了佛教界的上層人士，與蒙古宮廷有千絲萬縷的聯繫。這樣的背景下，將帝師八思巴的作品譯成西夏文顯得合情合理。甚至我們可以猜想，《喜金剛現證如意寶》完成不久，由於元世祖忽必烈的修習，這部法本在元代宮廷內部迅速受到王室成員的追捧，之後又被党項裔的佛教上層人士所得，然後順理成章地被譯成了西夏文。

第三章　西夏文《喜金剛現證如意寶》解讀

第一節　西夏文《喜金剛現證如意寶》簡介

《喜金剛現證如意寶》是元帝師八思巴於陽土馬年（1258）爲汗王忽必烈所作的一部修習喜金剛的現證法本，它屬於「四支」〔註 1〕的修法系統，完整地呈現了修習喜金剛的各種儀軌。全文主要分爲「入定」和「出定」兩大部分，其藏文本科判如下：

甲一：入定（མཉམ་པར་བཞག་པ། mnyam par bzhag pa）

乙一：增長次第（བསྐྱེད་པའི་རིམ་པ། bskyed pa'i rim pa）

丙一：積二資糧（རྒྱུ་ཚོགས་གཉིས་བསག་པ། rgyu tshogs gnyis bsag pa）

丁一：積福德資糧（བསོད་ནམས་ཀྱི་ཚོགས་བསགས་པ། bsod nams kyi tshogs bsags pa）

〔註 1〕「四支」在《喜金剛現證如意寶》中指「生起次第」即「生起所依佛」（བརྟན་པ་ལྷ་བསྐྱེད་པ། brtan pa lha bskyed pa）中分別有「生起誓言尊念修支」（དམ་ཚིག་པ་བསྐྱེད་པ་བསྙེན་པའི་ཡན་ལག། dam tshig pa bskyed pa bsnyen pa'i yan lag）、「加持處與三業近成就支」（སྐྱེ་མཆེད་དང་སྐུ་གསུང་ཐུགས་བྱིན་གྱིས་བརླབ་པ་ཉེ་བར་སྒྲུབ་པའི་ཡན་ལག། skye mched dang sku gsung thugs byin gyis brlab pa nye bar sgrub pa'i yan lag）、「迎入智輪修行支」（ཡེ་ཤེས་ཀྱི་འཁོར་ལོ་དགུག་གཞུག་སྒྲུབ་པའི་ཡན་ལག། ye shes kyi 'khor lo dgug gzhug sgrub pa'i yan lag）和「灌頂種施主印大成就支」（དབང་བསྐུར་ནས་རིགས་བདག་གི་རྒྱས་གདབ་པ་སྒྲུབ་པ་ཆེན་པོའི་ཡན་ལག། dbang bskur nas rigs bdag gi rgyas gdab pa sgrub pa chen po'i yan lag）四支觀想修法。

丁二：積智慧資糧（ཡེ་ཤེས་ཀྱི་ཚོགས་བསགས་པ། ye shes kyi tshogs bsags pa）

丙二：增長佛果（འབྲས་བུ་ལྷར་བསྐྱེད་པ། ’bras bu lhar bskyed pa）

丁一：前行（སྔོན་འགྲོ། sngon ’gro）：觀修護輪（སྲུང་བའི་འཁོར་ལོ་བསྒོམ་པ། srung ba’i ’khor lo bsgom pa）

丁二：正行（དངོས་གཞི། dngos gzhi）：本尊瑜伽（ལྷའི་རྣལ་འབྱོར། lha’i rnal ’byor）

戊一：生起能依（རྟེན་བསྐྱེད་པ། rten bskyed pa）

戊二：生起所依佛（བརྟན་པ་ལྷ་བསྐྱེད་པ། brtan pa lha bskyed pa）

己一：生起誓言尊念修支（དམ་ཚིག་པ་བསྐྱེད་པ་བསྙེན་པའི་ཡན་ལག། dam tshig pa bskyed pa bsnyen pa’i yan lag）

己二：加持處與三業近成就支（སྐྱེ་མཆེད་དང་སྐུ་གསུང་ཐུགས་བྱིན་གྱིས་བརླབ་པ་ཉེ་བར་སྒྲུབ་པའི་ཡན་ལག། skye mched dang sku gsung thugs byin gyis brlab pa nye bar sgrub pa’i yan lag）

己三：迎入智輪修行支（ཡེ་ཤེས་ཀྱི་འཁོར་ལོ་དགུག་གཞུག་སྒྲུབ་པའི་ཡན་ལག། ye shes kyi ’khor lo dgug gzhug sgrub pa’i yan lag）

己四：灌頂種施主印大成就支（དབང་བསྐུར་ནས་རིགས་བདག་གི་རྒྱས་གདབ་པ་སྒྲུབ་པ་ཆེན་པོའི་ཡན་ལག། dbang bskur nas rigs bdag gi rgyas gdab pa sgrub pa chen po’i yan lag）

乙二：圓滿次第（རྫོགས་པའི་རིམ་པ། rdzogs pa’i rim pa）

甲二：出定（མཉམ་པར་མ་བཞག་པ། mnyam par ma bzhag pa）

乙一：睡眠定（ཉལ་བའི་རྣལ་འབྱོར། nyal ba’i rnal ’byor）

乙二：覺起定（ལྡང་བའི་རྣལ་འབྱོར། ldang ba’i rnal ’byor）

乙三：沐浴定（ཁྲུས་ཀྱི་རྣལ་འབྱོར། khrus kyi rnal ’byor）

乙四：誦咒定（བཟླས་པའི་རྣལ་འབྱོར། bzlas pa’i rnal ’byor）

乙五：施食供養定（མཆོད་པ་དང་གཏོར་མའི་རྣལ་འབྱོར། mchod pa dang gtor ma’i rnal ’byor）

乙六：肴膳定（ཁ་ཟས་ཀྱི་རྣལ་འབྱོར། kha zas kyi rnal 'byor）

乙七：行止定（སྤྱོད་ལམ་གྱི་རྣལ་འབྱོར། spyod lam gyi rnal 'byor）

乙八：隨欲定（རྗེས་སུ་ཆགས་པའི་རྣལ་འབྱོར། rjes su chags pa'i rnal 'byor）

西夏文本是依據藏文本的直譯，其科判一如藏文本：

甲一：入定（[illegible]、[illegible]）

乙一：增長次第（[illegible]）

丙一：積二資糧（[illegible]）

丁一：積福德資糧（[illegible]）

丁二：積智慧資糧（[illegible]）

丙二：增長佛果（[illegible]）

丁一：前行（[illegible]）：觀修護輪（[illegible]）

丁二：正行（[illegible]）：本尊瑜伽（[illegible]）

戊一：生起能依（[illegible]）

戊二：生起所依佛（[illegible]）

己一：生起誓言尊念修支（[illegible]）

己二：加持處與三業近成就支（[illegible]）

己三：迎入智輪修行支（[illegible]）

己四：灌頂種施主印大成就支（[illegible]）

乙二：圓滿次第（[illegible]）

甲二：出定（[illegible]、[illegible]）

乙一：睡眠定（[illegible]）

乙二：覺起定（[illegible]）

乙三：沐浴定（[illegible]）

乙四：誦咒定（[illegible]）

乙五：施食供養定（[illegible]）

乙六：肴膳定（[illegible]）

乙七：行止定（[illegible]）

乙八：隨欲定（[illegible]）

本文研究的西夏文文本為上卷，其內容由入定始，止於出定部分的誦咒定。考察對應的藏文文本，發現西夏文分卷的依據主要是篇幅。西夏本《喜金剛現證如意寶》是藏文本的西夏譯本，這個譯本此前未見報導，原件來歷不詳，為一位未透露姓名的收藏家所有，現存北京泰和嘉成拍賣公司。本項研究依據的照片是清華大學人文學院的劉石教授轉交給聶鴻音先生的。照片表明西夏文原件為卷子裝行楷寫本，墨框勾欄，行 23 至 26 字，首題「喜金剛現證如意寶上卷」（[illegible]），尾題「喜金剛現證定次上卷」（[illegible]），後附校訂者的題名、三行西夏文草書修習法，以及抄寫後的核對題記「一遍校」（[illegible]）。全文未見年代題署，難以判斷翻譯的確切時間。

西夏文《喜金剛現證如意寶》的校訂者題名寫作「[illegible]」（衣衲慧增持藏文重校詳定）。對於校訂者名字的翻譯不敢說有明確的把握，因為「衣衲」（[illegible]）這個姓氏既不見於已知的各類西夏文文獻，亦不能與史料中出現的漢文党項姓氏勘同〔註 2〕，也不能確定校訂者的族屬為党項人。但根據「持藏文重校詳定」一句，可以判斷其至少精通西夏文與藏文，且藏傳佛教造詣深厚。

第二節　西夏文《喜金剛現證如意寶》解讀凡例

一　正文包括西夏文楷書錄文、逐字對譯、藏文錄文及拉丁文轉寫、意譯和注釋。

一　西夏書籍仿中原格式，文中作豎行。本書為排版方便，將原文豎行一律改為橫行。

一　解讀的各部分對西夏原文一律予以標點及分段，參照西夏文文意改用新式標點，以便讀者參考。解讀依照藏文本科判分章節，為閱讀方便，解讀各部分於西夏譯文分段處一律分段，於文字過多的段落亦偶而酌情在中間分段，最終分段結果不強求與藏文本一致。

一　西夏錄文凡遇原件句中文字訛誤衍脫殘佚，均盡目前所知予以訂補，並以校注形式說明，其中暫無力擬補的文字標以「□」號，「□」的數量與原文字數一致。

〔註 2〕佟建榮：《西夏姓氏考論》，寧夏大學博士學位論文，2011 年，第 7～9 頁。

一　西夏文字結構複雜，因刻工或書字人疏忽而導致的魯魚亥豕之訛在所難免。凡遇此類失誤，錄文徑改爲正確字形，亦不出校語說明。

一　漢文對譯的目的在於確定西夏譯文詞語與漢文原本詞語的對當關係，並不強行套用通行夏漢詞典釋義，以求展示西夏譯者的翻譯思路，亦可爲今後研究西夏詞義積累素材。

一　西夏文本的語句大多從藏文原本直譯而來，故「譯文」部分主要以藏文原本爲基礎。藏夏兩種語言之間虛詞用法的差異一般不予苛求，惟當實詞或文句語義差別較大時則據西夏本直譯，與藏文本的差別令出校注說明。

一　西夏文本部分內容可以堪同莎南屹囉集譯的漢文譯本《吉祥喜金剛集輪甘露泉》，西夏文本與漢文本的差別亦另出校注說明。

一　「校注」部分的目的有三：其一是提示西夏譯文與藏文原本的歧異之處，由於目前尚不能確定這些歧異是來自不同的藏文原本還是來自西夏譯者對原本的不同表述，故不可一概視爲校勘中發現的古書異文；其二是提示與常見西夏文工具書中釋義不同的西夏字，亦即展示藏文譯文或藏文構擬的依據；其三是重點解釋《喜金剛現證如意寶》出現的音譯名詞和佛教術語，重點查證其在藏語和漢語中的對應詞。

第三節　《喜金剛現證如意寶》考釋

一、入定之增長次第

（一）積二資糧

1. 積福德資糧

錄文與譯文：

𘜶 𘟞 𗣺 𘏨 𗩈 𗣼 𘎑 𘟙 𘝶 𗰔 𗣼 𘏭

呼石王現前悟意如寶謂上卷

དཔལ་ཀྱེ་རྡོ་རྗེའི་མངོན་རྟོགས་ཡིད་བཞིན་ནོར་བུ་བཞུགས༎

dpal kye rdo rje'i mngon rtogs yid bzhin nor bu bzhugs／

喜金剛〔1〕現證〔2〕如意寶上卷〔3〕

[illegible]

最妙上師足上恭敬拜

བླ་མ་དམ་པའི་ཞབས་ལ་གུས་པས་ཕྱག་འཚལ་ལོ།

bla ma dam pa'i zhabs la gus pas phyag 'tshal lo／

恭敬禮拜最妙上師之足

[illegible]

空悲一味佛，有渡喜石王，彼於禮拜時，求△解說我。

སྟོང་ཉིད་སྙིང་རྗེ་རོ་གཅིག་བཅོམ་ལྡན་འདས། སྲིད་གསུམ་སྒྲོལ་མཛད་ཀྱེ་ཡི་རྡོ་རྗེ་དཔལ། དེ་ཐོབ་བྱ་ཕྱིར་དེ་ལ་ཕྱག་འཚལ་ནས། དེ་ཡི་སྒྲུབ་པའི་རིམ་པ་བདག་གིས་བཤད།

stong nyid snying rje ro gcig bcom ldan 'das／srid gsum sgrol mdzad kye yi rdo rje dpal／de thob bya phyir de la phyag 'tshal nas／de yi sgrub pa'i rim pa bdag gis bshad／

空悲一味〔4〕佛〔5〕，渡有〔6〕喜金剛，禮拜彼之後〔7〕，我說修次第〔8〕。

注釋：

〔1〕喜金剛（[illegible]），西夏文字面意思是「呼石王」，直譯藏文 ཀྱེ་རྡོ་རྗེ（kye rdo rje；呼石王），梵文作 hevajra。其中 he 表「大悲」，vajra 表「智慧」，hevajra 合起來表「大悲」和「智慧」雙運，亦有將 he 直接解釋爲「大樂」，而漢譯最終將 hevajra 譯爲「喜金剛」，不僅音相近，而且意義也相合，是一種十分善巧的譯法〔註 3〕。

〔2〕現證（[illegible]），也可作「現觀」，西夏文字面意思是「現前悟」，直譯藏文 མངོན་རྟོགས（mngon rtogs；現證，當面覺悟），梵文爲 abhisamaya，是一種通過禪定，不經語言概念的中介，用佛教「智慧」，使所謂的眞理呈現於面前的認識方法。

〔3〕藏文古書不分卷，此「上卷」二字爲夏譯者依漢文古書習慣所加。

〔4〕空悲一味（[illegible]），直譯藏文 སྟོང་ཉིད་སྙིང་རྗེ་རོ་གཅིག（stong nyid snying rje ro gcig；空性悲心一味），「一味」（[illegible]）直譯藏文 རོ་གཅིག（ro gcig；一味），意爲一致、相同，在這裡表示空性（[illegible]）與悲心（[illegible]）不二。

〔註 3〕沈衛榮：《宋、西夏、明三種漢譯〈吉祥喜金剛本續〉的比較研究》，沈衛榮主編《漢藏佛學研究：文本、人物、圖像和歷史》，中國藏學出版社 2013 年版，第 142～174 頁。

〔5〕佛（[illegible]），對應藏文 བཅོམ་ལྡན་འདས（bcom ldan ’das；出有壞），「出有壞」爲佛的別號，其中「出」謂超出生死涅槃兩邊，「有」謂有六功德，「壞」謂壞滅四魔，在西夏文中一般作「[illegible]」（壞有出）。

〔6〕渡有（[illegible]），西夏文意譯藏文 སྲིད་གསུམ་སྒྲོལ་མཛད（srid gsum sgrol mdzad；救渡三有）。「三有」爲「三界」異名。

〔7〕禮拜彼之後（[illegible]），對應藏文 དེ་ཐོབ་བྱ་ཕྱིར་དེ་ལ་ཕྱག་འཚལ་ནས（de thob bya phyir de la phyag ’tshal nas；爲得彼故，禮拜彼之後），西夏文漏譯藏文 དེ་ཐོབ་བྱ་ཕྱིར（de thob bya phyir；爲得彼故）。

〔8〕修次第（[illegible]），對應藏文 སྒྲུབ་པའི་རིམ་པ（sgrub pa’i rim pa；修行次第）。

錄文與譯文：

〔[illegible]〕[illegible]，[illegible]〔註 4〕[illegible]，[illegible]〔[illegible]

〔呼石王〕中圍內，主　　得記句具默有者，呼石王現前悟修〔次之

[illegible]：[illegible]〕[illegible]。[illegible]：[illegible]。[illegible]：□〔[illegible]

二：等入與等〕未入默有。一第之二：增長次與聚竟次。一第之二：□　二足

[illegible]〕[illegible]。

積　與果佛增長。

དེ་ལ་དཔལ་ཀྱེ་རྡོ་རྗེའི་དཀྱིལ་འཁོར་དུ་དབང་བསྐུར་བ་ཐོབ་ཅིང་། དམ་ཚིག་དང་ལྡན་པའི་རྣལ་འབྱོར་པས་ཀྱི་རྡོ་རྗེའི་མངོན་པར་རྟོགས་པའི་རིམ་པ་བསྒོམ་པའི་ཚུལ་ལ་གཉིས་ཏེ། མཉམ་པར་བཞག་པ་དང་། མཉམ་པར་མ་བཞག་པའི་རྣལ་འབྱོར་རོ། དང་པོ་ལ་གཉིས། བསྐྱེད་པའི་རིམ་པ་དང་། རྫོགས་པའི་རིམ་པའོ། དང་པོ་ལ་གཉིས། རྒྱུ་ཚོགས་གཉིས་བསག་པ་དང་། འབྲས་བུ་ལྷར་བསྐྱེད་པའོ།།

de la dpal kye rdo rje’i dkyil ’khor du dbang bskur ba thob cing／dam tshig dang ldan pa’i rnal ’byor pas kye rdo rje’i mngon par rtogs pa’i rim pa bsgom pa’i tshul la gnyis te／mnyam par bzhag pa dang／mnyam par ma bzhag pa’i rnal ’byor ro／dang po la gnyis／bskyed pa’i rim pa dang／rdzogs pa’i rim pa’o／dang po la gnyis／rgyu tshogs gnyis bsag pa dang／’bras bu lhar bskyed pa’o//

喜金剛壇城〔1〕內，得灌頂〔2〕且具誓言〔3〕之瑜伽師〔4〕，修習喜金剛現證次第有二種：入定〔5〕與出定〔6〕瑜伽。前者有二種〔7〕：增長次第〔8〕與圓滿次第〔9〕。前者有二種：集二種因資糧〔10〕與增長佛果〔11〕。

〔註 4〕此處疑脱「[illegible]」（受）字，據藏文本補。

注釋：

〔1〕壇城（𗢈𗴴），西夏文字面意思是「中圍」，直譯藏文 དཀྱིལ་འཁོར（dkyil 'khor；壇城），梵文作 maṇḍala，本意指「圓」或者「圓的東西」，原指爲修行所需建的祭壇，供奉諸佛菩薩，防止魔障入侵，後成了密教成就法或儀軌的一部分，作爲觀想或是修行的輔助，亦或是密教經典中世界觀的闡述。

〔2〕灌頂，西夏文往往作「𗴿𗪘」，字面意思爲「主受」，直譯藏文 དབང་བསྐུར（dbang bskur），藏文 དབང（dbang）有主、權力之意，བསྐུར་བ（bskur ba）有授予之意，對應梵文作 abhiṣecana，古代印度國王即位時，以水灌其頂而表示祝福的儀式，密教修習效此世法，逐漸演化成修持密宗的重要儀式〔註 5〕。

〔3〕誓言（𗱕𗦻），西夏文字面意思是「記句」，直譯藏文 དམ་ཚིག（dam tshig；誓言）。梵文作 samaya，梵音譯作「三昧耶」，即嚴肅應允，永遠不可違背的金剛誓詞。

〔4〕瑜伽師（𗥤𗥓𗗙），西夏文字面意思是「默有者」，對應藏文 རྣལ་འབྱོར་པ（rnal 'byor pa；瑜伽師），梵文作 yogācārya，多指密教之觀行者。

〔5〕入定（𗓱𗅋），西夏文字面意思是「等入」，直譯藏文 མཉམ་པར་བཞག་པ（mnyam par bzhag pa；等引，入定），其中藏文 མཉམ་པ（mnyam pa）有「平等」之意，བཞག་པ（bzhag pa）爲藏文 འཇོག་པ（'jog pa）的過去式，有「放入；安置」之意。入定指入於禪定，即攝馳散之心，入於安定不動的精神狀態。

〔6〕出定（𗓱𗅁𗅋），西夏文字面意思是「等未入」，直譯藏文 མཉམ་པར་མ་བཞག་པ（mnyam par ma bzhag pa；未等引；出定）。這裡指喜金剛修習法中儀軌的修習部分。

〔7〕前者有二種（𗍫𗂧𗅲𗍫），西夏文字面義爲「一第之二」，直譯藏文 དང་པོ་ལ་གཉིས（dang po la gnyis；第一之二）。其中藏文 དང་པོ་ལ（dang po la；在第一中）代指上文提到的幾件事物的第一件，在此代指上文提到的「入定瑜伽」。藏文 གཉིས（gnyis；二）則指這件事物有兩種，在此表示入定瑜伽有「增長次第」與「圓滿次第」兩種。

〔8〕增長次第（𗤶𗗴𗡞），西夏文字面意思是「增長次」，直譯藏文 བསྐྱེད་པའི་རིམ་པ（bskyed pa'i rim pa；增長次第、生起次第）。

〔9〕圓滿次第（𗏁𗗂𗡞），西夏文字面意思是「聚竟次」，其中「𗏁𗗂」（聚竟）直譯藏文 རྫོགས་པ（rdzogs pa；圓滿），「𗡞」（次）直譯藏文 རིམ་པ（rim pa；次第）。

〔註 5〕具體內涵參見談錫永：《西藏密宗的〈灌頂〉》，張曼濤主編《現代佛教學術業刊》第 74 卷，大乘文化出版社中華民國六十八年版，第 9～20 頁。

〔10〕積二種因資糧，西夏文殘，依藏文 རྒྱུ་ཚོགས་གཉིས་བསག་པ（rgyu tshogs gnyis bsag pa；積二種因資糧）補。

〔11〕佛果增長（[illegible]），西夏文字面意思是「果佛增長」，直譯藏文 འབྲས་བུ་ལྷར་བསྐྱེད་པ（'bras bu lhar bskyed pa；佛果增長）。

錄文與譯文：

[illegible]，[illegible]。[illegible]，[illegible]，[illegible]，

一第之二中，福足積者。席軟安上坐，上師三寶於依歸，情有一切利故，

[illegible]，[illegible]，[illegible]。

佛法爲我，彼之利故，呼石王修我謂菩提心思。

དང་པོ་ལ་གཉིས་ལས། བསོད་ནམས་ཀྱི་ཚོགས་བསག་པ་ནི། སྟན་བདེ་བ་ལ་ཅི་བདེ་བར་འདུག་ནས། བླ་མ་དང་དཀོན་མཆོག་གསུམ་ལ་སྙིང་ཐག་པ་ནས་སྐྱབས་སུ་སོང་ལ། སེམས་ཅན་ཐམས་ཅད་ཀྱི་དོན་དུ་སངས་རྒྱས་བསྒྲུབ་པའི་ཕྱིར་ཀྱེ་རྡོ་རྗེ་བསྒོམ་སྙམ་དུ་བྱང་ཆུབ་ཀྱི་སེམས་བསྒོམས་ནས།

dang po la gnyis las／bsod nams kyi tshogs bsag pa ni／stan bde ba la ci bde bar 'dug nas／bla ma dang dkon mchog gsum la snying thag pa nas skyabs su song la／sems can thams cad kyi don du sangs rgyas bsgrub pa'i phyir kye rdo rje bsgom snyam du byang chub kyi sems bsgoms nas／

前者二種之中〔1〕，積福德資糧者〔2〕。安住軟席上，誠皈〔3〕上師三寶，利一切有情故，利佛法故，發菩提心，思修習喜金剛。

注釋：

〔1〕前者二種之中（[illegible]），西夏文字面意思是「第一之二中」，其中「[illegible]」（第一），直譯藏文 དང་པོ（dang bo；第一），在這裡指上文的 རྒྱུ་ཚོགས་གཉིས་བསག་པ（rgyu tshogs gnyis bsag pa；積二種因資糧）。二種，西夏文作「[illegible]」，字面意思是「之二」，這裡指因資糧有二種，即「福德資糧」（བསོད་ནམས་ཀྱི་ཚོགས། bsod nams kyi tshogs）和「智慧資糧」（ཡེ་ཤེས་ཀྱི་ཚོགས། ye shes kyi tshogs）。

〔2〕積福德資糧者（[illegible]），西夏文字面意思是「福眾積者」，其中「[illegible]」（福足）對譯藏文 བསོད་ནམས་ཀྱི་ཚོགས（bsod nams kyi tshogs；福德資糧），「[illegible]」（者）對譯藏文 ནི（ni，者、呢），在句子中起提示說明主題的作用。

〔3〕誠皈（[illegible]），西夏文字面意思是「依歸」，對譯藏文 སྙིང་ཐག་པ་ནས་སྐྱབས་སུ་སོང་（snying thag pa nas skyabs su song；衷心皈依）。

錄文與譯文：

[illegible]
彼刹那間，自身呼石王念，心中花日上，吽字青，能所與離想。彼於光

[illegible]
放，自之罪淨，鼻竅內發，自性界中，九佛中圍上師不□□□以中尊之頂嚴

[illegible]
請處，意以禮敬。

སྐད་ཅིག་གིས་རང་ཀྱེའི་རྡོ་རྗེར་མོས་པའི་སྙིང་གི་ནང་དུ། པདྨ་ལ་གནས་པའི་ཉི་མའི་དཀྱིལ་འཁོར་སེམས་འོད་གསལ་བར་བསམ་པའི་སྟེང་དུ། ཧཱུྃ་སྔོན་པོ་གཟུང་འཛིན་དང་བྲལ་བའི་ཡིད་དུ་ལྷག་པར་མོས་ལ། དེ་ལས་འོད་ཟེར་འཕྲོས་པས་རང་གི་སྡིག་པ་སྦྱངས། སྣའི་བུ་ག་ནས་ཕྱིར་འཕྲོས་པས་རང་བཞིན་གྱི་གནས་ནས་ལྷ་དགུའི་དཀྱིལ་འཁོར་བླ་མ་མི་བསྐྱོད་པའི་རྣམ་པས་གཙོ་བོའི་དབུར་བརྒྱན་པ་སྤྱན་དྲངས་ལ། ཡིད་ཀྱིས་ཕྱག་འཚལ་ནས།

skad cig gis rang kye'i rdo rjer mos pa'i snying gi nang du／padma la gnas pa'i nyi ma'i dkyil 'khor sems 'od gsal bar bsam pa'i steng du／hūṃ sngon po gzung 'dzin dang bral ba'i yid du lhag par mos la／de las 'od zer 'phros pas rang gi sdig pa sbyangs／sna'i bu ga nas phyir 'phros pas rang bzhin gyi gnas nas lha dgu'i dkyil 'khor bla ma mi bskyod pa'i rnam pas gtso bo'i dbur brgyan pa spyan drangs la／yid kyis phyag 'tshal nas／

一刹那間，自念喜金剛尊〔1〕，而於心內想一蓮花上，有現心光日輪〔2〕。彼上青色「吽」字，意信分離能所〔3〕，其字放光，淨自業障，從鼻竅出，自性界中，召請九佛壇城〔4〕，上師以不動相〔5〕嚴主尊頂，以意禮敬〔6〕。

注釋：

〔1〕一刹那間，自念喜金剛尊（[illegible]），西夏文字面意思是「彼刹那間，自身呼石王念」，對應藏文 སྐད་ཅིག་གིས་རང་ཀྱེའི་རྡོ་རྗེར་མོས་པ（skad cig gis rang kye'i rdo rjer mos pa；一刹那間，自身信受喜金剛），《甘露泉》作「自己一刹那間，頓成喜金剛尊」，「頓成」與西夏文、藏文皆不合。

〔2〕而於心內想一蓮花上，有現心光日輪（[illegible]），西夏文字面意思是「心中花日上」，對應藏文 སྙིང་གི་ནང་དུ། པདྨ་ལ་གནས་པའི་ཉི་མའི་དཀྱིལ་འཁོར་སེམས་འོད་གསལ་བར་བསམ་པ（snying gi nang du／padma la gnas pa'i nyi ma'i dkyil 'khor sems 'od gsal bar bsam pa；心內想一蓮花上，有日輪現心光），《甘露泉》作「而於心內想一蓮花上，有心性明點日輪」，「明點」不見於西夏文、藏文。

〔3〕能所（[illegible]），對應藏文 གཟུང་འཛིན（gzung 'dzin；所取與能取），指意識和外境，舊譯「二取」。

〔4〕九佛壇城（[illegible]），字面意思爲「九佛中圍」，對應藏文爲 ལྷ་དགུའི་དཀྱིལ་འཁོར（lha dgu'i dkyil 'khor；九尊壇城），其中「佛」當指佛教密宗修習的本尊，「九佛」指喜金剛壇城中的九個本尊，即中央的喜金剛父母尊與四周的八天母尊〔註6〕。

〔5〕上師以不動相嚴主尊頂（[illegible]□□□[illegible]），西夏文殘「不動相」，據藏文 མི་བསྐྱོད་པའི་རྣམ་པ（mi bskyod pa'i rnam pa；不動相）補，「不動」即「不動佛、阿閦如來」，梵文作 akṣobhya。《甘露泉》作「主尊頂嚴不動」。

〔6〕以意禮敬（[illegible]），字面意思是「意以禮敬」，對應藏文爲 ཡིད་ཀྱིས་ཕྱག་འཚལ（yid kyis phyag 'tshal；以意禮敬），《甘露泉》作「想師來空中住意中」，與藏文、西夏文不符。

錄文與譯文：

[illegible]。□□〔[illegible]〕[illegible]，[illegible]
自之心中，八巫母化以供。□〔gau〕rī 色黑母明點持以供養，cau rī 色紅
[illegible]、[illegible]、[illegible]、[illegible]
母 ra kta、ve tā lī 色黃母香水、ghas ma rī 色綠母香大、pu kka sī 色藍母大肉持供
[illegible]。[illegible]，[illegible]。[illegible]
養者內。śa va rī 色白母成就銀水持，caṇ ḍa lī 色藍母 ḍā ma ru 聲以供養者外。do
[illegible]。
mi nī 眾色母大樂以供養者眞性也。

རང་གི་སྙིང་ག་ནས་སྤྲུལ་པའི་ལྷ་མོ་བརྒྱད་ཀྱིས་མཆོད་པར་བྱ་སྟེ། གཽ་རཱི་ནག་མོ་ཐིག་ལེ་འཛིན་པས་མཆོད། ཙཽ་རཱི་དམར་མོས་རཀྟ། བེ་ཏཱ་ལཱི་སེར་མོས་དྲི་ཆུ། གྷ་སྨ་རཱི་ལྗང་གུས་དྲི་ཆེན། པུཀྐ་སཱི་སྔོན་མོས་ཤ་ཆེན་འཛིན་པས་མཆོད་པ་ནི་ནང་གིའོ། ཤ་བ་རཱི་དཀར་མོས་གྲུབ་པའི་དངུལ་ཆུ་འཛིན་པ། ཙཎྜ་ལཱི་སྔོན་མོས་ཌཱ་མ་རུའི་སྒྲས་མཆོད་པ་ནི་ཕྱིའིའོ། ཌོམྦི་ནཱི་ཁ་དོག་སྣ་ཚོགས་པས་བདེ་བ་ཆེན་པོས་མཆོད་པ་དེ་ཁོ་ན་ཉིད་ཀྱིའོ།

〔註6〕關於喜金剛壇城九尊的解讀詳見張雅靜：《〈續部總集〉中記敘的喜金剛曼荼羅》，《故宮博物院院刊》，2010年1期，第85～101頁。關於喜金剛九尊壇城的配置詳見：bsod nams rgya mtsho & M. Tachikawa, *The Ngor Mandalas of Tibet: Listing of the Mandala Deities*, The Center for East Asian Cultural Studies, Tokyo, 1991, p173～180.相關圖像見：bsod nams rgya mtsho & M. Tachikawa, *The Ngor Mandalas of Tibet: Plates*, No. 99～105, The Center for East Asian Cultural Studies, Tokyo, 1989.

rang gi snying ga nas sprul pa'i lha mo brgyad kyis mchod par bya ste／ gau rī nag mo thig le 'dzin pas mchod／ cau rī dmar mos rakta／ ve tā lī ser mos dri chu／ gha sma rī ljang gus dri chen／ pukka sī sngon mos sha chen 'dzin pas mchod pa ni nang gi'o／ śa va rī dkar mos grub pa'i dngul chu 'dzin pa／ caṇḍa lī sngon mos ḍā ma ru'i sgras mchod pa ni phyi'i'o／ ḍombi nī kha dog sna tshogs pas bde ba chen pos mchod pa de kho na nyid kyi'o//

自之心中，幻化八天母〔1〕以供奉。內有黑色 gaurī〔2〕母持明點〔3〕，紅色 caurī〔4〕母持血〔5〕，黃色 vetālī〔6〕母持香水〔7〕，綠色 ghasmarī〔8〕母持大香〔9〕，青色 pukkasī〔10〕母持大肉〔11〕供奉。外有白色 śavarī〔12〕母持成就水銀〔13〕，青色 caṇḍalī〔14〕母以䪪鼓〔15〕聲供奉。眾色 ḍombinī〔16〕母自身〔17〕以大樂供奉。

注釋：

〔1〕八天母（𗍫𘅞𗴂），西夏文字面意思是「八巫母」，對譯藏文 ལྷ་མོ་བརྒྱད（lha mo brgyad；八天母），八天母是佛父喜金剛與佛母金剛無我母相結合，發大樂之聲，召請一切佛入佛父喜金剛之口，穿體而過，注入佛母金剛無我母空性處，形成八個種字形成八位天母，其每一尊天母，各有其所屬的方位、蘊義、種字、顏色和持物。

〔2〕gaurī，西夏文殘剩「𗆧」（ri），為喜金剛壇城中八天母之一，位於壇城東方，色身為黑色，左手持魚，右手持鉤鐮。《甘露泉》作「戈哩母」。

〔3〕明點（𗧓𗹦），西夏文字面意思是「明點」，對應藏文 ཐིག་ལེ（thig le；明點）。明點，即精液，密乘所說體內風、脈、明點三者中之明點，是大樂的精髓或種子，以種種精華或糟粕的形式存在於體內脈道之中。

〔4〕caurī，西夏文作「𘃡𗆧」，音譯梵文，為喜金剛壇城中八天母之一，位於壇城南方，色身為紅色，左手持豬，右手持法鼓。《甘露泉》作「昨哩母」。

〔5〕血，西夏文作「𗐱𘎪𗍊」，音譯梵文 rakta（血）。《甘露泉》作「囉怛」。

〔6〕vetālī，西夏文作「𗖵𗍊𘉐」，音譯梵文，為喜金剛壇城中八天母之一，位於壇城西方，色身為黃色，左擎頭器，右手持靈龜。《甘露泉》作「微答梨母」。

〔7〕香水（𗵘𗼃），西夏文字面意思是「香水」，直譯藏文 དྲི་ཆུ（dri chu；香水），實際意思為「小便；尿液」。《甘露泉》作「小香」。

〔8〕ghasmarī，西夏文作「𗱈𗤓𗏹𗆧」，音譯梵文，為喜金剛壇城中八天母之一，位於壇城北方，色身為綠色，左擎頭器，右手持蛇。《甘露泉》作「葛思麻二合哩」。

〔9〕大香（𘝦𗽃），西夏文字面意思是「香大」，直譯藏文 དྲི་ཆེན（dri chen；大香），實際意思爲「大便；糞便」。

〔10〕pukkasī，西夏文作「𗧓𗷖𗅋」，音譯梵文，爲喜金剛壇城中八天母之一，位於壇城東北方，色身爲藍色，左手持斧鉞，右手持獅子。《甘露泉》作「布葛細」。

〔11〕大肉（𗽃𘓐），西夏文字面意思是「大肉」，直譯藏文 ཤ་ཆེན（sha chen；大肉），實際意思爲「人肉」。

〔12〕śavarī，西夏文作「𗼻𗢳𗬩」，音譯梵文，爲喜金剛壇城中八天母之一，位於壇城東南方，色身爲白色，左手持錫杖，右手持比丘。《甘露泉》作「沙斡哩」。

〔13〕水銀（𗏁𗴂），西夏文字面意思是「銀水」，直譯藏文 དངུལ་ཆུ（dngul chu；水銀），即汞，是藏醫中一種珍貴的金屬藥物，常被用作辟穀術，清瘟疫，斂膿及黃水，治鬼病。

〔14〕caṇḍalī，西夏文作「𗦻𗍫𗐯」，音譯梵文，爲喜金剛壇城中八天母之一，位於壇城西南方，色身爲青色，左手持犁鏵，右手持法輪。《甘露泉》作「贊答立」。

〔15〕𠸍鼓（𗍫𗊖𗗚），音譯梵文 ḍāmaru（𠸍鼓）。𠸍鼓，又譯「達瑪茹」，是一種可以左右兩面搖擊的小鼓，是密宗修行者所用的樂器之一。《甘露泉》作「吒麻嚕」。

〔16〕ḍombinī，西夏文作「𗔇𗨻𗥤」，音譯梵文，爲喜金剛壇城中八天母之一，位於壇城西北方，眾色色身，左手作怖指，右手持金剛杵。《甘露泉》作「鍾必尼母」。

〔17〕自身（𗧓𗗙），西夏文字面意思是「眞性」，對譯藏文 ཁོ་ན་ཉིད（kho na nyid；自身）。

錄文與譯文：

𗧓𗼃𗏹𘉋，𗅲𗫡𗧯𗐱𗧓𘃞。𗖵𗗙，𗴂𗅲𗧯𗒘𗗚，𗏁𗢳（𗢳𗥤），𗫡𗐯𗊖𗂸，
彼如供養，復昔做罪彼厭。及後，禁不做心以，我名（名誰），初無於生，

𗊖𗗙𗦳𗰜𗧯𗖵𗓁𗳒𗧯□□□𗹦𗏹，𗒘𗧓𗢳𗃲𗃲𗫡𗨻𗖵𗗚𗗙、𗒘𗦳𗖵𗖵𗼃𗤶𗗙，
罪業何所做及彼化做□□□隨喜，等彼數一切上師及中圍、佛前各各懺悔後，

「𗅲𗧯〔𗏁〕，」〔𗢳〕𗳒𗤶𗗚。
「不做我」，　　謂三遍誦。

དེ་ལྟར་མཆོད་ནས་སྔར་བྱས་པའི་སྡིག་པ་ལ་འགྱོད་པ་དང་། ཕྱིན་ཆད་བསྡམས་པའི་བསམ་པ་དྲག་པོས། བདག་མེད་འདི་ཞེས་བགྱི་བས་ཚེ་ཐོག་མ་མེད་པ་ནས་སྡིག་པ་མི་དགེ་བའི་ལས་ཅི་བགྱིས་པ་དང་། བགྱིད་དུ་སྩལ་བ་དང་། བགྱིད་པ་ལ་རྗེས་སུ་ཡི་རང་བ་དེ་དག་ཐམས་ཅད་བླ་མ་དང་དཀྱིལ་འཁོར་གྱི་སྤྱན་སྔར་སོ་སོར་བཤགས་ཤིང་། ཡང་མི་བགྱིད་དོ་ཞེས་ལན་གསུམ་བརྗོད་དོ།

de ltar mchod nas sngar byas pa'i sdig pa la 'gyod pa dang／ phyin chad bsdams pa'i bsam pa drag pos／ bdag ming 'di zhes bgyi bas tshe thog ma med pa nas sdig pa mi dge ba'i las ci bgyis pa dang／ bgyid du stsal ba dang／ bgyid pa la rjes su yi rang ba de dag thams cad bla ma dang dkyil 'khor gyi spyan sngar so sor bshags shing／ yang mi bgyid do zhes lan gsum brjod do／

如上供養，復厭先前所做之罪。之後，以戒律心〔1〕，念誦〔2〕我名〔3〕，由無始時〔4〕，隨喜淨治〔5〕所做之罪業，一切彼等〔6〕，於上師、壇城及佛〔7〕前各各懺悔後，念誦三遍「不做」。

注釋：

〔1〕戒律心（[illegible]），西夏文字面意思是「禁不做心」，對應藏文為 བསྡམས་པའི་བསམ་པ（bsdams pa'i bsam pa；戒律心）。

〔2〕念誦，西夏文無此內容，據藏文本補。

〔3〕我名（[illegible]），這裡指修習者自己的名字。

〔4〕無始時（[illegible]），西夏文字面意思是「初無」，對應藏文為 ཚེ་ཐོག་མ་མེད་པ（tshe thog ma med pa；無始時），佛教中認為生死輪迴無始無終，「無始時」指輪迴最開始的時刻，這裡指淨治由輪迴開始到這一世的所有罪業。

〔5〕淨治（[illegible]），西夏文字面意思是「化做」，對應藏文 སྩལ་བ（stsal ba；清除、淨治）。

〔6〕彼等（[illegible]），西夏文字面意思是「彼數」，對應藏文 དེ་དག（de dag；彼等）。

〔7〕藏文無「佛」字。

對譯與譯文：

[illegible]
次彼之善根無遺於喜歡隨喜心以，「諸異生及聲聞、獨覺、菩提勇識、

[illegible]
竟明滿之善根一切於喜歡隨喜我，」謂誦。彼如所積善根上成就得故，回趣

[illegible]
心以，我今彼如所做善根以，「情有一切之利故，大手印上成就中真呼石王

[illegible]
之限量願得我，」謂三遍誦。

དེ་ནས་གཞན་གྱི་དགེ་བ་མ་ལུས་པ་ལ་དགའ་ཞིང་ཡི་རང་བའི་བསམ་པས། སོ་སོ་སྐྱེ་བོ་དང་། འཕགས་པ་ཉན་ཐོས་དང་། རང་སངས་རྒྱས་དང་། བྱང་ཆུབ་སེམས་དཔའ་དང་། ཡང་དག་པར་རྫོགས་པའི་སངས་རྒྱས་ཀྱི་དགེ་བའི་རྩ་བ་ཐམས་ཅད་ལ་དགའ་ཞིང་རྗེས་སུ་ཡི་རང་བར་བགྱིའོ། ཞེས་བརྗོད་དོ། དེ་ལྟར་བསགས་པའི་དགེ་བ་མཆོག་གི་དངོས་གྲུབ་ཏུ་བསྔོ་བའི་བསམ་པས། བདག་གིས་དེ་ལྟར་བགྱིས་པའི་དགེ་བའི་རྩ་བ་དེས། སེམས་ཅན་ཐམས་ཅད་ཀྱི་དོན་དུ་ཕྱག་རྒྱ་ཆེན་པོ་མཆོག་གི་དངོས་གྲུབ་སྙིང་པོ་ཀྱེ་རྡོ་རྗེའི་གོ་འཕང་ཐོབ་པར་གྱུར་ཅིག ཅེས་ལན་གསུམ་བརྗོད་དོ།

de nas gzhan gyi dge ba ma lus pa la dga' zhing yi rang ba'i bsam pas／so so skye bo dang／'phags pa nyan thos dang／rang sangs rgyas dang／byang chub sems dpa' dang／yang dag par rdzogs pa'i sangs rgyas kyi dge ba'i rtsa ba thams cad la dga' zhing rjes su yi rang bar bgyi'o／zhes brjod do／de ltar bsags pa'i dge ba mchog gi dngos grub tu bsngo ba'i bsam pas／bdag gis de ltar bgyis pa'i dge ba'i rtsa ba des／sems can thams cad kyi don du phyag rgya chen po mchog gi dngos grub snying po kye rdo rje'i go 'phang thob par gyur cig ces lan gsum brjod do／

復次〔1〕歡喜隨喜它人一切〔2〕之善根，以此之心，念誦「歡喜隨喜於一切凡夫〔3〕、聲聞〔4〕、獨覺〔5〕、菩提薩埵〔6〕、正遍知〔7〕之善根」。迴向〔8〕如上所積善根上妙〔9〕之成就，以此之心，以我今所做如上之善根，念誦三遍「利益一切有情故，願得大手印上妙成就，精粹喜金剛〔10〕之果位〔11〕」。

注釋：

〔1〕復次（[西夏文]），西夏文字面意思是「次」，直譯藏文 དེ་ནས（de nas；復次、然後）。

〔2〕一切（[西夏文][西夏文]），西夏文字面意思是「無遺」，直譯藏文 མ་ལུས་པ（ma lus pa；無有剩餘、一切）。

〔3〕凡夫（[西夏文][西夏文]），西夏文字面意思是「異生」，直譯藏文 སོ་སོ་སྐྱེ་བོ（so so skye bo；異生、凡夫），指未證得聖道者。

〔4〕聲聞（[西夏文][西夏文]），西夏文字面意思是「聲聞」，直譯藏文 ཉན་ཐོས（nyan thos；聲聞），梵文作 śrāvaka，爲佛之小乘法中弟子，聞佛之聲教，悟四諦之理，斷見思之惑，而入於涅槃者也。

〔5〕獨覺（[西夏文][西夏文]），西夏文字面意思是「獨覺」，直譯藏文 རང་སངས་རྒྱས（rang sangs rgyas；獨覺），又名緣覺、辟支佛，是於無佛之世靠自己覺悟的力量而脫離生死的人。

〔6〕菩提薩埵（[西夏文][西夏文][西夏文][西夏文]），西夏文字面意思是「菩提勇識」，藏文作 བྱང་ཆུབ་སེམས་དཔའ（byang chub sems dpa'），梵文原詞 bodhisattva，漢譯佛典通常譯爲「菩薩」或「菩提薩埵」。

〔7〕正遍知（[illegible]），西夏文字面意思是「竟明滿」，直譯藏文ཡང་དག་པར་རྫོགས་པའི་སངས་རྒྱས（yang dag par rdzogs pa'i sangs rgyas；正遍知、正等覺），梵文作 samyaksaṃbuddha，梵音譯作「三藐三佛陀」，乃佛的十號之一。此外梵文 samyaksaṃbodhi（音譯「三藐三菩提」）亦譯作「正遍知」，其中 bodhi（菩提）就法而言，buddha（佛）就名號而言，故 samyaksaṃbuddha 亦可以理解爲「正遍知者」。

〔8〕迴向（[illegible]），西夏文字面意思是「回趣」，對譯藏文 བསྔོ་བ（bsngo ba；迴向），梵文作 pariṇāma，「[illegible]」（回）表「回轉」，「[illegible]」借自漢語「趣」，表「趣向」之意，意指回轉自己所修的功德以趣向其他方面。

〔9〕上妙，西夏文作「[illegible]」，字面意思是「上」，疑爲「[illegible]」（上妙）的縮略形式，對應藏文 མཆོག（mchog；上妙，殊勝）。

〔10〕精粹喜金剛（[illegible]），字面意思是「中眞呼石王」，直譯藏文 སྙིང་པོ་ཀྱེ་རྡོ་རྗེ（snying po kye rdo rje；精粹喜金剛），「[illegible]」（中眞）直譯藏文 སྙིང་པོ（snying po；精粹），精粹喜金剛乃喜金剛的名稱之一。喜金剛在各個文獻中名稱並不統一，表現在畫面上主要是身色、頭手足數、面色和持物的區別，精粹喜金剛往往爲黑色身色，八面十六臂四足，主面色爲黑色、右白色、左紅色、上煙色、其他面爲黑色，左邊八臂分別持黃色地神、白色水神、紅色火神、綠色風神、白色月神、紅色日神、藍色閻魔和黃色財神，其右邊八臂分別持白象、藍馬、白額驢、黃牛、灰白駱駝、紅人、藍獅和白額貓〔註7〕。

〔11〕果位（[illegible]），西夏文字面意思是「限量」，對譯藏文 གོ་འཕང（go 'phang；果位，品級）。

對譯與譯文：

〔[illegible]〕[illegible]、[illegible]、[illegible]□〔[illegible]〕

〔次〕上師及中尊佛寶、道二次支與一△法寶、圍繞巫母及勇□〔默有〕

[illegible]，[illegible]，「[illegible]，

母數眾寶依知所，彼數於一心依誠思以，「此時於生中眞呼石王得於至

[illegible]」[illegible]。

不共三寶於依置我」謂三遍誦。

〔註 7〕張雅靜：《〈續部總集〉中記敘的喜金剛曼荼羅》，《故宮博物院院刊》，2010 年 1 期，第 85～101 頁。

དེ་ནས་བླ་མ་དང་གཙོ་བོ་སངས་རྒྱས། ལམ་རིམ་པ་གཉིས་ཡན་ལག་དང་བཅས་པ་ཆོས། འཁོར་གྱི་ལྷ་མོ་དང་དཔའ་བོ་དང་རྣལ་འབྱོར་མ་རྣམས་དགེ་འདུན་དུ་ཤེས་པར་བྱས་ལ། དེ་རྣམས་ལ་སྙིང་ཐག་པ་ནས་སྐྱབས་སུ་འགྲོ་བའི་བསམ་པས་བདག་དུས་འདི་ནས་བཟུང་སྟེ་སྙིང་པོ་ཀྱེ་རྡོ་རྗེའི་གོ་འཕང་ལ་མཆིས་ཀྱི་བར་དུ་ཐུན་མོང་མ་ཡིན་པའི་དཀོན་མཆོག་གསུམ་ལ་སྐྱབས་སུ་མཆིའོ། ཞེས་ལན་གསུམ་བརྗོད་དོ།

de nas bla ma dang gtso bo sangs rgyas／lam rim pa gnyis yan lag dang bcas pa chos／’khor gyi lha mo dang dpa’ bo dang rnal ’byor ma rnams dge ’dun du shes par byas la／de rnams la snying thag pa nas skyabs su ’gro ba’i bsam pas bdag dus ’di nas bzung ste snying po kye rdo rje’i go ’phang la mchis kyi bar du thun mong ma yin pa’i dkon mchog gsum la skyabs su mchi’o／zhes lan gsum brjod do／

復次，知曉上師及主尊〔1〕佛寶〔2〕，具二次第道支〔3〕法寶，所圍繞天母、勇士〔4〕及瑜伽母等僧寶〔5〕，以誠皈彼等之心，念誦三遍「我於此時始，至於得精粹喜金剛果位〔6〕時，誠皈不共三寶〔7〕」。

注釋：

〔1〕主尊（[illegible]），西夏文字面意思是「中尊」，對譯藏文 གཙོ་བོ（gtso bo；主尊），這裡指喜金剛尊。

〔2〕藏文無「寶」字，下文「法寶」、「僧寶」藏文本同無「寶」字。

〔3〕具二次第道支（[illegible]），西夏字面意思爲「道二次支與一△」。其中「[illegible]」（具），對譯藏文 དང་བཅས་པ（dang bcas pa；具有、一併）。「[illegible]」（二次第道），對譯藏文 ལམ་རིམ་པ་གཉིས（lam rim pa gnyis；二次第道）。次第，梵文作 anukrama，有順序之意，二次第道指密宗修習的兩個次第，即增長次第與圓滿次第。[illegible]（支），直譯藏文 ཡན་ལག（yan lag；部分、分支）。

〔4〕勇士，西夏文殘剩「[illegible]」（勇）字，據藏文補 དཔའ་བོ（dpa’ bo；勇士）。

〔5〕僧寶（[illegible]），西夏字面意思是「眾寶」，[illegible]（眾）直譯藏文 དགེ་འདུན（dge ’dun；眾），常依梵音 saṃgha（眾）譯作僧伽，略作僧。

〔6〕果位，西夏本無，據藏文本補。

〔7〕不共三寶（[illegible]），西夏字面意思爲「不共三寶」，直譯藏文 ཐུན་མོང་མ་ཡིན་པའི་དཀོན་མཆོག་གསུམ（thun mong ma yin pa’i dkon mchog gsum；不共三寶），不共（[illegible]）直譯藏文 ཐུན་མོང་མ་ཡིན་པ（thun mong ma yin pa；不共），即不同於平常。不共三寶指不同於一般佛教所指的佛、法、僧三寶，這裡佛寶指上師和主尊喜金剛，而不是通常所指的本師釋迦牟尼佛，或十方三世一切諸佛，法寶指密宗修習中的增長與圓滿兩種次第，而不是佛的一切教法，僧寶指的是圍繞的天母、勇士及瑜伽母等，而不是傳統意義上的出家修行的沙門。

對譯與譯文：

[illegible]

次供處、供者、供所等，自性不成，顯譬法一切自性無中，彼如未悟情

[illegible]

有數於勝殊依大悲生以，彼數利故，佛求，菩提心起我謂思：「何云三世世

[illegible]

尊數，大菩提依已定出，菩提心者上等無，□□集今建起我，律儀攝及善法

[illegible]

集，情有饒做三種戒，□□堅固持執我。」謂三遍誦。

དེ་ནས་མཆོད་པའི་ཡུལ་དང་བདག་ཉིད་དང་མཆོད་པ་རྣམས་རང་བཞིན་གྱིས་མ་གྲུབ་ཅིང་། སྣང་གྲགས་ཀྱི་ཆོས་ཐམས་ཅད་ངོ་བོ་ཉིད་མེད་པ་ལ་དེ་ལྟར་མ་རྟོགས་པའི་སེམས་ཅན་རྣམས་ལ་རབ་ཏུ་བརྩེ་བའི་སྙིང་རྗེ་བསྐྱེད་ནས། དེ་རྣམས་ཀྱི་དོན་དུ་རྫོགས་པའི་སངས་རྒྱས་བསྒྲུབ་པའི་ཕྱིར། བྱང་ཆུབ་ཀྱི་སེམས་བསྐྱེད་སྙམ་དུ་བསམས་ལ། ཇི་ལྟར་དུས་གསུམ་མགོན་པོ་རྣམས། བྱང་ཆུབ་ཏུ་ནི་ངེས་མཛད་པའི། བྱང་ཆུབ་སེམས་ནི་བླ་ན་མེད། དམ་པ་བདག་གིས་བསྐྱེད་པར་བགྱི། ཚུལ་ཁྲིམས་ཀྱི་ནི་བསླབ་པ་དང་། དགེ་བའི་ཆོས་ནི་སྡུད་པ་དང་། སེམས་ཅན་དོན་བྱེད་ཚུལ་ཁྲིམས་གསུམ། སོ་སོར་བརྟན་པོར་བཟུང་བར་བགྱི། ཞེས་ལན་གསུམ་བརྗོད་དོ།།

de nas mchod pa'i yul dang bdag nyid dang mchod pa rnams rang bzhin gyis ma grub cing／snang grags kyi chos thams cad ngo bo nyid med pa la de ltar ma rtogs pa'i sems can rnams la rab tu brtse ba'i snying rje bskyed nas／de rnams kyi don du rdzogs pa'i sangs rgyas bsgrub pa'i phyir／byang chub kyi sems bskyed snyam du bsams la／ji ltar dus gsum mgon po rnams／byang chub tu ni nges mdzad pa'i／byang chub sems ni bla na med／dam pa bdag gis bskyed par bgyi／tshul khrims kyi ni bslab pa dang／dge ba'i chos ni sdud pa dang／sems can don byed tshul khrims gsum／so sor brtan por bzung bar bgyi／zhes lan gsum brjod do//

復次，供處、供者及供品等無有自性〔1〕，一切流傳〔2〕之法無有自性，生殊勝大悲於未悟如此有情眾，利彼等故，修證成佛故〔3〕，發菩提心思，念誦三遍：「何云三世諸世尊〔4〕，依大菩提必定出〔5〕，菩提心者無上等，我今即發此殊勝〔6〕，攝受戒律集善法，利益有情三種戒〔7〕，各當〔8〕堅固而受持」。

注釋：

〔1〕無有自性（[illegible]），西夏字面意思爲「自性不成」，直譯藏文རང་བཞིན་གྱིས་མ་གྲུབ（rang bzhin gyis ma grub；自性不成、無自性）。無自性指無一定之自性，佛教

認爲諸法皆由因緣所生，此處所提到的供處、供者以及貢品皆由四大假合而成，四大相離，物即滅盡，故謂無有自性。

〔2〕流傳（[illegible]），西夏文字面意思爲「顯譽」，對譯藏文 སྣང་གྲགས（snang grags；顯聞），引申爲「流傳、眾所周知」。

〔3〕修證成佛故，西夏文作「[illegible]」（求佛），與藏文不符，此處依藏文譯。

〔4〕三世諸世尊（[illegible]），西夏文字面意思是「三世世尊數」，對應藏文爲 དུས་གསུམ་མགོན་པོ་རྣམས（dus gsum mgon po rnams；三世諸怙主）。西夏文「[illegible]」對譯藏文 རྣམས（rnams），用於詞語末尾表示多數。

〔5〕依大菩提必定出（[illegible]），西夏文字面意思是「大菩提依必定出」，對應的藏文爲 བྱང་ཆུབ་ཏུ་ནི་ངེས་མཛད་པ（byang chub tu ni nges mdzad pa；於菩提者必定爲），未詳孰是。

〔6〕此殊勝，西夏文殘，依藏文補。

〔7〕攝受戒律集善法，利益有情三種戒（[illegible]，[illegible]），即三聚淨戒：一爲攝律儀戒，即捨斷一切諸惡，含攝諸律儀，爲止惡門；二爲攝眾生戒，即修持一切善法，爲修善門；三爲攝眾生戒，即以慈悲心利益一切眾生，爲利生門，此三聚淨戒爲大乘僧俗通行之戒。

〔8〕各當，西夏文殘，據藏文補。

對譯與譯文：

[illegible]，[illegible]，[illegible]
次情有一切安與安之因與願謂慈，苦與苦因與願離謂悲，苦無安與不離
[illegible]，[illegible]，[illegible]。
謂喜，怖親不捨四無量念者，福足積。

དེ་ནས་སེམས་ཅན་ཐམས་ཅད་བདེ་བ་དང་བདེ་བའི་རྒྱུ་དང་ལྡན་པར་གྱུར་ཅིག་སྙམ་པའི་བྱམས་པ། སྡུག་བསྔལ་དང་སྡུག་བསྔལ་གྱི་རྒྱུ་དང་བྲལ་བར་གྱུར་ཅིག་སྙམ་པའི་སྙིང་རྗེ། སྡུག་བསྔལ་མེད་པའི་བདེ་བ་དང་མི་འབྲལ་བར་གྱུར་ཅིག་སྙམ་པའི་དགའ་བ། སེམས་ཅན་ཐམས་ཅད་དགྲ་དང་གཉེན་ཆགས་སྡང་མེད་པའི་བཏང་སྙོམས་ཏེ་ཚད་མེད་པ་བཞི་བསྒོམ་པ་ནི་བསོད་ནམས་ཀྱི་ཚོགས་བསགས་པའོ།

de nas sems can thams cad bde ba dang bde ba'i rgyu dang ldan par gyur cig snyam pa'i byams pa／sdug bsngal dang sdug bsngal gyi rgyu dang bral bar gyur cig snyam pa'i snying rje／sdug bsngal med pa'i bde ba dang mi 'bral bar gyur cig snyam pa'i dga' ba／sems can thams cad dgra dang gnyen chags sdang med pa'i btang snyoms te tshad med pa bzhi bsgom pa ni bsod nams kyi tshogs bsags pa'o//

復次，發四無量心〔1〕：願一切有情具足安樂與安樂因，即慈無量〔2〕；願一切有情遠離苦惱與苦惱因，即悲無量；願一切有情不離無苦安樂〔2〕，即喜無量，願一切有情無驚怖親近〔3〕，即捨無量。此爲積福德資糧也。

注釋：

〔1〕發四無量心（[illegible]），西夏字面意思是「四無量念者」，直譯藏文ཚད་མེད་པ་བཞི་བསྒོམ་པ་ནི（tshad med pa bzhi bsgom pa ni；念四無量者）。四無量心，指四種廣大的利他之心，即令無量眾生離苦得樂而起的慈、悲、喜、捨四種心，或入慈、悲、喜、捨四種禪觀，又稱四無量、四等心、四梵行、四梵住、無量心解脫。西夏文語序同藏文，依漢文習慣略作調整。《甘露泉》作「當發四無量心云」。

〔2〕願一切有情具足安樂與安樂因，即慈無量（[illegible]），西夏文字面意思是「次情有一切安與安之因與願謂慈」，對應藏文作དེ་ནས་སེམས་ཅན་ཐམས་ཅད་བདེ་བ་དང་བདེ་བའི་རྒྱུ་དང་ལྡན་པར་གྱུར་ཅིག་སྙམ་པའི་བྱམས་པ（de nas sems can thams cad bde ba dang bde ba'i rgyu dang ldan par gyur cig snyam pa'i byams pa；願一切有情俱足安樂與安樂因之慈），譯文依漢文語序略作調整，下文「悲無量」、「喜無量」、「捨無量」與此同。

〔3〕無苦安樂（[illegible]），西夏字面意思是「苦無安」，直譯藏文 སྡུག་བསྔལ་མེད་པའི་བདེ་བ（sdug bsngal med pa'i bde ba；無苦之安樂）。

〔4〕無驚怖親近，即捨無量（[illegible]），西夏字面意思是「驚親不捨」，對應的藏文爲 དགྲ་དང་གཉེན་ཆགས་སྡང་མེད་པའི་བཏང་སྙོམས（dgra dang gnyen chags sdang med pa'i btang snyoms；無敵親好惡之捨），《甘露泉》作「願諸眾生無有憎惡、冤親平等，即捨無量」，捨（[illegible]），即「捨無量」指捨掉一切分別執著的觀念。「無驚怖親近」（[illegible]），西夏文字面意思是「驚親不」，即不驚怖親近。

2. 積智慧資糧

錄文與譯文：

[illegible]，「[illegible]　[illegible]　[illegible]　[illegible]」[illegible]〔註 8〕

次，「oṃ　śūnyatā　jñānavajrasvabhāvādmako　'haṃ」謂法一切

[illegible]，[illegible]。

空思，智足。

〔註 8〕此處有西夏文注釋「[illegible]」（流傳）二字。

དེ་ནས། ཨོཾ་ཤཱུ་ཉ་ཏཱ་ཛྙཱ་ན་བཛྲ་སྭ་བྷཱ་ཝ་ཨཱདྨ་ཀོ་ཧཾ། ཞེས་བརྗོད་པས་ཆོས་ཐམས་ཅད་སྟོང་པར་བསམ་པ་ནི་ཡེ་ཤེས་ཀྱི་ཚོགས་བསགས་པའོ།

de nas／oṃ śū nya tā jñā na vajra sva bhā va ādma ko haṃ／zhes brjod pas chos thams cad stong par bsam pa ni ye shes kyi tshogs bsags pa'o//

復次〔1〕，念誦〔2〕「oṃ śū nya tā jñā na vajra sva bhā va ādma ko haṃ」〔3〕，思諸法空寂〔4〕，此積智慧資糧〔5〕也。

注釋：

〔1〕《甘露泉》作「緣想諸法唯心，心如幻化，幻無自性」。西夏文、藏文本皆無此內容。

〔2〕念誦，西夏文無，據藏文本補。

〔3〕梵文正確寫法爲 oṃ śūnyatā jñānavajrasvabhāvātmako 'haṃ。

〔4〕思諸法空寂（[illegible]），西夏文字面意思是「法一切空思」，直譯藏文 ཆོས་ཐམས་ཅད་སྟོང་པར་བསམ་པ（chos thams cad stong par bsam pa；思一切法爲空），《甘露泉》作「思惟諸法空寂」。

〔5〕積智慧資糧，西夏文作「[illegible]」（智足），意爲「智慧資糧」，對應藏文ཡེ་ཤེས་ཀྱི་ཚོགས་བསགས་པ（ye shes kyi tshogs bsags pa；積智慧資糧），《甘露泉》作「乃智資焉」。

（二）增長佛果

1. 前行：觀修護輪

錄文與譯文：

[illegible]

二第，果佛增長於二：前行守護輪思與自體佛默有。一第者，空界中 paṃ

[illegible]

化花淨，raṃ 彼字化日壇上，hūṃ 字〔化〕□色石王：東白、南黃、西紅、北青、

[illegible]

石王角曲三支連，臍色黑於〔hūṃ 字〕以嚴思。彼於光十方放，下石王地、石

[illegible]

王城，上石王帳，上蓋，外遍至智火燃燒思。

གཉིས་པ་འབྲས་བུ་ལྷར་བསྐྱེད་པ་ལ་གཉིས། སྔོན་དུ་འགྲོ་བ་བསྲུང་བའི་འཁོར་ལོ་བསྒོམ་པ་དང་། དངོས་གཞི་ལྷའི་རྣལ་འབྱོར་རོ། དང་པོ་ནི་སྟོང་པའི་ངང་ལས། པཾ་ལས་པདྨ། རཾ་ལས་ཉི་མའི་སྟེང་དུ་ཧཱུྃ་ལས་སྣ་ཚོགས་རྡོ་རྗེ་ཤར་དཀར། ལྷོ་སེར། ནུབ་དམར། བྱང་ལྗང་གུ། རྡོ་རྗེའི་རྭ་ཐམས་ཅད་རྩེ་མོ་གསུམ་པ། ལྟེ་བ་མཐིང་ནག་ལ་ཧཱུྃ་གིས་མཚན་པ་བསམ། དེ་ལས་འོད་ཟེར་ཕྱོགས་ཀུན་ཏུ་འཕྲོས་པས་འོག་རྡོ་རྗེའི་ས་གཞི། ཁོར་ཡུག་རྡོ་རྗེའི་ར་བ། སྟེང་རྡོ་རྗེའི་གུར་དང་བླ་རེ། ཕྱི་རོལ་ཀུན་ཏུ་ཡེ་ཤེས་ཀྱི་མེ་རབ་ཏུ་འབར་བར་གྱུར་པར་བསམས་ལ།

gnyis pa ’bras bu lhar bskyed pa la gnyis／sngon du ’gro ba bsrung ba’i ’khor lo bsgom pa dang／dngos gzhi lha’i rnal ’byor ro// dang po ni stong pa’i ngang las／paṃ las padma／raṃ las nyi ma’i steng du hūṃ las sna tshogs rdo rje shar dkar／lho ser／nub dmar／byang ljang gu／rdo rje’i rwa thams cad rtse mo gsum pa／lte ba mthing nag la hūṃ gis mtshan pa bsam// de las ’od zer phyogs kun tu ’phros pas ’og rdo rje’i sa gzhi／khor yug rdo rje’i ra ba／steng rdo rje’i gur dang bla re／phyi rol kun tu ye shes kyi me rab tu ’bar bar gyur par bsams la//

第二，增長佛果有二：前行〔1〕觀修守護輪〔2〕與正行〔3〕本尊〔4〕瑜伽。第一〔5〕，觀想空界〔6〕中 paṃ 字化蓮，raṃ 字化日，彼日壇上〔7〕，hūṃ 字化爲交杵〔8〕：東白、南黃、西紅、北綠，杵頭三股〔9〕，臍間黑色，且嚴 hūṃ 字。觀想光自彼發，遍照十方〔10〕，下至金剛地基、金剛城〔11〕，上至金剛寶帳、金剛傘蓋，外周遍智火，熊熊燃燒。

注釋：

〔1〕前行（[illegible]），也作「加行」，西夏文字面意思是「前行」，直譯藏文 སྔོན་དུ་འགྲོ་བ（sngon du ’gro ba；前行、事前準備），這裡指本尊瑜伽之前必須完成的基礎或預備修持。

〔2〕守護輪（[illegible]），直譯藏文 བསྲུང་བའི་འཁོར་ལོ（bsrung ba’i ’khor lo；守護輪），其作用爲保護觀想者在修行中不受侵害。

〔3〕正行（[illegible]），西夏文字面意思是「自體」，直譯藏文 དངོས་གཞི（dngos gzhi；主體、本身），佛書常譯作「正行、根本位」，這裡指密教修法過程中，預備階段（前行）之後的正式修法階段。

〔4〕本尊（[illegible]），西夏字面意思是「佛」，藏文作 ལྷ（lha），這裡指密宗修習的本尊。

〔5〕第一（[illegible]），此處指觀修守護輪。

〔6〕空界（[illegible]），對應的藏文爲 སྟོང་པའི་ངང་（stong pa’i ngang；空性），未詳孰是。

〔7〕raṃ 字化日，彼日壇上（[illegible]），西夏文字面意思是「raṃ 彼字化日壇上」，對應藏文爲 རཾ་ལས་ཉི་མའི་སྟེང་དུ（raṃ las nyi ma’i steng du；raṃ 所化日

之上），藏文並無「壇」（དཀྱིལ་འཁོར། dkyil ’khor）字，《甘露泉》作「『嚂』字成日，彼日輪上」。

〔8〕交杵，西夏文殘剩「[illegible]」（色石王），對應藏文爲 སྣ་ཚོགས་རྡོ་རྗེ（sna tshogs rdo rje；交杵、斑杵），交杵由兩個金剛杵交叉構成的，因其形狀類似漢文「十」字，故也作「十字金剛杵」，其四個杵頭色彩方位分別爲東面白色、南面黃色、西面紅色和北面綠色，其中心臍間兩杵交匯點爲深藍色。

〔9〕杵頭三股（[illegible]），西夏文字面意思是「石王角曲三支連」，對譯藏文 རྡོ་རྗེའི་ར་ཐམས་ཅད་རྩེ་མོ་གསུམ་པ（rdo rje’i rwa thams cad rtse mo gsum pa；金剛杵一切頂端有三尖），即指交杵的每個杵頭各有三股，《甘露泉》作「杵各三股」，此處依《甘露泉》譯。

〔10〕十方（[illegible]），藏文本作 ཕྱོགས་ཀུན（phyogs kun；諸方）。

〔11〕下至金剛地基、金剛城，上至金剛寶帳、金剛傘蓋（[illegible]、[illegible]，[illegible]，[illegible]），西夏文字面意思是「下石王地、石王城，上石王帳，上蓋」，藏文本作 འོག་རྡོ་རྗེའི་ས་གཞི། ཁོར་ཡུག་རྡོ་རྗེའི་ར་བ། སྟེང་རྡོ་རྗེའི་གུར་དང་བླ་རེ།（’og rdo rje’i sa gzhi／khor yug rdo rje’i ra ba／steng rdo rje’i gur dang bla re；下至金剛地基，周匝金剛城牆，上至金剛寶帳、金剛傘蓋），多 ཁོར་ཡུག（khor yug；周匝）。《甘露泉》作「下成金剛地，四維金剛垣，上成金剛帳」，與西夏文藏文皆不合。

錄文與譯文：

「[illegible]」[illegible]。[illegible]

「oṃ vajra　rakṣa　rakṣa　hūṃ hūṃ hūṃ phaṭa svāhā」謂三遍誦以攝授。不

[illegible]，[illegible]。

共守護輪亦此時思，他中知可。

ཨོཾ་བཛྲ་རཀྵ་རཀྵ་ཧཱུྃ་ཧཱུྃ་ཧཱུྃ་ཕཊ་སྭཱ་ཧཱ། ཞེས་ལན་གསུམ་གྱི་བྱིན་གྱིས་བརླབ་བོ། ཐུན་མོང་མ་ཡིན་པའི་སྲུང་བའི་འཁོར་ལོའང་སྐབས་འདིར་བསྒོམ་སྟེ་གཞན་དུ་ཤེས་པར་བྱའོ། སྲུང་བའི་འཁོར་ལོ་བསྒོམ་པའོ།།

oṃ vajra rakṣa rakṣa hūṃ hūṃ hūṃ phaṭa svāhā／zhes lan gsum gyi byin gyis brlab bo／thun mong ma yin pa’i srung ba’i ’khor lo’ang skabs ’dir bsgom ste gzhan du shes par bya’o／srung ba’i ’khor lo bsgom pa’o//

念誦三遍「oṃ vajra rakṣa rakṣa hūṃ hūṃ hūṃ phaṭa svāhā」以加持〔1〕。此時亦當觀想不共守護輪〔2〕，由他處可知〔3〕。觀修護輪竟〔4〕。

注釋：

〔1〕加持（[illegible]），西夏文字面意思是「攝授」，對譯藏文 བྱིན་གྱིས་བརླབ（byin gyis brlab；加持），即以神力加於眾生，使之受持、感應。

〔2〕不共守護輪（[illegible]），藏文作 ཐུན་མོང་མ་ཡིན་པའི་སྲུང་བའི་འཁོར་ལོ（thun mong ma yin pa'i srung ba'i 'khor lo；不共守護輪），即薩迦派特有的觀修護輪的方法。

〔3〕由他處可知（[illegible]），西夏文字面意思是「他中知可」，直譯藏文 གཞན་དུ་ཤེས་པར་བྱ（gzhan du shes par bya；他處可知），即《喜金剛現證如意寶》不再談及「不共守護輪」的觀修方法。《甘露泉》則集錄了八思巴所造的《喜金剛護輪成就法》（ཀྱེ་རྡོ་རྗེའི་སྒྲུབ་ཐབས་སྲུང་འཁོར་དང་བཅས་པ། kye rdo rje'i sgrub thabs srung 'khor dang bcas pa）生起次第修復輪的部分內容。

〔4〕觀修護輪竟，西夏本無此內容，依藏文 སྲུང་བའི་འཁོར་ལོ་བསྒོམ་པའོ（srung ba'i 'khor lo bsgom pa'o）譯，表示觀修護輪部分結束。

2. 正行：本尊瑜伽

（1）生起能依

錄文與譯文：

[illegible]：[illegible]，[illegible]，

次自體佛默有於二中：依可增長令故護輪內，基支 e 字化融法生宮三角連，

[illegible]，[illegible]；[illegible]，[illegible]；[illegible]〔[illegible]〕[illegible]

外白內紅，上闊下窄；彼之內向，因支 laṃ 字化地輪四角連色黃；彼上 baṃ 字

[illegible]；[illegible]；[illegible]

化水輪色白圓圈；彼上 raṃ 字化火輪三角連色紅；彼上 yaṃ 字化風輪弓引相如色

[illegible]，[illegible]：[illegible]

青等自各字種以嚴思時，緣支自心與一味已混於眾寶以成勝妙殿四角：四門外

[illegible]、[illegible]、[illegible]、[illegible]、[illegible]，[illegible]，[illegible]，

次依白、黃、紅、青、黑五城根，彼上寶墼黃於絡全絡半懸，彼上箭網與寶缺口

[illegible]，[illegible]〔註9〕[illegible]，[illegible]〔註10〕[illegible]，

壁外復欲樂地上，十六天母種種供養壞有　　於供養，內向八柱　　上，

〔註9〕「[illegible]」（壞有），爲「[illegible]」（壞有出）之缺，據藏文本補。

〔註10〕「[illegible]」（松），疑爲「[illegible]」（柱）字之訛，考藏文本作ཀ་བ（ka ba；柱），似當據改。

[illegible]
四種石王共梁網孔如共起，上石王半寶瓶以嚴，四門邊四寶柱以扶，馬下
[illegible]
四階上，法輪、傘、獸野與一併，各亦衣、幡、花鬘、月壇風以動飛、尾寶
[illegible]
柄懸等種種莊嚴之勝妙殿思。

དེ་ནས་དངོས་གཞི་ལྷའི་རྣལ་འབྱོར་ལ་གཉིས་ལས། རྟེན་བསྐྱེད་པའི་ཕྱིར་སྲུང་བའི་འཁོར་ལོའི་ནང་དུ། གཞིའི་ཡན་ལག་ཨེ་ལས་ཆོས་ཀྱི་འབྱུང་གནས་གྲུ་གསུམ་པ། ཕྱི་དཀར་ལ་ནང་དམར་བ། གདེངས་ཁ་གྱེན་དུ་བསྟན་པ། དེའི་ནང་དུ་རྒྱུའི་ཡན་ལག་ལཾ་ལས་སའི་དཀྱིལ་འཁོར་གྲུ་བཞི་སེར་པོ། དེའི་སྟེང་དུ་བཾ་ལས་ཆུའི་དཀྱིལ་འཁོར་དཀར་པོ་ཟླུམ་པོ། དེའི་སྟེང་དུ་རཾ་ལས་མེའི་དཀྱིལ་འཁོར་གྲུ་གསུམ་དམར་པོ། དེའི་སྟེང་དུ་ཡཾ་ལས་རླུང་གི་དཀྱིལ་འཁོར་གཞུ་བདུངས་པ་ལྟ་བུ་ལྗང་སྔོན་རྣམས་སོ་སོའི་ས་བོན་གྱིས་མཚན་པ་བསྒོམས་ནས། རྐྱེན་གྱི་ཡན་ལག་རང་གི་སེམས་དང་རོ་གཅིག་ཏུ་འདྲེས་པ་ལས་རིན་པོ་ཆེ་སྣ་ཚོགས་ལས་གྲུབ་པའི་གཞལ་ཡས་ཁང་པ་གྲུ་བཞི་པ། སྒོ་བཞི་པ། ཕྱི་ནས་རིམ་པ་བཞིན། དཀར་པོ། སེར་པོ། དམར་པོ། ལྗང་གུ། ནག་པོ་སྟེ་རྩིག་པ་ལྔ་དང་ལྡན་པ། དེའི་སྟེང་དུ་རིན་པོ་ཆེའི་ཕ་གུ་སེར་པོ་ལ་དྲ་བ་དང་དྲ་བ་ཕྱེད་པ་འཕྱང་བ། དེའི་སྟེང་དུ་རིན་པོ་ཆེའི་མདའ་ཡབ་དང་པུ་ཤུ་ཡོད་པ། རྩིག་པའི་ཕྱི་རོལ་འདོད་ཡོན་གྱི་སྣམ་བུ་ལ་ལྷ་མོ་བཅུ་དྲུག་གིས་མཆོད་རྫས་དུ་མ་ཐོགས་ནས་བཅོམ་ལྡན་འདས་ལ་མཆོད་པ། ནང་ཀ་བ་བརྒྱད་དང་ལྡན་པ། སྟེང་རྡོ་རྗེའི་གདུང་བཞིས་མིག་མངས་རིས་སུ་བྲིས་ཤིང་། མཛེས་པར་ཕུབ་པ། དབུས་ཕྱུར་བུར་གྱུར་པའི་སྟེང་དུ་རྡོ་རྗེ་ཕྱེད་པའི་ཏོག་གིས་བརྒྱན་པ། སྒོའི་ཐད་སོ་བཞིར་ཀ་བ་བཞི་བཞིས་བཏེག་པའི་རྟ་བབས་བང་རིམ་བཞི་དང་ལྡན་པའི་སྟེང་དུ། ཆོས་ཀྱི་འཁོར་ལོ་དང་། གདུགས་དང་། རི་དྭགས་དང་བཅས་པ། གཞན་ཡང་གོས་དང་། འཕན་དང་། མེ་ཏོག་གི་ཕྲེང་བ་དང་། ཟླ་བ་རླུང་གིས་བསྐྱོད་པ་དང་། རྔ་ཡབ་ནོར་བུའི་ཡུ་བ་ཅན་ལ་སོགས་པ་རྒྱན་དུ་མས་བརྒྱན་པའི་གཞལ་ཡས་ཁང་པ་བསྒོམ།

de nas dngos gzhi lha’i rnal ’byor la gnyis las／rten bskyed pa’i phyir srung ba’i ’khor lo’i nang du／gzhi’i yan lag e las chos kyi ’byung gnas gru gsum pa／phyi dkar la nang dmar ba／gdengs kha gyen du bstan pa／de’i nang du rgyu’i yan lag laṃ las sa’i dkyil ’khor gru bzhi ser po／de’i steng du baṃ las chu’i dkyil ’khor dkar po zlum po／de’i steng du raṃ las me’i dkyil ’khor gru gsum dmar po／de’i steng du yaṃ las rlung gi dkyil ’khor gzhu bdungs pa lta bu ljang sngon rnams so so’i sa bon gyis mtshan pa bsgoms nas／rkyen gyi yan lag rang gi sems dang ro gcig tu ’dres pa las rin po che sna tshogs las grub pa’i gzhal yas khang pa gru bzhi pa／sgo bzhi pa／phyi nas rim pa bzhin／dkar po／ser po／dmar po／ljang gu／nag po ste rtsig pa lnga dang ldan pa／de’i steng du rin po che’i pha gu ser po la dra ba dang dra ba phyed pa ’phyang ba／de’i steng du rin po che’i mda’ yab dang pu shu yod pa／rtsig pa’i phyi rol ’dod yon gyi snam bu la lha mo bcu drug gis mchod rdzas du ma thogs nas bcom ldan ’das la mchod pa／nang ka ba brgyad dang ldan pa／steng rdo rje’i gdung bzhis mig mangs ris su bres shing／mdzes par phub pa／dbus phyur bur gyur pa’i steng du rdo rje phyed pa’i tog gis brgyan pa／sgo’i thad so bzhir ka ba bzhi bzhis bteg pa’i rta babs bang rim bzhi dang ldan pa’i steng du／chos kyi ’khor lo dang／gdugs dang／ri dwags dang bcas pa／gzhan yang gos dang／’phan dang／me tog gi phreng ba dang／zla ba rlung gis bskyod pa dang／rnga yab nor bu’i yu ba can la sogs pa rgyan du mas brgyan pa’i gzhal yas khang pa bsgom//

復次，正行本尊瑜伽二種之一：令所依增長故，護輪之內，基支〔1〕e 字融化成三角〔2〕生法之宮，外白內紅，上寬下窄〔3〕；彼內因支 laṃ 字化爲黃色四方〔4〕地輪〔5〕；彼上 baṃ 字化爲白色圓形水輪；彼上 raṃ 字化成紅色三角火輪；彼上 yaṃ 字化爲綠色彎弓〔6〕風輪，以上彼等，各各嚴其種字〔7〕，思如是時，緣支與自心混成一味，而成眾寶四方勝妙宮〔8〕：四門由外自內，次第有白、黃、紅、綠、黑五城牆〔9〕，彼上有黃色寶墼〔10〕，上懸全半瓔珞，彼上女牆箭垛〔11〕，復城牆之外，欲樂地上〔12〕，十六天母持諸供物供奉出有壞〔13〕，內具八柱，上承四種金剛梁如網孔〔14〕，於上嚴以金剛半寶瓶〔15〕，四門邊上，各有四寶柱，上扶以四階牌坊〔16〕，上安法輪、傘蓋、麟獸〔17〕，另有〔18〕繒〔19〕、幡、花鬘、應風而動之月壇〔20〕、具寶柄之拂塵〔21〕等種種莊嚴，當思勝妙宮如是。

注釋：

〔1〕基支（[illegible]），對譯藏文作 གཞིའི་ཡན་ལག（gzhi’i yan lag；根本支），《甘露泉》作「體支」。

〔2〕三角（[illegible]），西夏字面意思是「三角連」，對譯藏文 གྲུ་གསུམ（gru gsum；三角、三角形）。

〔3〕四方（[illegible]），西夏字面意思是「四角連」，對譯藏文 གྲུ་བཞི（gru bzhi；四方、四方形）。

〔4〕上寬下窄（[illegible]），對應藏文作 གདེངས་ཁ་གྱེན་དུ་བསྟན་པ（gdengs kha gyen du bstan pa；闊面朝上），《甘露泉》與藏文同。

〔5〕輪（[illegible]），藏文作 དཀྱིལ་འཁོར（dkyil ’khor；壇城、曼荼羅），以此類推。

〔6〕彎弓（[illegible]），西夏字面意思是「弓引」，直譯藏文 གཞུ་བདུངས（gzhu bdungs；彎弓、挽弓）。

〔7〕種字（[illegible]），西夏文字面意思是「字種」，直譯藏文 ས་བོན（sa bon；種子、種字），又作「種子字」，是密教中表示諸佛、菩薩等諸尊所說眞言之梵字。

〔8〕勝妙宮（[illegible]），對應的藏文作 གྲུབ་པའི་གཞལ་ཡས་ཁང་པ（grub pa'i gzhal yas khang pa；無量成就宮），《甘露泉》作「難思宮殿」，下文同。

〔9〕城牆（[illegible]），西夏文字面意思是「城根」，對譯藏文 རྩིག་པ（rtsig pa；牆）。

〔10〕彼上有黃色寶墼（[illegible]），直譯藏文 དེའི་སྟེང་དུ་རིན་པོ་ཆེའི་ཕ་གུ་སེར་པོ（de'i steng du rin po che'i pha gu ser po；彼上有黃色寶墼），《甘露泉》作「彼上復有寶基黃簷」，與西夏文、藏文不合。

〔11〕女牆箭垛（[illegible]），西夏文字面意思是「箭網與寶缺口」，相當於藏文 མདའ་ཡབ་དང་པུ་ཤུ（mda' yab dang pu shu；城堡或屋頂上高低錯落的矮牆）。《甘露泉》作「箭窗、乳口」。

〔12〕欲樂地上（[illegible]），《甘露泉》亦作「欲樂地上」，藏文作 འདོད་ཡོན་གྱི་སྣམ་བུ（'dod yon gyi snam bu；供女臺階），指密宗壇場周邊供養天女所站的臺階。

〔13〕出有壞（[illegible]），西夏文字面意思是「壞有」，對應藏文作 བཅོམ་ལྡན་འདས（bcom ldan 'das；壞有出）疑爲「[illegible]」（壞有出）之缺，後文中亦有西夏文作「[illegible]」（壞有），對應藏文作 བཅོམ་ལྡན（bcom ldan；壞有）。《甘露泉》作「婆伽梵」。

〔14〕網孔（[illegible]），藏文作 མིག་མངས་རིས（mig mangs ris；棋盤紋）。《甘露泉》與藏文同。

〔15〕寶瓶（[illegible]），藏文作 ཏོག（tog；頂珠），即裝飾旗杆頂和帽頂的球狀物，《甘露泉》作「幢」。

〔16〕牌坊（[illegible]），西夏字面意思是「馬下」，直譯藏文 རྟ་བབས（rta babs），其中 རྟ（rta；馬）與 བབས（babs；下）結合指宮殿門外的下馬處，引申爲牌坊。

〔17〕麟獸（[illegible]），西夏字面意思是「獸野」，直譯藏文 རི་དྭགས（ri dwags；野獸），《甘露泉》作「麟獸」，一般指寺廟屋脊或是牌坊上的裝飾品，左邊爲牝牡祥麟，中間爲法輪。

〔18〕另有（[illegible]），西夏文字面意思是「各亦」，直譯藏文 གཞན་ཡང（gzhan yang；另有、此外）。

〔19〕繒（[illegible]），西夏字面意思是「衣」，直譯藏文 གོས（gos；衣），這裡指裝飾用的絲織品。

〔20〕應風而動之月壇（[illegible]），西夏文字面意思是「月壇風以動飛」，對應藏文作 ཟླ་བ་རླུང་གིས་བསྐྱོད་པ（zla ba rlung gis bskyod pa；風搖之月），藏文本無「壇」字。《甘露泉》作「風吹月搖」。

〔21〕拂塵（[illegible]），西夏字面意思是「尾」，對譯藏文 རྔ་ཡབ（rnga yab；拂塵），指畜尾所造用以撣去灰塵的撣子。

錄文與譯文：

[illegible]
彼之外復八大地墓者：東向極甚拙愚地墓，南向畏懼堪，西向燃燒遍至，
[illegible]
北向林隊集結，北東隅哈哈笑，東南隅俱足林，南西隅暗黑無窮，西北隅 ki li ki
[illegible]
La 聲出之地墓中，八方護住：東向百施色黃象騎石王持；南向獄帝色藍 ma he 騎
[illegible]
槌杖持；西向水神色白水魔騎蛇羂索持；北向礙施色黃馬騎壞杖持；北東隅主
[illegible]
有色白牛騎三支連持；東南隅火神色紅羖羯騎，四手右二手上施及三支連戟，
[illegible]
左二手念行及頂布瓶持；南西隅魔鬼色黑屍騎劍持；西北隅風神色黑鹿騎幡持，
[illegible]
悉亦瓔珞以嚴，自與同左向明妃上依做左手以擁，頂壞有出於敬。

དེའི་ཕྱི་རོལ་དུ་དུར་ཁྲོད་ཆེན་པོ་བརྒྱད་ནི། ཤར་དུ་གཏུམ་དྲག་གི་དུར་ཁྲོད། ལྷོར་འཇིགས་བྱེད་ཐོད་པ་ཅན། ནུབ་ཏུ་ཨུར་ཨུར་འབར་བ། བྱང་དུ་ཚང་ཚིང་འཁྲིགས་པ། བྱང་ཤར་དུ་དྲག་ཏུ་དགོད་པ། ཤར་ལྷོར་དབང་ཕྱུག་ནགས་ཚལ། ལྷོ་ནུབ་ཏུ་མུན་པ་མི་བཟད་པ། ནུབ་བྱང་དུ་ཀི་ལི་ཀི་ལའི་སྒྲ་སྒྲོགས་པ་སྟེ། དུར་ཁྲོད་ཆེན་པོ་བརྒྱད། དེ་དག་གི་ནང་ན་ཕྱོགས་སྐྱོང་བརྒྱད་གནས་ཏེ། ཤར་དུ་བརྒྱ་བྱིན་སེར་པོ་གླང་པོ་ཆེ་ལ་ཞོན་པ་རྡོ་རྗེ་འཛིན་པ། ལྷོར་གཤིན་རྗེ་སྔོན་པོ་མ་ཧེ་ལ་ཞོན་པ་བེ་ཅོན་འཛིན་པ། ནུབ་ཏུ་ཆུ་ལྷ་དཀར་པོ་ཆུ་སྲིན་ལ་ཞོན་པ་སྦྲུལ་ཞགས་འཛིན་པ། བྱང་དུ་གནོད་སྦྱིན་སེར་པོ་རྟ་ལ་ཞོན་པ་དབྱུག་ཏོ་འཛིན་པ། བྱང་ཤར་དང་དབང་ལྡན་དཀར་པོ་གླང་ལ་ཞོན་པ་རྩེ་གསུམ་འཛིན་པ། ཤར་ལྷོར་མེ་ལྷ་དམར་པོ་ར་སྐྱེས་ལ་ཞོན་པ་ཕྱག་བཞིའི་གཡས་པ་གཉིས་ཀྱིས་མཆོག་སྦྱིན་དང་དབྱུ་གུ་རྩེ་གསུམ་པ། གཡོན་པ་གཉིས་ཀྱིས་བགྲང་ཕྲེང་དང་རིལ་བ་སྤྱི་བླུགས་འཛིན་པ། ལྷོ་ནུབ་ཏུ་སྲིན་པོ་ནག་པོ་རོ་ལངས་ལ་ཞོན་པ། རལ་གྲི་འཛིན་པ། ནུབ་བྱང་དུ་རླུང་ལྷ་ལྗང་སྔོན་ཤ་བ་ལ་ཞོན་པ་བ་དན་འཛིན་པ། ཐམས་ཅད་ཀྱང་རྒྱན་གྱིས་བརྒྱན་ཞིང་རང་དང་འདྲ་བའི་རིག་མས་གཡོན་ནས་བརྟེན་པ་ལ་ལག་པ་གཡོན་པས་འཁྱུད་ཅིང་། སྤྱི་བོས་བཅོམ་ལྡན་འདས་ལ་འདུད་པའོ།

de'i phyi rol du dur khrod chen po brgyad ni／shar du gtum drag gi dur khrod／lhor 'jigs byed thod pa can／nub tu 'ur 'ur 'bar ba／byang du tshang tshing 'khrigs pa／byang shar du drag du dgod pa／shar lhor dbang phyug nags tshal／lho nub tu mun pa mi bzad pa／nub byang du ki li ki la'i sgra sgrogs pa ste／dur khrod chen po brgyad／de dag gi nang na phyogs skyong brgyad gnas te／shar du brgya byin ser po glang po che la zhon pa rdo rje 'dzin pa／lhor gshin rje sngon po ma he la zhon pa be con 'dzin pa／nub tu chu lha dkar po chu srin la zhon pa sbrul zhags 'dzin pa／byang du gnod sbyin ser po rta la zhon pa dbyug to 'dzin pa／byang shar dang dbang ldan dkar po glang la zhon pa rtse gsum 'dzin pa／shar lhor me lha dmar po ra skyes la zhon pa phyag bzhi'i gyas pa gnyis kyis mchog sbyin dang dbyu gu rtse gsum pa／gyon pa gnyis kyis bgrang phreng dang ril ba spyi blugs 'dzin pa／lho nub tu srin po nag po ro langs la zhon pa／ral gri 'dzin pa／nub byang du rlung lha ljang sngon shwa ba la zhon pa ba dan 'dzin pa／thams cad kyang rgyan gyis brgyan zhing rang dang 'dra ba'i rig mas gyon nas brten pa la lag pa gyon pas 'khyud cing／spyi bos bcom ldan 'das la 'dud pa'o//

彼之外，復有八大屍林〔1〕者：東甚愚拙〔2〕屍林，南堪畏懼〔3〕，西遍燃燒〔4〕，北密叢林〔5〕，東北哈哈笑〔6〕，東南俱足林〔7〕，西南無窮黑暗〔8〕，西北發 ki li ki la 聲〔9〕，彼屍林中，住八護方神〔10〕：東方黃色帝釋〔11〕，騎象持金剛杵；南方藍色獄帝〔12〕，騎水牛〔13〕持棒槌；西方白色水神，騎摩羯魚〔14〕持蛇羂索〔15〕；北方黃色夜叉〔16〕，騎馬持短杖〔17〕；東北白色自在〔18〕，騎牛持三叉戟〔19〕；東南紅色火神，乘羖，四臂，其右二手，勝施妙印〔20〕，持三叉戟，其左二手，持念珠〔21〕及淨瓶〔22〕；西南黑色羅刹〔23〕，乘起屍〔24〕持劍；西北黑色風神，騎鹿持幡。悉皆嚴以瓔珞〔25〕，左臂擁依於左側之同己〔26〕明妃〔27〕，頂禮出有壞。

注釋：

〔1〕屍林（[illegible]），西夏文字面意思是「地墓」，意譯藏文 དུར་ཁྲོད（dur khrod；屍林、寒林），梵文作 śmaśāna（墓地、屍林）或 śītavana（寒林），即棄屍之地。

〔2〕甚愚拙（[illegible]），八大屍林之一，西夏字面意思是「極甚愚拙」，藏文作 གཏུམ་དྲག（gtum drag；兇猛、暴虐），《甘露泉》作「甚驍勇」，未詳孰是。

〔3〕堪畏懼（[illegible]），八大屍林之一，對應藏文作 འཇིགས་བྱེད་ཐོད་པ་ཅན（'jigs byed thod pa can；可怖頭器），《甘露泉》作「怖頭器」，未詳孰是。

〔4〕遍燃燒（[illegible]），八大屍林之一，對應藏文作 ཨུར་ཨུར་འབར་བ（'ur 'ur 'bar ba；呼呼燃燒），《甘露泉》作「轟轟焰」，未詳孰是。

〔5〕密叢林（[illegible]），八大屍林之一，西夏文字面意思是「林隊集結」，對應的藏文作 ཚང་ཚིང་འཁྲིགས་པ（tshang tshing ’khrigs pa；叢雜交織、稠密交錯），《甘露泉》作「雜交亂」。

〔6〕哈哈笑（[illegible]），八大屍林之一，西夏文字面意思是「哈哈笑」，對應的藏文作 དྲག་དུ་དགོད་པ（drag du dgod pa；狂笑、猛烈地笑），《甘露泉》作「極惡笑」，未詳孰是。

〔7〕俱足林（[illegible]），八大屍林之一，對應藏文作 དབང་ཕྱུག་ནགས་ཚལ（dbang phyug nags tshal；自在森林），《甘露泉》作「自在林」。

〔8〕無窮黑暗（[illegible]），八大屍林之一，對應藏文作 མུན་པ་མི་བཟད་པ（mun pa mi bzad pa；晦暗難忍），《甘露泉》作「尤冥難堪忍」。

〔9〕發 ki li ki la 聲（[illegible]），西夏字面意思是「ki li ki la 聲發」，直譯藏文 ཀི་ལི་ཀི་ལའི་སྒྲ་སྒྲོགས་པ（ki li ki la’i sgra sgrogs pa；發 ki li ki la 聲），《甘露泉》作「乞立乞辣聲」。

〔10〕護方神（[illegible]），西夏字面意思是「方護」，直譯藏文 ཕྱོགས་སྐྱོང་（phyogs skyong；護方神），指一個方向上的守護神。

〔11〕帝釋（[illegible]），西夏字面意思是「百施」，直譯藏文 བརྒྱ་བྱིན（brgya byin；帝釋），梵文作 indra，忉利天天主，在此爲守護東方的護方神。

〔12〕獄帝（[illegible]），意譯藏文 གཤིན་རྗེ（gshin rje；死主、閻羅），梵文作 yamarāja（閻羅、獄帝），爲一切死者的統治者，在此爲守護南方的護方神。

〔13〕水牛（[illegible]），音譯藏文 མ་ཧེ（ma he；水牛），爲獄帝閻羅的坐騎。

〔14〕摩羯魚（[illegible]），西夏字面意思是「水魔」，直譯藏文 ཆུ་སྲིན（chu srin；水怪、摩羯魚），梵文作 makara（摩羯魚、摩伽羅），原是印度神話中的一種大魚，後形象慢慢演化固定，成爲一種有象鼻、獠牙、龍角、鱷魚腳、魚鱗以及魚尾的動物。

〔15〕蛇羂索（[illegible]），直譯藏文 སྦྲུལ་ཞགས（sbrul zhags；蛇羂索），即蛇作爲羂索，《甘露泉》作「蛇羅梭」。

〔16〕夜叉（[illegible]），西夏字面意思是「礙施」，直譯藏文 གནོད་སྦྱིན（gnod sbyin；施礙、夜叉），梵文作 yakṣa（夜叉、勇健），是佛書中所說的一類鬼名，在此爲守護北方的護方神。

〔17〕短杖（[illegible]），西夏字面意思是「壞杖」，對應藏文爲 དབྱུག་ཏོ（dbyug to；梃杖、短杵），《甘露泉》作「杖錘」，未詳孰是，暫依藏文譯。

〔18〕自在（[illegible]），西夏文字面意思是「主有」，直譯藏文 དབང་ལྡན（dbang ldan；自在），在此指守護東北方向的護方神。《甘露泉》作「主神」。

〔19〕三叉戟（[illegible]），西夏文字面意思是「三支連」，對譯藏文 རྩེ་གསུམ（rtse gsum；三尖），這裡指三叉戟。

〔20〕勝施妙印（[illegible]），西夏文字面意思是「上施」，直譯藏文 མཆོག་སྦྱིན（mchog sbyin；施願印、勝施妙印），即右手掌仰置膝上，爲本尊恩賜悉地的一種手印。

〔21〕念珠（[illegible]），西夏文字面意思是「念行」，對譯藏文 བགྲང་ཕྲེང（bgrang phreng；念珠、數珠）。

〔22〕淨瓶（[illegible]），西夏文字面意思是「頂布瓶」，對譯藏文 རིལ་བ་སྤྱི་བླུགས（ril ba spyi blugs；淨瓶），即律經所說的比丘用來盛漱口水的長嘴小瓶。《甘露泉》作「軍持」。

〔23〕羅刹（[illegible]），西夏文字面意思是「魔鬼」，直譯藏文 སྲིན་པོ（srin po；惡鬼、羅刹），梵文作 rākṣasa，爲惡鬼的總名，在此爲西南方向的護方神。

〔24〕起屍（[illegible]），西夏僅以「屍」（[illegible]）對，對應藏文作 རོ་ལངས（ro langs；起屍），指死而復生的屍體。

〔25〕悉皆嚴以瓔珞（[illegible]），對西夏字「[illegible]」的辨認無把握，對應的藏文作 ཐམས་ཅད་ཀྱང་རྒྱན་གྱིས་བརྒྱན（thams cad kyang rgyan gyis brgyan；一切亦嚴以嚴飾），《甘露泉》作「眾神皆具種種嚴飾」。

〔26〕同己（[illegible]），西夏文字面意思是「自與同」，直譯藏文 རང་དང་འདྲ་བ（rang dang 'dra ba；同己），這裡指所擁明妃同所對應之護方神。

〔27〕明妃（[illegible]），西夏直譯藏文 རིག་མ（rig ma；明妃），即密教修習者的配偶。

錄文與譯文

[illegible]：[illegible]、[illegible]、[illegible]、[illegible]、[illegible]、[illegible]、
次彼如於八大樹立：śiriśa、cuta、kaṃkala、aśvadtha、樹大、karañja、
[illegible]、[illegible]。[illegible]：[illegible]、[illegible]、[illegible]、
林厚、arjuna 等也。樹彼等上依八田護者：次依天眾色白、獄帝色藍、雲神色紅、
[illegible]、[illegible]、[illegible]、[illegible]、[illegible]，[illegible]
礙施族主色黃、鬼魔聚煙色、仙人聚色紅、魔鬼聚色黑、風神色綠，皆亦樹葉中
[illegible]，[illegible]，[illegible]。
身半出，方護等之騎所雜類頭有，鐮劍及頭器持。

རིམ་པ་དེ་ཉིད་གྱིས་ཤིང་ཆེན་པོ་བརྒྱད་གནས་ཏེ། ཤི་རི་ཤ། ཙུ་ཏ། ཀཾ་ཀ་ལ། ཨ་ཤྭདྠ། ཤིང་ཆེན་པོ། ཀ་རཉྫ། འཁྲིལ་ཤིང་ཅན། ཨརྫུ་ན་རྣམས་སོ། ཤིང་དེ་རྣམས་ལ་བརྟེན་པའི་ཞིང་སྐྱོང་བརྒྱད་ནི། རིམ་པ་བཞིན་ལྷའི་དགེ་འདུན་དཀར་པོ། གཤིན་རྗེ་སྔོན་པོ། སྤྲིན་གྱི་རྒྱལ་པོ་དམར་པོ། གནོད་སྦྱིན་གྱི་སྡེ་དཔོན་སེར་པོ། ཡི་དྭགས་འདུས་པ་དུད་ཁ། དྲང་སྲོང་འདུས་པ་དམར་པོ། སྲིན་པོའི་ཚོགས་ཅན་ནག་པོ། རླུང་གི་རྒྱལ་པོ་ལྗང་གུ་སྟེ་ཐམས་ཅད་ཤིང་ལོའི་ནང་ནས་ལུས་ཕྱེད་ཐོན་པ། ཕྱོགས་སྐྱོང་བ་རྣམས་ཀྱི་བཞོན་པའི་མགོ་བརྙན་ཅན་གྲི་གུག་དང་ཐོད་པ་འཛིན་པའོ།

rim pa de nyid gyis shing chen po brgyad gnas te／śi ri śa／cu ta／kaṃ ka la／a śva dtha／shing chen po／ka rañja／’khril shing can／arju na rnams so// shing de rnams la brten pa’i zhin skyong brgyad ni／rim pa bzhin lha’i dge ’dun dkar po／gshin rje sngon po／sprin gyi rgyal po dmar po／gnod sbyin gyi sde dpon ser po／yi dwags ’dus pa dud kha／drang srong ’dus pa dmar po／srin po’i tshogs can nag po／rlung gi rgyal po ljang gu ste thams cad shing lo’i nang nas lus phyed thon pa／phyogs skyong ba rnams kyi bzhon pa’i mgo brnyan can gri gug dang thod pa ’dzin pa’o//

如是次第〔1〕立八大樹：即 śiriśa〔2〕、cuta〔3〕、kaṃkala〔4〕、aśvadtha〔5〕、大樹〔6〕、karañja〔7〕、厚林〔8〕、arjuna〔9〕。依彼樹復有八護界神〔10〕：依次爲白色天眾〔11〕、藍色獄帝〔12〕、紅色雲神〔13〕、黃色夜叉主〔14〕、煙色鬼魔聚〔15〕、紅色仙人聚〔16〕、黑色羅刹聚〔17〕、綠色風神〔18〕，其皆於樹葉之中露半身，各具護方神坐騎之雜類頭形〔19〕，持鉞刀〔20〕及頭器〔21〕。

注釋：

〔1〕如是次第（[illegible]），西夏文字面意思是「次比如」，直譯藏文 རིམ་པ་དེ་ཉིད（rim pa de nyid；如彼次第），依照前文所提到的八大護方神，此八大樹方位依次當爲：東、南、西、北、東北、東南、西南、西北。

〔2〕śiriśa（[illegible]），西夏文音譯梵文，八大樹之一，位於東面。《甘露泉》作「勢哩沙樹」。

〔3〕cuta（[illegible]），西夏文音譯梵文，八大樹之一，位於南面。《甘露泉》作「做怛樹」。

〔4〕kaṃkala（[illegible]），西夏文音譯梵文，八大樹之一，位於西面。《甘露泉》作「斡葛辣樹」。

〔5〕aśvadtha（[illegible]），西夏文音譯梵文，八大樹之一，位於北面。《甘露泉》作「啞折達樹」。

〔6〕大樹（[illegible]），西夏文字面意思是「樹大」，直譯藏文 ཤིང་ཆེན་པོ（shing chen po），八大樹之一，位於東北面。《甘露泉》作「大木樹」。

〔7〕karañja（[illegible]），西夏文音譯梵文，八大樹之一，位於東南面。《甘露泉》作「葛哩拏摻二合樹」。

〔8〕厚林（[illegible]），八大樹之一，位於西南面。西夏文字面意思是「林厚」，藏文作 འཁྲིལ་ཤིང་ཅན（'khril shing can；繞樹者、爬藤），《甘露泉》作「藤蘿樹」，未詳孰是。

〔9〕arjuna（[illegible]），西夏文音譯梵文，八大樹之一，位於西北面。《甘露泉》作「啞哩卒二合納樹」。

〔10〕護界神（[illegible]），西夏文字面意思是「田護」，直譯藏文 ཞིང་སྐྱོང་（zhin skyong；刹土神、護界神），即守衛方國、神山等的地方護法神。

〔11〕天眾（[illegible]），直譯藏文 ལྷའི་དགེ་འདུན（lha'i dge 'dun；天之眾），八大護界神之一，位於東方。《甘露泉》作「天僧伽」。

〔12〕獄帝（[illegible]），意譯藏文 གཤིན་རྗེ（gshin rje；死主、閻羅），八大護界神之一，位於南方，《甘露泉》作「獄帝」。

〔13〕雲神（[illegible]），西夏文字面意思是「雲神」，八大護界神之一，位於西方。對應藏文作 སྤྲིན་གྱི་རྒྱལ་པོ（sprin gyi rgyal po；雲王），《甘露泉》作「雲王」。

〔14〕夜叉主（[illegible]），西夏文字面意思是「礙施族主」，八大護界神之一，位於北方，對應藏文作 གནོད་སྦྱིན་གྱི་སྡེ་དཔོན（gnod sbyin gyi sde dpon；夜叉的首領），《甘露泉》作「施礙主」。

〔15〕鬼魔聚（[illegible]），八大護界神之一，位於東北方。對應藏文作 ཡི་དྭགས་འདུས་པ（yi dwags 'dus pa；餓鬼聚），《甘露泉》亦作「餓鬼聚」。

〔16〕仙人聚（[illegible]），八大護界神之一，位於東南方。直譯藏文 དྲང་སྲོང་འདུས་པ（drang srong 'dus pa；仙人聚），《甘露泉》亦作「仙人聚」。

〔17〕羅刹聚（[illegible]），西夏文字面意思是「魔鬼聚」，八大護界神之一，位於西南方。對應藏文作 སྲིན་པོའི་ཚོགས་ཅན（srin po'i tshogs can；羅刹眾），《甘露泉》亦作「羅叉眾」。

〔18〕風神（[illegible]），西夏文字面意思是「風神」，八大護界神之一，位於西北方。對應藏文作 རླུང་གི་རྒྱལ་པོ（rlung gi rgyal po；風王），《甘露泉》亦作「風王」。

〔19〕各具護方神坐騎之雜類頭形（[illegible]），西夏文字面意思是「方護等之騎所雜類頭有」，對應藏文作 ཕྱོགས་སྐྱོང་བ་རྣམས་ཀྱི་བཞོན་པའི་མགོ་བརྙན་ཅན（phyogs skyong ba rnams kyi bzhon pa'i mgo brnyan can；護方神眾坐騎之頭形），無「雜類」二字。另外據前文提到的護方神，此八護界神對應的方位及頭形應為：東方白色天眾，具大象頭；南方藍色獄帝，具水牛頭；西方紅色雲神，具摩羯頭；北方黃色夜叉主，具馬頭；東北煙色鬼魔聚，具牛頭；東南紅色仙人聚，具羖頭；西南黑色羅剎聚，具起屍頭；西北綠色風神，具鹿頭。

〔20〕鉞刀（[illegible]），西夏文字面意思是「鐮劍」，對應藏文為 གྲི་གུག（gri gug；彎刀、鉞刀）。

〔21〕頭器（[illegible]），西夏文直譯 ཐོད་པ（thod pa；頭器），梵文為 kapāla，一種由腦袋頂骨所做的法器。

錄文與譯文

[illegible]

八大龍者次依：財滿色黃、花淨色白、karkoṭa 色黑、安者色紅、大花淨色

[illegible]

白、hulunta 色藍、種具色綠、螺護色黃等頭上蛇頭上望，下半蛇尾纏做，上半天

[illegible]

人如掌合。八雲神者次依：聲緊、至繞、暗黑、迷惑、陰者、滿者、雨者、緊者

[illegible]

等空中宮住，方護等與色同。

ཀླུ་ཆེན་པོ་བརྒྱད་ནི་རིམ་པ་བཞིན་ནོར་རྒྱས་སེར་པོ། པདྨ་དཀར་པོ། ཀརྐོ་ཊ་ནག་པོ། འཇོག་པོ་དམར་པོ། པདྨ་ཆེན་པོ་དཀར་པོ། ཧུ་ལུནྟ་སྔོན་པོ། རིགས་ལྡན་ལྗང་གུ། དུང་སྐྱོང་སེར་པོ་རྣམས་སྦྲུལ་མགོའི་གདེངས་ཀ་བདུན་བདུན་དང་ལྡན་ཞིང་སྦྲུལ་མཇུག་འཁྱིལ་པ། སྟོད་ལྷའི་ལུས་ཅན་ལ་ཐལ་མོ་སྦྱར་བའོ། སྤྲིན་ཆེན་པོ་བརྒྱད་ནི། རིམ་པ་བཞིན་སྒྲོགས་བྱེད། ལྡོག་བྱེད། འཇིགས་བྱེད། འཁོར་བྱེད། མཐུག་པོ། འགེངས་བྱེད། ཆར་འབེབས། གཏུམ་པོ་རྣམས་ཏེ་ནམ་མཁའ་ལ་གནས་པ། ཕྱོགས་སྐྱོང་བ་རྣམས་ཀྱི་ཁ་དོག་དང་མཐུན་པའོ།

klu chen po brgyad ni rim pa bzhin nor rgyas ser po／padma dkar po／karkoṭa nag po／'jog po dmar po／padma chen po dkar po／ hu lunta sngon po／rigs ldan ljang gu／dung skyong ser po rnams sbrul mgo'i gdengs ka bdun bdun dang ldan zhing sbrul mjug 'khyil pa／stod lha'i lus can la thal mo sbyar ba'o// sprin chen po brgyad ni／rim pa bzhin sgrogs byed／ldog byed／'jigs byed／'khor byed／mthug po／'gengs byed／char 'bebs／gtum po rnams te nam mkha' la gnas pa／phyogs skyong ba rnams kyi kha dog dang mthun pa'o//

依次〔1〕有八大龍：黃色滿財〔2〕、白色蓮花〔3〕、黑色 karkoṭa〔4〕、紅色安止〔5〕、白色大蓮花〔6〕、藍色 hulunta〔7〕、綠色具種〔8〕、黃色護螺〔9〕等頭戴蛇冠〔10〕，下段蛇尾盤繞，上段如天人合掌。依次有八大云：嗥吼〔11〕、退馳〔12〕、黑暗〔13〕、迷惑〔14〕、深厚〔15〕、能盈〔16〕、行雨〔17〕、威猛〔18〕等住虛空宮殿中，與諸護方神同色〔19〕。

注釋：

〔1〕依次（[illegible]），據上文知所依次序方位為：東、南、西、北、東北、東南、西南、西北，下文所提八大雲順序與此同。

〔2〕滿財（[illegible]），西夏文字面意思是「財滿」，直譯藏文 ནོར་རྒྱས（nor rgyas；財滿），八大龍之一，位於東方。《甘露泉》作「滿財」。

〔3〕蓮花（[illegible]），西夏文字面意思是「花淨」，對應藏文作 པདྨ（padma；蓮花），八大龍之一，位於南方。《甘露泉》作「蓮花」。

〔4〕karkoṭa（[illegible]），西夏文音譯梵文，八大龍之一，位於西方。《甘露泉》作「葛哩過二合吒」。

〔5〕安止（[illegible]），西夏文字面意思是「安者」，直譯藏文 འཇོག་པོ（'jog po；安止、安止龍王）。西夏文以「安」（[illegible]）對譯藏文 འཇོག（'jog；安置），「者」（[illegible]）對譯藏文 པོ（po；表男性主人及所有者的尾碼，一些詞根的尾碼）。八大龍之一，位於北方。《甘露泉》作「安住」。

〔6〕大蓮花（[illegible]），西夏文字面意思是「大花淨」，對應藏文作 པདྨ་ཆེན་པོ（padma chen po；大蓮花），八大龍之一，位於東北方。《甘露泉》作「大蓮」。

〔7〕hulunta（[illegible]），西夏文音譯梵文，八大龍之一，位於東南。《甘露泉》作「胡籠吒」。

〔8〕具種（[illegible]），西夏文字面意思是「種具」，直譯藏文 རིགས་ལྡན（rigs ldan；種具），八大龍之一，位於西南。《甘露泉》作「具種」。

〔9〕護螺（[illegible]），西夏文字面意思是「螺護」，直譯藏文 དུང་སྐྱོང་（dung skyong；護螺），八大龍之一，位於西北。《甘露泉》作「護螺」。

〔10〕蛇冠（[illegible]），西夏文字面意思「蛇頭上望」，直譯藏文 སྦྲུལ་མགོའི་གདེངས་ཀ（sbrul mgo'i gdengs ka；蛇冠）。西夏文以「蛇頭」（[illegible]）對譯藏文 སྦྲུལ་མགོ（sbrul mgo；蛇頭），以「上望」對譯藏文 གདེངས（gdengs；高舉、揚起）。

〔11〕嗥吼（[illegible]），西夏字面意思是「聲緊」，對譯藏文 སྒྲོགས་བྱེད（sgrogs byed；咆哮、嗥吼），八大雲之一，《甘露泉》作「嗥吼」，依此譯。

〔12〕退馳（[illegible]），西夏文字面意思是「至繞」，對譯藏文 ལྡོག་བྱེད（ldog byed；返回、退化），八大雲之一，《甘露泉》作「退馳」，依此譯。

〔13〕黑暗（[illegible]），對應藏文爲 འཇིགས་བྱེད（’jigs byed；恐怖，可畏），八大雲之一，《甘露泉》亦作「可畏」。

〔14〕迷惑（[illegible]），對應藏文爲 འཁོར་བྱེད（’khor byed；迴旋、圍繞、迷醉），八大雲之一，《甘露泉》作「飛旋」，未詳孰是。

〔15〕深厚（[illegible]），西夏文字面意思是「陰者」，對應藏文爲 མཐུག་པོ（mthug po；厚、密），八大雲之一，《甘露泉》作「深厚」，依此譯。

〔16〕能盈（[illegible]），西夏字面意思是「滿者」，對應藏文爲 འགེངས་བྱེད（’gengs byed；充滿），八大雲之一，《甘露泉》作「能盈」，依此譯。

〔17〕行雨（[illegible]），西夏文字面意思是「雨者」，對應藏文爲 ཆར་འབེབས（char ’bebs；行雨、降雨），八大雲之一，《甘露泉》作「雨雨」，依藏文譯。

〔18〕威猛（[illegible]），西夏文字面意思是「緊者」，對應藏文爲 གཏུམ་པོ（gtum po；兇惡、威猛），八大雲之一，《甘露泉》作「驍勇」，依藏文譯。

〔19〕與諸護方神同色（[illegible]），西夏字面意思是「方護等與色同」，直譯藏文 ཕྱོགས་སྐྱོང་བ་རྣམས་ཀྱི་ཁ་དོག་དང་མཐུན་པ（phyogs skyong ba rnams kyi kha dog dang mthun pa；與護方神眾同色），即八大雲與所對應的護方神顏色相同，故八大雲所對應的方位顏色爲：東方黃色嘷吼、南方藍色退馳、西方白色黑暗、北方黃色迷惑、東北白色深厚、東南紅色能盈、西南黑色行雨、西北綠色威猛。

錄文與譯文

[illegible]

各亦，八塔大、八水大、八火大、成就得者、勇士、默有母、空行聚以滿，

[illegible]

屍起鬼與魔鬼、肉食聚與一併思。勝妙殿內，八葉花淨臍中日壇上，煩惱四魔之

[illegible]

自體：淨梵色黃、主者色白、近主色藍、緊者色黑，八葉上東方淨梵色黃、南方

[illegible]

主者色白、西方近主色藍、北方緊者色黑、北東角獄帝色藍、東南角財神色黃、

[illegible]
南西角魔鬼色黑、西北角織妙煙色等，自臥面上趣座思。

གཞན་ཡང་མཆོད་རྟེན་ཆེན་པོ་བརྒྱད། ཆུ་བོ་བརྒྱད། མེ་བརྒྱད། གྲུབ་པ་ཐོབ་པའི་དཔའ་བོ་དང་། རྣལ་འབྱོར་མ་དང་། མཁའ་འགྲོའི་ཚོགས་ཀྱིས་གང་བ། རོ་དང་། རོ་ལངས་དང་། འདྲེ་དང་། སྲིན་པོ་དང་། ཤ་ཟའི་ཚོགས་དང་བཅས་པ་བསམ་མོ། གཞལ་ཡས་ཁང་པའི་ནང་དུ་པདྨ་འདབ་མ་བརྒྱད་པའི་ལྟེ་བར་ཉི་མའི་དཀྱིལ་འཁོར་གྱི་སྟེང་དུ། ཉོན་མོངས་པ་ལ་སོགས་པ་བདུད་བཞིའི་ངོ་བོ་ཚངས་པ་སེར་པོ། དབང་པོ་དཀར་པོ། ཉེ་དབང་སྔོན་པོ། དྲག་པོ་ནག་པོ། འདབ་མ་བརྒྱད་ལ་ཤར་དུ་ཚངས་པ་སེར་པོ། ལྷོར་དབང་པོ་དཀར་པོ། ནུབ་ཏུ་ཉེ་དབང་སྔོན་པོ། བྱང་དུ་དྲག་པོ་ནག་པོ། བྱང་ཤར་དུ་གཤིན་རྗེ་སྔོན་པོ། ཤར་ལྷོར་ནོར་བདག་སེར་པོ། ལྷོ་ནུབ་ཏུ་སྲིན་པོ་ནག་པོ། ནུབ་བྱང་དུ་ཐག་ཟངས་རིས་དུད་ཁ་རྣམས་ནི། འགྱེལ་ཞིང་གདོང་སྟེང་དུ་ཕྱོགས་པའི་གདན་བསམ་མོ།

gzhan yang mchod rten chen po brgyad／chu bo brgyad／me brgyad／grub pa thob pa'i dpa' bo dang／rnal 'byor ma dang／mkha' 'gro'i tshogs kyis gang ba／ro dang／ro langs dang／'dre dang／srin po dang／sha za'i tshogs dang bcas pa bsam mo// gzhal yas khang pa'i nang du padma 'dab ma brgyad pa'i lte bar nyi ma'i dkyil 'khor gyi steng du／nyon mongs pa la sogs pa bdud bzhi'i ngo bo tshangs pa ser po／dbang po dkar po／nye dbang sngon po／drag po nag po／'dab ma brgyad la shar du tshangs pa ser po／lhor dbang po dkar po／nub tu nye dbang sngon po／byang du drag po nag po／byang shar du gshin rje sngon po／shar lhor nor bdag ser po／lho nub tu srin po nag po／nub byang du thag zangs ris dud kha rnams ni／'gyel zhing gdong steng du phyogs pa'i gdan bsam mo//

心思此處亦遍滿八大塔、八大河、八大火、得成就者、勇士〔1〕、瑜伽母〔2〕、空行眾〔3〕，並屍起鬼〔4〕、羅剎、食肉鬼〔5〕。心思於勝妙宮內，有八瓣蓮花，臍心有日壇，上有煩惱等〔6〕四魔之自體〔7〕：黃色梵天〔8〕、白色帝釋〔9〕、藍色遍入天〔10〕、黑色大自在天〔11〕，八蓮瓣上，東方黃色梵天、南方白色帝釋、西方藍色遍入天、北方黑色大自在天、東北藍色獄帝、東南黃色財神、西南黑色羅剎、西北煙色妙織〔12〕，此等諸座，皆面目朝上仰臥〔13〕。

注釋：

〔1〕此處藏文爲 གྲུབ་པ་ཐོབ་པའི་དཔའ་བོ（grub pa thob pa'i dpa' bo；得成就之勇者），西夏文將其分開譯爲「得成就者、勇士」（[illegible]）。《甘露泉》作「證成就者、一切勇猛」。

〔2〕瑜伽母（[illegible]），西夏文字面意思是「默有母」，對應藏文作 རྣལ་འབྱོར་མ（rnal 'byor ma；瑜伽母），梵文作 yoginī，指女性的密教修行者。《甘露泉》作「瑜伽尼」。

〔3〕眾（[illegible]），西夏文字面意思是「聚」，直譯藏文 ཚོགས（tshogs；集團、團體）。

〔4〕屍起鬼（[illegible]），西夏文字面意思是「屍起鬼」，對應藏文爲 རོ་དང་། རོ་ལངས་དང་། འདྲེ（ro dang／ro langs dang／'dre；屍體、起屍及鬼），指屍體、起屍及鬼。《甘露泉》作「復有尸骸及起屍鬼」。

〔5〕食肉鬼（[illegible]），西夏文字面意思是「肉食」，直譯藏文 ཤ་ཟ（sha za；食肉鬼、食肉羅刹）。《甘露泉》作「必沙借」。

〔6〕等，西夏文無，據藏文 ལ་སོགས་པ（la sogs pa；等等）補。

〔7〕自體（[illegible]），對應藏文爲 ངོ་བོ（ngo bo；自性）。

〔8〕梵天（[illegible]），西夏文字面意思是「淨梵」，直譯藏文 ཚངས་པ（tshangs pa；梵淨、梵天），通常指「大梵天王」，又稱「梵王」。印度古傳說中，爲劫初時從光音天下生，造作萬物，佛教中則以之與帝釋天同爲佛教之護法神，這裡將其歸爲四魔之一。《甘露泉》作「梵王」。

〔9〕帝釋（[illegible]），西夏文字面意思是「主者」，直譯藏文 དབང་པོ（dbang po；主、帝釋天）。佛教中將其與梵天同爲佛教之護法神，這裡將其歸爲四魔之一。

〔10〕遍入天（[illegible]），西夏文字面意思是「近主」，直譯藏文 ཉེ་དབང་（nye dbang；近王），即遍入天之異名，這裡將其歸爲四魔之一。《甘露泉》作「近神」。

〔11〕大自在天（[illegible]），西夏文字面意思是「緊者」，直譯藏文 དྲག་པོ（drag po；威猛、勇武），即大自在天之異名，這裡將其歸爲四魔之一。《甘露泉》作「緊惡」。

〔12〕妙織（[illegible]），西夏文字面意思是「織妙」對應藏文作 ཐག་ཟངས་རིས（thag zangs ris；妙織紋），《甘露泉》與藏文同。

〔13〕此等諸座，皆面目朝上仰臥（[illegible]），西夏文字面意思是「自臥面上趣座」，對應藏文爲 འགྱེལ་ཞིང་གདོང་སྟེང་དུ་ཕྱོགས་པའི་གདན（'gyel zhing gdong steng du phyogs pa'i gdan；臥且面朝上之座），此處「座」當「墊子」講。在喜金剛壇城中，主尊喜金剛及八大天母皆腳踩有面朝上仰臥的人形墊子，這些墊子就是這段所提到的各個神祇，其中中央主尊喜金剛處於蓮心之日壇上，四足各踩黃色梵天、白色帝釋天、藍色遍入天、和黑色大自在天，代表摧毀煩惱等四魔，而周圍蓮瓣上依對應方位爲：東方 gaurī 腳踩黃色梵天；南方 caurī 腳踩白色帝釋；西方 vetālī 腳踩藍色遍入天；北方 ghasmarī 腳踩黑色大自在天；東北 pukkasī 腳踩藍色獄帝；東南 śavarī 腳踩黃色財神；西南 caṇḍalī 腳踩黑色羅刹；西北 dombinī 腳踩煙色織神。

（2）生起所依佛

① 生起誓言尊念修支

錄文與譯文：

[illegible]

二第依者佛增長於四中，記句佛增長令親支者，九種座上海珠鬘如：a、

[illegible]

ā、 i、 ī、 u、 ū、 ṛ、 ṝ、 ḷ、 ḹ、 e、 ai、 o、 au、aṃ、aḥ 謂二倍各

[illegible]

思，彼三十二相思，彼融於九種月壇成，彼佛之大圓鏡智思；彼等上珊瑚鬘如：

[illegible]

ka、kha、ga、gha、ṅa、ca、cha、ja、jha、ña、ṭa、ṭha、ḍa、ḍha、ṇa、ta、tha、da、

[illegible]

dha、na、pa、pha、ba、bha、ma、ya、ra、la、va、śa、ṣa、sa、ha、kṣa、ya、ra、

[illegible]

la、va、ḍa、ḍha 謂二倍思，彼佛之八十隨好思，彼融於九種日壇成，彼佛之平等

[illegible]

性智思；中間日月口合間，hūṃ 字化頭器色白石王以嚴，aṃ 字化割劍黑藍柄於 aṃ

[illegible]

字以嚴，彼佛之妙觀察智思；上日壇，下月壇，中手印等，混一思，彼佛之作所

[illegible]

成做智思。

གཉིས་པ་བརྟེན་པ་ལྷ་བསྐྱེད་པ་ལ་བཞི་ལས། དམ་ཚིག་པ་བསྐྱེད་པ་བསྙེན་པའི་ཡན་ལག་ནི། གདན་དགུ་པོ་རེའི་སྟེང་དུ་མུ་ཏིག་གི་ཕྲེང་བ་ལྟ་བུའི། ཨ་ཨཱ། ཨི་ཨཱི། ཨུ་ཨཱུ། རི་རཱི། ལི་ལཱི། ཨེ་ཨཻ། ཨོ་ཨཽ། ཨཾ་ཨཿ ཞེས་པ་ཕྲག་གཉིས་གཉིས་བསྒོམ། དེ་མཚན་བཟང་པོ་སུམ་ཅུ་རྩ་གཉིས་སུ་བསམ། དེ་ཞུ་བ་ལས་ཟླ་བའི་དཀྱིལ་འཁོར་དགུར་གྱུར། དེ་སངས་རྒྱས་ཀྱི་མེ་ལོང་ལྟ་བུའི་ཡེ་ཤེས་སུ་བསམ། དེ་རྣམས་ཀྱི་སྟེང་དུ་བྱུ་རུའི་ཕྲེང་བ་ལྟ་བུའི། ཀ་ཁ་ག་གྷ་ང་། ཙ་ཚ་ཛ་ཛྷ་ཉ། ཊ་ཋ་ཌ་ཌྷ་ཎ། ཏ་ཐ་ད་དྷ་ན། པ་ཕ་བ་བྷ་མ། ཡ་ར་ལ་ཝ། ཤ་ཥ་ས་ཧ་ཀྵ། ཡ་ར་ལ་ཝ་ཌ་ཌྷ། ཞེས་པ་ཕྲག་གཉིས་གཉིས་བསྒོམ། དེ་སངས་རྒྱས་ཀྱི་དཔེ་བྱད་བཟང་པོ་བརྒྱད་ཅུར་བསྒོམ། དེ་ཞུ་བ་ལས་ཉི་མའི་དཀྱིལ་འཁོར་དགུར་གྱུར། དེ་སངས་རྒྱས་ཀྱི་མཉམ་པ་ཉིད་ཀྱི་ཡེ་ཤེས་སུ་བསམ། དབུས་ཀྱི་ཉི་ཟླ་ཁ་སྦྱོར་གྱི་བར་དུ་ཧཱུྃ་ལས་ཐོད་པ་དཀར་པོ་སྣ་ཚོགས་རྡོ་རྗེས་མཚན་པ། ཨཾ་ལས་གྲི་གུག་སྔོ་ནག་ཡུ་བ་ལ་ཨཾ་གིས་མཚན་པར་གྱུར། དེ་སངས་རྒྱས་ཀྱི་སོ་སོར་རྟོག་པའི་ཡེ་ཤེས་སུ་བསྒོམ། སྟེང་གི་ཉི་མ། འོག་གི་ཟླ་བ། བར་གྱི་ཕྱག་མཚན་རྣམས་གཅིག་ཏུ་འདྲེས་པར་བསྒོམ། དེ་སངས་རྒྱས་ཀྱི་བྱ་བ་ནན་ཏན་གྱི་ཡེ་ཤེས་སུ་བསམ།

gnyis pa brtan pa lha bskyed pa la bzhi la／dam tshig pa bskyed pa bsnyen pa'i yan lag ni／gdan dgu po re'i steng du mu tig gi phreng ba lta bu'i／a ā／i ī／u ū／ṛ ṝ／ḷ ḹ／e ai／o au／aṃ aḥ zhes pa phrag gnyis gnyis bsgom／de mtshan bzang po sum cu rtsa gnyis su bsam／de zhu ba las zla ba'i dkyil 'khor dgur gyur／de sangs rgyas kyi me long lta bu'i ye shes su bsam／de rnams kyi steng du byu ru'i phreng ba lta bu'i／ka kha ga gha ṅa／ca cha ja jha ña／ṭa ṭha ḍa ḍha ṇa／ta tha da dha na／pa pha ba bha ma／ya ra la va／śa ṣa sa ha kṣa／ya ra la va ḍa ḍha／zhes pa phrag gnyis gnyis bsgom／de sangs rgyas kyi dpe byad bzang po brgyad cur bsgom／de zhu ba las nyi ma'i dkyil 'khor dgur gyur／de sangs rgyas kyi mnyam pa nyid kyi ye shes su bsam／dbus kyi nyi zla kha sbyor gyi bar du hūṃ las thod pa dkar po sna tshogs rdo rjes mtshan pa／aṃ las gri gug sngo nag yu ba la aṃ gis mtshan par gyur／de sangs rgyas kyi so sor rtog pa'i ye shes su bsgom／steng gi nyi ma／'og gi zla ba／bar gyi phyag mtshan rnams gcig tu 'dres par bsgom／de sangs rgyas kyi bya ba nan tan gyi ye shes su bsam／

第二生起所依本尊四種之一：生起誓言尊〔1〕修念〔2〕支，九座之上〔3〕，思如珍珠〔4〕鬘之「a、ā、i、ī、u、ū、ṛ、ṝ、ḷ、ḹ、e、ai、o、au、aṃ、aḥ」各兩重〔5〕，思佛三十二相〔6〕，彼相融成九月壇〔7〕，思佛之大圓鏡智〔8〕；彼上思如珊瑚鬘之「ka、kha、ga、gha、ṅa、ca、cha、ja、jha、ña、ṭa、ṭha、ḍa、ḍha、ṇa、ta、tha、da、dha、na、pa、pha、ba、bha、ma、ya、ra、la、va、śa、ṣa、sa、ha、kṣa、ya、ra、la、va、ḍa、ḍha」各兩重，思佛之八十隨好〔9〕，彼相融成九日壇〔10〕，思佛之平等性智〔11〕；中間日月交合〔12〕間，「hūṃ」字化白色頭器，金剛杵〔13〕嚴其上，「aṃ」字化一藍黑鉞刀〔14〕，復嚴其柄，思佛之妙觀察智〔15〕；思上日壇，下月壇，中間標幟〔16〕，融混爲一，思佛之成所作智〔17〕。

注釋：

〔1〕誓言尊（[illegible]），西夏文字面意思是「記句佛」，對應藏文 དམ་ཚིག་པ（dam tshig pa；誓言尊、觀想尊），即密宗修行者心中現起的自生本尊和前生本尊的影像。

〔2〕修念（[illegible]），西夏文字面意思是「親」，直譯藏文 བསྙེན་པ（bsnyen pa；親近、依止、修念）。

〔3〕九座之上（[illegible]），西夏文字面意思是「九種座上」，對應藏文 གདན་དགུ་པོ་རེའི་སྟེང་དུ（gdan dgu po re'i steng du；九座之每一座上），這裡「九座」（[illegible]）當指前文提到的主尊喜金剛及八大天母腳踩的面朝上仰臥的人形墊子，共有九座。《甘露泉》作「中位四魔所積座上」，則是指喜金剛尊腳踩的四魔座上。

〔4〕珍珠（[illegible]），西夏文字面意思是「海珠」，意譯藏文 མུ་ཏིག（mu tig；珍珠）。

〔5〕各兩重（[illegible]），西夏文字面意思是「二倍各」，對應藏文 ཕྲག་གཉིས་གཉིས（phrag gnyis gnyis；各兩遍）。

〔6〕三十二相（[illegible]），直譯藏文 མཚན་བཟང་པོ་སུམ་ཅུ་རྩ་གཉིས（mtshan bzang po sum cu rtsa gnyis；三十二種大丈夫相），即轉輪聖王及佛之應化身所具足之三十二種殊勝容貌與微妙形相。

〔7〕九月壇（[illegible]），西夏文字面意思是「九種月壇」，直譯藏文 ཟླ་བའི་དཀྱིལ་འཁོར་དགུ（zla ba'i dkyil 'khor dgu；九月壇）。《甘露泉》作「一月輪」。

〔8〕大圓鏡智（[illegible]），對應藏文 མེ་ལོང་ལྟ་བུའི་ཡེ་ཤེས（me long lta bu'i ye shes；如鏡智），四智之一，謂可如實映現一切法之佛智。

〔9〕八十隨好（[illegible]），對應藏文 དཔེ་བྱད་བཟང་པོ་བརྒྱད་ཅུ（dpe byad bzang po brgyad cu；八十隨好），即修飾大丈夫相，使其支分更爲圓滿之細相，在佛、菩薩之身所具足之殊勝容貌形相中，顯著易見者有三十二種，稱爲三十二相；微細隱密難見者有八十種，稱爲八十種好。

〔10〕九日壇（[illegible]），西夏文字面意思是「九種日壇」，直譯藏文 ཉི་མའི་དཀྱིལ་འཁོར་དགུ（nyi ma'i dkyil 'khor dgu；九日壇）。《甘露泉》作「一日輪」。

〔11〕平等性智（[illegible]），對應藏文 མཉམ་པ་ཉིད་ཀྱི་ཡེ་ཤེས（mnyam pa nyid kyi ye shes；平等性智），四智之一，謂觀一切法、自他有情悉皆平等之智。

〔12〕交合（[illegible]），西夏文字面意思是「口合」，直譯藏文 ཁ་སྦྱོར（kha sbyor；和合、交合）。

〔13〕金剛杵（[illegible]），西夏文字面意思是「石王」，對應藏文作 སྣ་ཚོགས་རྡོ་རྗེ（sna tshogs rdo rje；交杵）。《甘露泉》作「交杵」。

〔14〕鉞刀（[illegible]），西夏文字面意思是「割劍」，對譯藏文 གྲི་གུག（gri gug；彎刀、鉞刀）。

〔15〕妙觀察智（[illegible]），對應藏文 སོ་སོར་རྟོག་པའི་ཡེ་ཤེས（so sor rtog pa'i ye shes；妙觀察智），四智之一，即巧妙觀察諸法而自在說法之智。

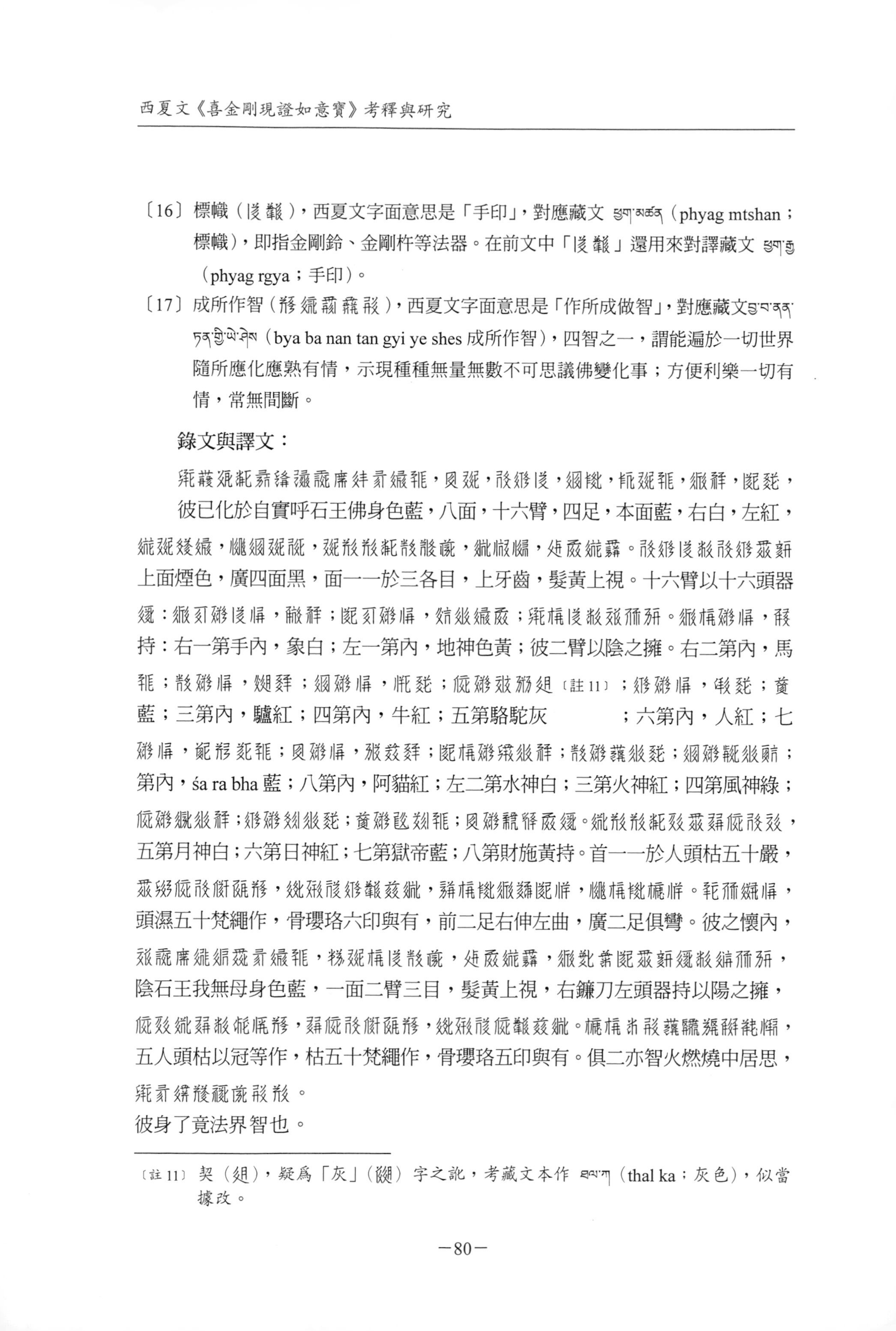

〔16〕標幟（[西夏文]），西夏文字面意思是「手印」，對應藏文 ཕྱག་མཚན（phyag mtshan；標幟），即指金剛鈴、金剛杵等法器。在前文中「[西夏文]」還用來對譯藏文 ཕྱག་རྒྱ（phyag rgya；手印）。

〔17〕成所作智（[西夏文]），西夏文字面意思是「作所成做智」，對應藏文བྱ་བ་ནན་ཏན་གྱི་ཡེ་ཤེས（bya ba nan tan gyi ye shes 成所作智），四智之一，謂能遍於一切世界隨所應化應熟有情，示現種種無量無數不可思議佛變化事；方便利樂一切有情，常無間斷。

錄文與譯文：

[西夏文]
彼已化於自實呼石王佛身色藍，八面，十六臂，四足，本面藍，右白，左紅，
[西夏文]
上面煙色，廣四面黑，面一一於三各目，上牙齒，髮黃上視。十六臂以十六頭器
[西夏文]
持：右一第手內，象白；左一第內，地神色黃；彼二臂以陰之擁。右二第內，馬
[西夏文]〔註11〕[西夏文]
藍；三第內，驢紅；四第內，牛紅；五第駱駝灰；六第內，人紅；七
[西夏文]
第內，śa ra bha 藍；八第內，阿貓紅；左二第水神白；三第火神紅；四第風神綠；
[西夏文]
五第月神白；六第日神紅；七第獄帝藍；八第財施黃持。首一一於人頭枯五十嚴，
[西夏文]
頭濕五十梵繩作，骨瓔珞六印與有，前二足右伸左曲，廣二足俱彎。彼之懷內，
[西夏文]
陰石王我無母身色藍，一面二臂三目，髮黃上視，右鐮刀左頭器持以陽之擁，
[西夏文]
五人頭枯以冠等作，枯五十梵繩作，骨瓔珞五印與有。俱二亦智火燃燒中居思，
[西夏文]
彼身了竟法界智也。

〔註11〕契（[西夏文]），疑爲「灰」（[西夏文]）字之訛，考藏文本作 ཐལ་ཀ（thal ka；灰色），似當據改。

དེ་ཡོངས་སུ་གྱུར་པ་ལས་རང་ཉིད་དགྱེས་པའི་རྡོ་རྗེ་སྐུ་མདོག་སྔོན་པོ། ཞལ་བརྒྱད། ཕྱག་བཅུ་དྲུག ཞབས་བཞི་པ། རྩ་བའི་ཞལ་སྔོ། གཡས་དཀར། གཡོན་དམར། སྟེང་ཞལ་དུད་ཁ། རྒྱབ་ཀྱི་ཞལ་བཞི་གནག་པ། ཞལ་རེ་རེ་ལ་སྤྱན་གསུམ་གསུམ་དང་ལྡན་པ། མཆེ་བ་གཙིགས་པ། དབུ་སྐྲ་སེར་པོ་གྱེན་དུ་བརྫེས་པ། ཕྱག་བཅུ་དྲུག་གིས་ཐོད་པ་བཅུ་དྲུག་བཟུང་བའི་གཡས་ཀྱི་དང་པོ་ན་གླང་པོ་ཆེ་དཀར་པོ། གཡོན་གྱི་དང་པོ་ན་སའི་ལྷ་སེར་པོ། དེ་གཉིས་ཀྱིས་ཡུམ་ལ་འཁྱུད་པ། གཡས་ཀྱི་གཉིས་པ་ན་རྟ་སྔོན་པོ། གསུམ་པ་ན་བོང་བུ་གྭ་པ། བཞི་པ་ན་གླང་དམར་པོ། ལྔ་པ་ན་རྔ་མོ་ཐལ་ཀ དྲུག་པ་ན་མི་དམར་པོ། བདུན་པ་ན་ཤ་ར་བྷ་སྔོན་པོ། བརྒྱད་པ་ན་བྱི་ལ་གྭ་པ། གཡོན་གྱི་གཉིས་པ་ན་ཆུའི་ལྷ་དཀར་པོ། གསུམ་པ་ན་མེའི་ལྷ་དམར་པོ། བཞི་པ་ན་རླུང་གི་ལྷ་ལྗང་སྔོན། ལྔ་པ་ན་ཟླ་བའི་ལྷ་དཀར་པོ། དྲུག་པ་ན་ཉི་མའི་ལྷ་དམར་པོ། བདུན་པ་ན་གཤིན་རྗེ་སྔོན་པོ། བརྒྱད་པ་ན་ནོར་སྦྱིན་སེར་པོ་འཛིན་པ། དབུ་རེ་རེ་ལ་མི་མགོ་སྐམ་པོ་ལྔ་ལྔས་བརྒྱན་ཞིང༌། རློན་པ་ལྔ་བཅུའི་དོ་ཤལ་ཅན། རུས་པའི་རྒྱན་དྲུག་དང་ལྡན་པ། ཞབས་མདུན་མ་གཉིས་གཡས་བརྐྱང་ཞིང་གཡོན་བསྐུམ་པ། རྒྱབ་མ་གཉིས་གར་སྟབས་ཀྱིས་བཞུགས་པ། དེའི་པང་ན་ཡུམ་རྡོ་རྗེ་བདག་མེད་མ་སྐུ་མདོག་སྔོན་མོ། ཞལ་གཅིག ཕྱག་གཉིས། སྤྱན་གསུམ་མ། སྐྲ་སེར་པོ་གྱེན་དུ་བརྫེས་པ། གཡས་གྲི་གུག གཡོན་ཐོད་པ་འཛིན་པས་ཡབ་ལ་འཁྱུད་པ། མི་མགོ་སྐམ་པོ་ལྔའི་དབུ་རྒྱན་དང༌། སྐམ་པོ་ལྔ་བཅུའི་དོ་ཤལ་ཅན། རུས་པའི་རྒྱན་ལྔ་དང་ལྡན་པ། གཉིས་ཀའང་ཡེ་ཤེས་ཀྱི་མེ་རབ་ཏུ་འབར་བའི་དབུས་ན་བཞུགས་པར་བསམ། དེ་སྐུ་ཡོངས་སུ་རྫོགས་པ་ཆོས་ཀྱི་དབྱིངས་ཀྱི་ཡེ་ཤེས་སོ།

de yongs su gyur pa las rang nyid dgyes pa’i rdo rje sku mdog sngon po／zhal brgyad／phyag bcu drug／zhabs bzhi pa／rtsa ba’i zhal sngo／gyas dkar／gyon dmar／steng zhal dud kha／rgyab kyi zhal bzhi gnag pa／zhal re re la spyan gsum gsum dang ldan pa／mche ba gtsigs pa／dbu skra ser po gyen du brdzes pa／phyag bcu drug gis thod pa bcu drug bzung ba’i gyas kyi dang po na glang po che dkar po／gyon gyi dang po na sa’i lha ser po／de gnyis kyis yum la ’khyud pa／gyas kyi gnyis pa na rta sngon po／gsum pa na bong bu gwa pa／bzhi pa na glang dmar po／lnga pa na rnga mo thal ka／drug pa na mi dmar po／bdun pa na śa ra bha sngon po／brgyad pa na byi la gwa pa／gyon gyi gnyis pa na chu’i lha dkar po／gsum pa na me’i lha dmar po／bzhi pa na rlung gi lha ljang sngon／lnga pa na zla ba’i lha dkar po／drug pa na nyi ma’i lha dmar po／bdun pa na gshin rje sngon po／brgyad pa na nor sbyin ser po ’dzin pa’o／dbu re re la mi mgo skam po lnga lngas brgyan zhing／rlon pa lnga bcu’i do shal can／rus pa’i rgyan drug dang ldan pa／zhabs mdun ma gnyis gyas brkyang zhing gyon bskum pa／rgyab ma gnyis gar stabs kyis bzhugs pa／de’i pang na yum rdo rje bdag med ma sku mdog sngon mo／zhal gcig／phyag gnyis／spyan gsum ma／skra ser po gyen du brdzes pa／gyas gri gug／gyon thod pa ’dzin pas yab la ’khyud pa／mi mgo skam po lnga’i dbu rgyan dang／skam po lnga bcu’i do shal can／rus pa’i rgyan lnga dang ldan pa／gnyis ka’ng ye shes kyi me rab tu ’bar ba’i dbus na bzhugs par bsam／de sku yongs su rdzogs pa chos kyi dbyings kyi ye shes so//

從彼所變〔1〕中，自成喜金剛〔2〕，佛身藍色〔3〕，八面，十六臂，四足，其本面藍色〔4〕，右白，左紅，上面煙色，後〔5〕四面黑，每面各三目，獠牙畢露，黃髮上豎〔6〕。十六臂持十六頭器：右第一手內，持白象；左第一手內，持黃色地神〔7〕；此二臂擁佛母〔8〕。右第二內，持藍馬；第三內，持赤驢；第四內，持紅牛；第五內，持灰駱駝；第六內，持紅人；第七內，持藍色八腳獅〔9〕；第八內，持紅貓〔10〕；左第二白色水神；第三紅色火神；第四綠色風神；第五白色月神；第六紅色日神；第七藍色獄帝；第八黃色財神〔11〕。每首各嚴五十〔12〕骷髏〔13〕，五十濕首〔14〕作梵繩〔15〕，具六骨飾〔16〕，前二足展右蜷左，後二足俱彎〔17〕。彼之懷內，藍色金剛無我母〔18〕，一面二臂三目，黃髮上卷，右持鉞刀〔19〕左持頭器，擁抱父尊〔20〕，戴五骷髏冠冕〔21〕，五十骷髏梵繩，具五骨飾。二尊〔22〕俱住燃燒智火中，當思如是，彼身之圓滿〔23〕法界智〔24〕也。

注釋：

〔1〕所變（[illegible]），西夏字面意思是「所化」，指上段生起的種種變化。

〔2〕自成喜金剛（[illegible]），西夏字面意思是「自實呼石王」，對譯藏文རང་ཉིད་དགྱེས་པའི་རྡོ་རྗེ（rang nyid dgyes pa’i rdo rje；我爲喜金剛），「[illegible]」（自實）對譯藏文 རང་ཉིད（rang nyid；我、自己），藏文並列「我」（རང་ཉིད། rang nyid）與「喜金剛」（དགྱེས་པའི་རྡོ་རྗེ། dgyes pa’i rdo rje），表示「我」爲「喜金剛」之意，西夏文同藏文。

〔3〕藏文無「佛」字。《甘露泉》作「其身白色」。

〔4〕其本面藍色（[illegible]），西夏文直譯藏文 རྩ་བའི་ཞལ་སྔོ（rtsa ba’i zhal sngo；根本面藍），西夏文「[illegible]」（本面）直譯藏文 རྩ་བའི་ཞལ（rtsa ba’i zhal；根本面），指主尊喜金剛正中間的根本面相。《甘露泉》作「其本面白」。

〔5〕後（[illegible]），西夏文字面意思是「廣」，疑將藏文 རྒྱབ（rgyab；後、背面）誤讀爲 རྒྱ（rgya；廣），下「後二足俱彎」（[illegible]）與此同。

〔6〕黃髮上豎（[illegible]），西夏文字面意思是「髮黃上視」，對譯藏文དབུ་སྐྲ་སེར་པོ་གྱེན་དུ་བརྫེས་པ（dbu skra ser po gyen du brdzes pa；黃髮上捲、黃髮上豎），《甘露泉》作「黃髮上豎」，依此譯。

〔7〕地神（[illegible]），直譯藏文 སའི་ལྷ（sa’i lha；地神）。《甘露泉》作「地天」。

〔8〕此二臂擁佛母（[illegible]），西夏文字面意思是「彼二臂以陰之持」，對譯藏文 དེ་གཉིས་ཀྱིས་ཡུམ་ལ་འཁྱུད་པ（de gnyis kyis yum la ’khyud pa；彼二擁抱佛母），「[illegible]」（陰）對譯藏文 ཡུམ（yum；佛母），即密教本尊的陰體，這裡指本尊喜金剛以左右主臂擁抱金剛無我母。

〔9〕八腳獅（[illegible]），西夏文音譯梵文 śarabha（八腳獅），傳說中的百獸之王，形如獅子，有八隻腳。《甘露泉》作「青獅」。

〔10〕紅貓（[illegible]），對應的藏文作 བྱི་ལ་གྭ་པ（byi la gwa pa；白額貓），《甘露泉》作「赤貓」。

〔11〕財神（[illegible]），西夏文字面意思是「財施」，直譯藏文 ནོར་སྦྱིན（nor sbyin；施財），財神的異名。《甘露泉》作「施財」。

〔12〕五十（[illegible]），對應的藏文爲 ལྔ（lnga；五）。

〔13〕骷髏（[illegible]），西夏文字面意思是「人頭枯」，直譯藏文 མི་མགོ་སྐམ་པོ（mi mgo skam po；乾人頭），即骷髏。

〔14〕濕首（[illegible]），西夏文字面意思是「頭濕」，對應藏文作 རློན་པ（rlon pa；潮濕的），指剛被殺，還滴血的人頭。

〔15〕梵繩（[illegible]），西夏文對譯藏文 དོ་ཤལ（do shal；環形項鍊）。梵繩指密宗教徒修習母續秘法時佩戴於肩頭腋下的細繩，《甘露泉》作「鋋鍜」。

〔16〕六骨飾（[illegible]），西夏文字面意思是「骨瓔珞六印」，對譯藏文 རུས་པའི་རྒྱན་དྲུག（rus pa'i rgyan drug；骨質六飾），即佛教密宗修行者佩戴的用人骨製造的項鍊、釵環、耳環、冠冕、絡腋帶和塗於身上的骨灰等六種飾件。

〔17〕俱彎（[illegible]），對應的藏文作 གར་སྟབས（gar stabs；舞姿）。

〔18〕金剛無我母（[illegible]），西夏文字面意思是「石王我無母」，直譯藏文རྡོ་རྗེ་བདག་མེད་མ（rdo rje bdag med ma；金剛無我母），梵文作 nairāmyā，爲本尊喜金剛的佛母。

〔19〕鉞刀（[illegible]），西夏字面意思是「鐮刀」，對譯藏文 གྲི་གུག（gri gug；彎刀、鉞刀）。

〔20〕父尊（[illegible]），西夏文字面意思是「陽」，對譯藏文 ཡབ（yab；父），即密教本尊的陽體，這裡指本尊喜金剛。

〔21〕頭冠（[illegible]），西夏文字面意思是「冠等」，對譯藏文 དབུ་རྒྱན（dbu rgyan；頭飾、冠冕）。

〔22〕二尊（[illegible]），西夏文字面意思是「俱二」，對譯藏文 གཉིས་ཀ（gnyis ka；二者），即喜金剛與無我佛母。

〔23〕圓滿（[illegible]），西夏文字面意思是「了竟」，對譯藏文 ཡོངས་སུ་རྫོགས་པ（yongs su rdzogs pa；圓滿）。

〔24〕法界智（[illegible]），西夏文字面意思是「法界智」，直譯藏文 ཆོས་ཀྱི་དབྱིངས་ཀྱི་ཡེ་ཤེས（chos kyi dbyings kyi ye shes；法界智）又作「法界體性智」，爲五智之一，是密教特有的說法，即加上前文所提到的大圓鏡智、平等性智、妙觀察智與成所作智，構成了密教系統的五智。

錄文與譯文：

[illegible]
次陰之空，八葉花淨紅，蕊花上 ā 字以嚴，增長令，「oṃ padma su khā dhā
[illegible]
ra mahā rā ga su khandā da ca tu rā nanda bha ga bi śva hūṃ hūṃ kāryaṃ kuru
[illegible]
ṣvame」謂以攝受。自密處石王藍五支連，臍間 hūṃ 字以嚴，增長令，「oṃ vajra ma
[illegible]
hā dve ṣa ca tu rā nanda dāya ka kha ga mu kha e kā ra so nā tha hūṃ hūṃ kā
[illegible]
ryaṃ kuru ṣvame」謂以攝受。次陽陰等雙入，大樂聲「haha sisi kunduru vaj
[illegible]
ra dhrika」謂聲出以，明滿與菩提勇識一切召，自口內心中融，陽之密處內落，
[illegible]
陰之空內八滴點明成。

དེ་ནས་ཡུམ་གྱི་མཁའ་པདྨ་དམར་པོ་འདབ་མ་བརྒྱད་པ། ཟེ་འབྲུ་ལ་ཨཱཿས་མཚན་པར་བསྐྱེད་ལ། ཨོཾ་པདྨ་སུ་ཁཱ་དྷཱ་ར། མ་ཧཱ་རཱ་ག་སུ་ཁཎྜཱ་ད། ཙ་ཏུ་རཱ་ནནྡ་བྷ་ག་བི་ཤྭ། ཧཱུྃ་ཧཱུྃ་ཧཱུྃ། ཀཱརྱཾ་ཀུ་རུ་ཥྭ་མེ། ཞེས་པས་བྱིན་གྱིས་བརླབ། རང་གི་གསང་གནས་རྡོ་རྗེ་སྔོན་པོ་རྩེ་མོ་ལྔ་པ། ལྟེ་བ་ལ་ཧཱུྃ་གིས་མཚན་པར་བསྐྱེད་ལ། ཨོཾ་བཛྲ་མ་ཧཱ་དྭེ་ཥ། ཙ་ཏུ་རཱ་ནནྡཱ་ཡ་ཀཿ ཁ་ག་མུ་ཁ་ཨེ་ཀཱ་ར་སོ་ནཱ་ཐ། ཧཱུྃ་ཧཱུྃ་ཧཱུྃ། ཀཱརྱཾ་ཀུ་རུ་ཥྭ་མེ། ཞེས་པས་བྱིན་གྱིས་བརླབ། དེ་ནས་ཡབ་ཡུམ་གཉིས་སྙོམས་པར་ཞུགས་པས་བདེ་བ་ཆེན་པོའི་སྒྲ་ཧ་ཧ་སི་སི་ཀུནྡུ་རུ་བཛྲ་དྷྲིཀ་ཅེས་པའི་སྒྲ་གྲག་པས། སངས་རྒྱས་དང་བྱང་ཆུབ་སེམས་དཔའ་ཐམས་ཅད་སྤྱན་དྲངས། རང་གི་ཞལ་དུ་ཞུགས། སྙིང་གར་ཞུ། ཡབ་ཀྱི་གསང་བའི་གནས་ནས་བབས་པས། ཡུམ་གྱི་མཁར་ཐིག་ལེ་བརྒྱད་དུ་གྱུར།

de nas yum gyi mkha’ padma dmar po ’dab ma brgyad pa／ze ’bru la ā sa mtshan par bskyed la／oṃ padma su khā dhā ra ma hā rā ga su khandā da／ca tu rā nanda bha ga bi śva／hūṃ hūṃ hūṃ／kāryaṃ ku ru ṣva me／zhes pas byin gyis brlab／rang gi gsang gnas rdo rje sngon po rtse mo lnga pa／lta ba la hūṃ gis mtshan par bskyed la／oṃ vajra ma hā dve ṣa／ca tu rā nanda dā ya ka kha ga mu kha e kā ra so nā tha／hūṃ hūṃ hūṃ／kāryaṃ ku ru ṣva me／zhes pas byin gyis brlab／de nas yab yum gnyis snyoms par zhugs pas bde ba chen po'i sgra ha ha si si kundu ru vajra dhrika ces pa'i sgra grag pas／sangs rgyas dang byang chub sems dpa' thams cad spyan drangs／rang gi zhal du zhugs／snying gar zhu／yab kyi gsang ba'i gnas nas babs pas／yum gyi mkhar thig le brgyad du gyur//

復次，母尊之密處〔1〕，生紅色八瓣蓮花，蕊嚴 ā 字，念誦「oṃ padma su khā dhāra mahā rā ga su khandā da ca tu rā nanda bha ga bi śva hūṃ hūṃ〔2〕 kāryaṃ kuru ṣvame」以加持。自密處〔3〕生藍色五股金剛杵，臍間嚴 hūṃ 字，念誦「oṃ vajra mahā dve ṣa ca tu rā nanda dāya ka kha ga mu kha e kā ra so nā tha hūṃ hūṃ〔4〕 kāryaṃ kuru ṣvame」以加持。復次，父母雙尊交合〔5〕，發「haha sisi kunduru vajra dhrika」大樂之聲，召請一切佛〔6〕、菩薩〔7〕，入自口中，融自心中，由父尊之密處落入母尊之密處，成八滴明點。

注釋：

〔1〕密處（[illegible]），西夏文字面意思是「空」，直譯藏文 མཁའ（mkha'；空、虛空），在這裡指母尊的密處。

〔2〕藏文本作 hūṃ hūṃ hūṃ。

〔3〕自密處（[illegible]），西夏文直譯藏文 རང་གི་གསང་གནས（rang gi gsang gnas；自私處、自密處），在這裡指將自己觀想為父尊喜金剛，「[illegible]」（密處）則指父尊的密處。

〔4〕同〔2〕。

〔5〕交合（[illegible]），西夏文字面意思是「雙入」，藏文作 སྙོམས་པར་ཞུགས་པ（snyoms par zhugs pa；入定、交合）。《甘露泉》作「交融行」。

〔6〕佛（[illegible]），西夏文字面意思是「明滿」，直譯藏文 སངས་རྒྱས（sangs rgyas；佛）。

〔7〕菩薩（[illegible]），西夏文字面意思是「菩提勇識」，直譯藏文 བྱང་ཆུབ་སེམས་དཔའ（byang chub sems dpa'；菩提勇識）。

錄文與譯文：

[illegible]：[illegible]，[illegible]；[illegible]

彼等八日月口合間入：東方 gaṃ 字化割刀，柄 gaṃ 字以嚴；南 caṃ 字化

[illegible]，[illegible]；[illegible]，[illegible]；[illegible]

ḍama ru，腰於 caṃ 字以嚴；西方 baṃ 字化龜鱉，額於 baṃ 字以嚴；北 ghaṃ

[illegible]〔註12〕，[illegible]；[illegible]，[illegible]；
字化蛇　　　，額於 ghaṃ 字以嚴；北東隅 paṃ 字化獅子，額於 paṃ 字以嚴；
[illegible]，[illegible]；[illegible]，[illegible]；
東南隅 śaṃ 字化善起，心間 śaṃ 字以嚴；南西隅 laṃ 字化輪，臍間 laṃ 字以嚴；
[illegible]，[illegible]。
西北隅 ḍaṃ 字化石王，臍間 ḍaṃ 字以嚴。

དེ་རྣམས་ཉི་ཟླ་ཁ་སྦྱོར་བརྒྱད་ཀྱི་བར་དུ་སྤྲོས། ཐིག་ལེ་དེ་རྣམས་ལས། ཤར་དུ་གཾ་ལས་གྲི་གུག་ཡུ་བར་གཾ་གིས་མཚན་པ། ལྷོར་ཙཾ་ལས་ཌ་མ་རུ་རྐེད་པར་ཙཾ་གྱིས་མཚན་པ། ནུབ་ཏུ་བཾ་ལས་རུས་སྦལ་དཔྲལ་བར་བཾ་གྱིས་མཚན་པ། བྱང་དུ་གྷཾ་ལས་སྦྲུལ་དཔྲལ་བར་གྷཾ་གིས་མཚན་པ། བྱང་ཤར་དུ་པཾ་ལས་སེང་གེ་དཔྲལ་བར་པཾ་གྱི་མཚན་པ། ཤར་ལྷོ་ཤཾ་ལས་དགེ་སློང་ཐུགས་ཀར་ཤཾ་གིས་མཚན་པ། ལྷོ་ནུབ་ཏུ་ལཾ་ལས་འཁོར་ལོ་ལྟེ་བར་ལཾ་གྱིས་མཚན་པ། ནུབ་བྱང་དུ་ཌཾ་ལས་རྡོ་རྗེ་ལྟེ་བར་ཌཾ་གིས་མཚན་པར་གྱུར་ནས།

de rnams nyi zla kha sbyor brgyad kyi bar du spros／thig le de rnams las／shar du gaṃ las gri gug yu bar gaṃ gis mtshan pa／lhor caṃ las ḍa ma ru rked par caṃ gyis mtshan pa／nub tu baṃ las rus sbal dpral bar baṃ gyis mtshan pa／byang du ghaṃ las sbrul dpral bar ghaṃ gis mtshan pa／byang shar du paṃ lass eng ge dpral bar paṃ gyi mtshan pa／shar lho śaṃ las dge slong thugs kar śaṃ gis mtshan pa／lho nub tu laṃ las ’khor lo lte bar laṃ gyis mtshan pa／nub byang du ḍaṃ las rdo rje lte bar ḍaṃ gis mtshan par gyur nas／

彼等入八相合〔1〕日月之間〔2〕，東方 gaṃ 字化鉞刀〔3〕，復嚴其柄；南 caṃ 字化𧰣鼓，復嚴其腰；西方 baṃ 字化龜，復嚴其額；北 ghaṃ 字化蛇，復嚴其額；東北 paṃ 字化獅子，復嚴其額；東南 śaṃ 字化比丘〔4〕，復嚴其心口；西南 laṃ 字化輪，復嚴其臍間；西北 ḍaṃ 字化金剛杵，復嚴其臍間。

注釋：

〔1〕相合（[illegible]），西夏文字面意思是「口合」，直譯藏文 ཁ་སྦྱོར（kha sbyor；和合；接合）。

〔2〕西夏文本缺 ཐིག་ལེ་དེ་རྣམས་ལས（thig le de rnams las；由彼等明點）。

〔3〕鉞刀（[illegible]），西夏字面意思是「割刀」，對譯藏文 གྲི་གུག（gri gug；彎刀、鉞刀）。

〔4〕比丘（[illegible]），西夏文字面意思是「善起」，直譯藏文 དགེ་སློང་（dge slong；比丘），「比丘」爲梵文 bhikṣu（乞食者）的音譯，爲出家受具足戒者之通稱。

〔註12〕上（[illegible]），疑爲「蛇」（[illegible]）字之訛，考藏文本作 སྦྲུལ（sbrul；蛇），似當據改。

錄文與譯文：

[illegible]

日月手印與一併，各個處入已混於，八天母增長令：東方 gau rī 母色黑，

[illegible]

右手割刀，左 ro hi ta 魚持；南方 cau rī 母色紅，右 ḍa ma ru，左豬；西方 ve tā

[illegible]

lī 母色黃，右龜鱉，左頭器；北方 ghas ma rī 色綠，右蛇，左頭器；北東隅 pukka

[illegible]〔註 13〕[illegible]

sī ma　　色藍，右獅子，左斧；東南隅山墓母色白，右善起，左受杖；南

[illegible]

西隅雜類母色藍，右輪，左鏵；西北隅種惡母眾色，右手石王，左手怖指作。

[illegible]

皆亦一面，二臂，三目，髮黃上視，衣無，骨瓔珞五印以嚴，人頭枯五冠，

[illegible]

枯五十以梵繩作，左伸，智火燃燒中居思。

ཉི་ཟླ་ཕྱག་མཚན་དང་བཅས་པ་རྣམས་སོ་སོའི་གནས་སུ་འདྲེས་པ་ལས་ལྷ་མོ་བརྒྱད་བསྐྱེད་དེ། ཤར་དུ་གཽ་རཱི་ནག་མོ་ཕྱག་གཡས་གྲི་གུག གཡོན་ཉ་རོ་ཧི་ཏ་འཛིན་པ། ལྷོར་ཙཽ་རཱི་དམར་མོ་གཡས་ཌ་མ་རུ། གཡོན་ཕག་པ། ནུབ་ཏུ་བེ་ཏཱ་ལཱི་སེར་མོ་གཡས་རུས་སྦལ། གཡོན་ཐོད་པ། བྱང་དུ་གྷསྨ་རཱི་ལྗང་གུ་གཡས་སྦྲུལ། གཡོན་ཐོད་པ། བྱང་ཤར་དུ་པུཀྐ་སཱི་སྔོན་པོ་གཡས་སེང་གེ གཡོན་དགྲ་སྟ། ཤར་ལྷོར་རི་ཁྲོད་མ་དཀར་མོ་གཡས་དགེ་སློང་། གཡོན་འཁར་གསིལ། ལྷོ་ནུབ་ཏུ་གདོལ་པ་མོ་སྔོན་མོ་གཡས་འཁོར་ལོ། གཡོན་ཐོང་གཤོལ། ནུབ་བྱང་དུ་གཡུང་མོ་ཁ་དོག་སྣ་ཚོགས་པ་ཕྱག་གཡས་རྡོ་རྗེ། གཡོན་སྡིགས་མཛུབ་མཛད་པ། ཐམས་ཅད་ཀྱང་ཞལ་གཅིག་ཕྱག་གཉིས་སྤྱན་གསུམ་མ། དབུ་སྐྲ་སེར་པོ་གྱེན་དུ་བརྫེས་པ། གཅེར་བུ་རུས་པའི་རྒྱན་ལྔས་བརྒྱན་པ། མི་མགོ་སྐམ་པོ་ལྔས་དབུར་བརྒྱན་ཅིང་སྐམ་པོ་ལྔ་བཅུའི་དོ་ཤལ་ཅན། ཞབས་གཡོན་པ་བརྐྱང་པའི་གར་སྟབས་ཀྱིས་ཡེ་ཤེས་ཀྱི་མེ་རབ་ཏུ་འབར་བའི་དབུས་ན་བཞུགས་པར་བསམ་མོ།

nyi zla phyag mtshan dang bcas pa rnams so so'i gnas su 'dres pa las lha mo brgyad bskyes de／shar du gau rī nag mo phyag gyas gri gug／gyon nya ro hi ta 'dzin pa／lhor cau rī dmar mo gyas ḍa ma ru／gyon phag pa／nub tu ve tā lī ser mo gyas rus sbal／gyon thod pa／byang du ghasma rī ljang gu gyas sbrul／gyon thod pa／byang shar du pukka sī sngon po gyas seng ge／gyon dgra sta／shar lhor

〔註 13〕[illegible]（pukkasīma），疑衍「[illegible]」（ma）字，考藏文本作 pukkasī，似當據刪。

ri khrod ma dkar mo gyas dge slong／gyon 'khar gsil／lho nub tu gdol pa mo sngon mo gyas 'khor lo／gyon thong gsho'／nub byang du gyung mo kha dog sna tshogs pa phyag gyas rdo rje／gyon sdigs mdzub mdzad pa／thams cad kyang zhal gcig phyag gnyis spyan gsum ma／dbu skra ser po gyen du brdzes pa／gcer bu rus pa'i rgyan lngas brgyan pa／mi mgo skam po lngas dbur brgyan cing skam po lnga bcu'i do shal can／zhabs gyon pa brkyang pa'i gar stabs kyis ye shes kyi me rab tu 'bar ba'i dbus na bzhugs par bsam mo//

（諸上）與日月標幟一併，混於各處，生成八天母〔1〕：東方黑色 gaurī 母，右手持鉞刀，左手持 rohita 魚〔2〕；南方紅色 caurī 母，右手持鼗鼓，左手持豬；西方黃色 vetālī 母，右手持龜，左手持頭器；北方綠色 ghasmarī 母，右手持蛇，左手持頭器；東北藍色 pukkasī 母，右手持獅子，左手持鉞斧〔3〕；東南白色山中母〔4〕，右手持比丘，左手持禪杖〔5〕；西南藍色屠戶母〔6〕，右手持輪，左手持犁鏵；西北眾色劣種母〔7〕，右手持金剛杵，左手作期克印〔8〕。皆一面、二臂、三目，黃髮上豎，裸身〔9〕嚴以五骨飾，戴五骷髏冠〔10〕，五十骷髏梵繩，舒展左足〔11〕，居燃燒智火中，當思如是。

注釋：

〔1〕《甘露泉》對應部分作「其諸字種，次第輾轉，成八天母，就於密處，身相圓滿，出詣各方，而印可者」，與西夏文、藏文皆不合。

〔2〕rohita（[illegible]），西夏文音譯梵文 rohita，是產於南亞的一種大魚。《甘露泉》作「戲怛魚」。

〔3〕鉞斧（[illegible]），西夏文字面意思是「斧」，對譯藏文 དགྲ་སྟ（dgra sta；鉞斧、戰斧）。《甘露泉》作「鉞斧」。

〔4〕山中母（[illegible]），即「[illegible]」（śavarī），西夏文字面意思是「山墓母」，藏文作 རི་ཁྲོད་མ（ri khrod ma；山中母），西夏文將 ཁྲོད（khrod；中間，內部）譯作「[illegible]」（墓地），似是受到藏文 དུར་ཁྲོད（dur khrod；屍林、墓地）的影響。《甘露泉》作「沙斡哩母」。

〔5〕禪杖（[illegible]），西夏文字面意思是「受杖」，對譯藏文 འཁར་གསིལ（'khar gsil；禪杖、鳴杖），梵文作 khakkhira，是僧人所持的一種手杖。《甘露泉》作「錫杖」。

〔6〕屠戶母（[illegible]），即「[illegible]」（caṇḍalī），西夏文字面意思是「雜類母」，「[illegible]」對譯藏文 གདོལ་པ（gdol pa；屠戶），指古印度社會中以屠宰牲畜爲生者，被歧視爲不可接觸的種姓之一。《甘露泉》作「贊吒立母」。

〔7〕劣種母（[illegible]），即「[illegible]」（dominī），西夏文字面意思是「種惡母」，對譯藏文 གཡུང་མོ（gyung mo；劣等母），指古代印度最低階級的婦女。《甘露泉》作「鍾必尼母」。

〔8〕期克印（[illegible]），西夏文字面意思是「怖指」，直譯藏文 སྡིགས་མཛུབ（sdigs mdzub；期克印），期克印爲密教手印的一種，其形式爲中指和無名指彎曲，其餘三指伸直，拇指壓在彎曲的二指之上。

〔9〕裸身（[illegible]），西夏字面意思是「衣無」，對應藏文作 གཅེར་བུ（gcer bu；赤裸）。《甘露泉》作「裸露形體」。

〔10〕戴五骷髏冠（[illegible]），西夏文字面意思是「人頭枯五冠」，對應的藏文作 མི་མགོ་སྐམ་པོ་ལྔས་དབུར་བརྒྱན（mi mgo skam po lngas dbur brgyan；五骷髏冠嚴於頂）。《甘露泉》無對應內容。

〔11〕舒展左足（[illegible]），西夏文字面意思是「左伸」，對應藏文爲 ཞབས་གཡོན་པ་བརྐྱང་པ（zhabs gyon pa brkyang pa；左足伸展）。

錄文與譯文：

[illegible]

次陽陰二雙入，慾火以光依融，四魔上大樂自體菩提心點明一滴成思。次

[illegible]

果石王持生令故，隅內四天母歌以請中，pukkasī 慈無量以請：

「[illegible]」。

「德王悲意以生所，我 pukkasī 救當。眞空性者捨棄時，我之大樂施授可」。

[illegible]：

次山墓母悲無量以請：

「[illegible]〔註 14〕[illegible]。[illegible]，[illegible]

「你不住昔我死依，呼石王你建　　　　起當。空性者捨棄時，山墓陰

[illegible]」。

利成令當」。

[illegible]：

次 caṇḍalī 喜無量歌以請：

〔註 14〕「[illegible]」（協議），疑爲「[illegible]」（建）字之訛，考藏文本作 བཞེངས（bzhengs；建造，樹立），似當據改。

[illegible]

「喜尊世間客請時，眞空性於何云住？你無方者不悟依，我雜類雌旨求尋」。

[illegible]

次 dominī 捨無量以請：

[illegible]

「我者你之意悟依，悲心續者不斷當。我種惡陰思毀壞，幻於自主你生所」。

[illegible]

謂請以點明三滴成，下 āli 化月壇，上 kāli 化日壇，中字種化手印，字種以

[illegible]

嚴，彼等混，一成于果石王持生，彼亦呼石王八面十六臂前如顯令。

དེ་ནས་ཡབ་ཡུམ་གཉིས་སྙོམས་པར་ཞུགས་པས་རྗེས་སུ་ཆགས་པའི་མེས་འོད་དུ་ཞུ་ནས། བདུད་བཞིའི་སྟེང་དུ་བདེ་བ་ཆེན་པོའི་ངོ་བོ་བྱང་ཆུབ་ཀྱི་སེམས་ཀྱི་ཐིག་ལེ་གཅིག་ཏུ་གྱུར་པར་བསམ། དེ་ལས་འབྲས་བུ་རྡོ་རྗེ་འཛིན་པ་བཞེངས་པའི་དོན་དུ། མཚམས་ཀྱི་ལྷ་མོ་བཞིས་གླུས་བསྐུལ་བ་ནི། པུཀྐ་སཱིས་བྱམས་པ་ཚད་མེད་པའི་སྒོ་ནས་གླུས་བསྐུལ་བ། རྗེ་བཙུན་སྙིང་རྗེས་ཡིད་བཞེངས་ཤིག པུཀྐ་སཱི་ནི་བདག་ལ་སྐྱོབས། སྟོང་པའི་རང་བཞིན་ཉིད་སྤོངས་ལ། བདག་ལ་བདེ་ཆེན་སྦྱོར་བཞེད་མཛོད། དེ་ནས་རི་ཁྲོད་མས་སྙིང་རྗེ་ཚད་མེད་པའི་སྒོ་ནས་གླུས་བསྐུལ་བ། ཁྱོད་མེད་ན་ནི་བདག་འགུམས་པས། ཀྱེ་ཡི་རྡོ་རྗེ་ཁྱོད་བཞེངས་ཤིག། སྟོང་པའི་རང་བཞིན་ཉིད་སྤོངས་ལ། རི་ཁྲོད་མ་འབྲས་གྲུབ་པར་མཛོད། དེ་ནས་ཙཎྜ་ལཱིས་དགའ་བ་ཚད་མེད་པའི་སྒོ་ནས་གླུས་བསྐུལ་བ། དགའ་གཙོ་འཇིག་རྟེན་མགྲོན་གཉེར་བ། སྟོང་པ་ཉིད་ལ་བཞུགས་སམ་ཅི། ཁྱོད་མེད་ཕྱོགས་ནི་མི་འཚལ་བས། གདོལ་པ་མོ་བདག་ཞུ་བ་བགྱིད། དེ་ནས་ཌོཾ་བི་ནིས་བཏང་སྙོམས་ཚད་མེད་པའི་སྒོ་ནས་གླུས་བསྐུལ་བ། གཡུང་མོ་བདག་ནི་སྐྲིན་པས་ན། བདག་གིས་ཁྱོད་ཀྱི་ཐུགས་འཚལ་གྱིས། སྙིང་རྗེ་རྒྱུན་འཆད་མ་མཛད་པར། མིག་འཕྲུལ་ལྟ་བུར་ཁྱོད་བཞེངས་ཤིག ཅེས་གླུས་བསྐུལ་བས་ཐིག་ལེ་དེ་དུམ་བུ་གསུམ་དུ་གྱུར། འོག་གི་ཨཱ་ལི་ལས་ཟླ་བ། སྟེང་གི་ཀཱ་ལི་ལས་ཉི་མ། བར་གྱི་ཐིག་ལེ་ས་བོན་ལས་ཕྱག་མཚན་ས་བོན་གྱིས་མཚན་པ། དེ་རྣམས་འདྲེས་གཅིག་ཏུ་གྱུར་པ་ལས་འབྲས་བུ་རྡོ་རྗེ་འཛིན་པ་བཞེངས་ཏེ། དེའང་ཀྱེའི་རྡོ་རྗེ་ཞལ་བརྒྱད་ཕྱག་བཅུ་དྲུག་པ་སྔར་བཞིན་དུ་བསྐྱེད་ཅིང་གསལ་གདབ་བོ།

de nas yab yum gnyis snyoms par zhugs pas rjes su chags pa'i mes 'od du zhu nas／bdud bzhi'i steng du bde ba chen po'i ngo bo byang chub kyi sems kyi thig le gcig tu gyur par bsam／de las 'bras bu rdo rje 'dzin pa bzhengs pa'i don du／mtshams kyi lha mo bzhis glus bskul ba ni／pukka sīs byams pa tshad med pa'i sgo nas glus bskul ba／rje btsun snying rjes yid bzhengs shig／pukka sī ni bdag la skyobs／stong pa'i rang bzhin nyid spongs la／bdag la bde chen sbyor bzhed mdzod／de nas ri khrod mas snying rje tshad med pa'i sgo nas glus bskul ba／khyod med na ni bdag 'gums pas／kye yi rdo rje khyod bzhengs shig／stong pa'i rang bzhin nyid spongs la／ri khrod ma 'bras grub par mdzod／de nas caṇḍa līs dga' ba tshad med pa'i sgo nas glus bskul ba／dga' gtso 'jig rten mgron gnyer ba／stong pa nyid la bzhugs sam ci／khyod med phyogs ni mi 'tshal bas／gdol pa mo bdag zhu ba bgyid／de nas do mi nīs btang snyoms tshad med pa'i sgo nas glus bskul ba／gyung mo bdag ni sgrin pas na／bdag gis khyod kyi thugs 'tshal gyis／snying rje rgyun 'chad ma mdzad par／mig 'phrul lta bur khyod bzhengs shig／ces glus bskul bas thig le de dum bu gsum du gyur／'og gi ā li las zla ba／steng gi kā li las nyi ma／bar gyi thig le sa bon las phyag mtshan sa bon gyis mtshan pa／de rnams 'dres gcig tu gyur pa las 'bras bu rjo rje 'dzin pa bzhengs te／de'ang kye'i rdo rje zhal brgyad phyag bcu drug pa sngar bzhin du bskyed cing gsal gdab bo//

復次，思父母二尊〔1〕交合，被慾火融於光，於四魔〔2〕上，成一滴大樂自體〔3〕菩提心明點。復次，生果金剛持〔4〕故，隅內四天母〔5〕作歌以請，其中，pukkasī 母以無量慈請：

「至尊生悲意，救我 pukkasī。捨棄空性時，施受我大樂」〔6〕。

復次，山中母以無量悲請：

「無你我當死，生你喜金剛。捨棄空性時，成就山中果〔7〕」。

復次，caṇḍalī 母以喜無量作歌以請：

「喜尊〔8〕客〔9〕世間，何云住空性？無你不知方〔10〕，膾母〔11〕我祈請」。

復次，dominī 母以無量捨祈請：

「我知你心意，悲心續不斷。壞思我劣種，你自生於幻」〔12〕。

如上所請成三滴明點，下 āli 化月壇，上 kāli 化日壇，中種字化標識，復嚴以種字，彼等相混爲一，生果金剛持，顯現如前之八面十六臂喜金剛〔13〕。

注釋：

〔1〕父母二尊（[illegible]），西夏文字面意思是「陽陰二」，直譯藏文 ཡབ་ཡུམ་གཉིས（yab yum gnyis；父母二尊），即父尊喜金剛與母尊金剛無我母。

〔2〕四魔（[illegible]），直譯藏文 བདུད་བཞི（bdud bzhi；四魔），即梵天、帝釋天、遍入天、和大自在天。《甘露泉》作「聚四魔座上」。

〔3〕自體（[illegible]），對應藏文作 ངོ་བོ（ngo bo；自性、眞性）。

〔4〕果金剛持（[illegible]），西夏文字面意思是「果石王持」，直譯藏文 འབྲས་བུ་རྡོ་རྗེ་འཛིན་པ（'bras bu rdo rje 'dzin pa；果金剛持），金剛持即喜金剛，在喜金剛續中，又分因續、果許和方便續三種，因此喜金剛相應的分爲因喜金剛、方便喜金剛

和果喜金剛，其中因喜金剛與果喜金剛在各種喜金剛的文獻中，往往以因金剛持與果金剛持的名稱出現。在《喜金剛現證如意寶》中，果金剛持與喜金剛身相相同，也可以理解爲同一尊格的不同名稱。

〔5〕隅內四天母（[illegible]），即位於東北、東南、西北、西南四隅內的四個天母，依次爲 pukkasī 母，山中母（śavarī）、屠戶母（caṇḍalī）和劣種母（dominī）。《甘露泉》作「四隅母」。

〔6〕至尊（[illegible]），西夏文字面意思是「德王」，對應藏文作 རྗེ་བཙུན（rje btsun；至尊、聖者）。此偈《甘露泉》作「尊宿願興慈，救我不葛細，捨棄空寂性，爲我作大樂」。

〔7〕成就山中果（[illegible]），西夏文字面意思是「山墓陰利成令當」，對應的藏文作 རི་ཁྲོད་མ་འབྲས་གྲུབ་པར་མཛོད（ri khrod ma 'bras grub par mdzod；成就山中母之果），其中「[illegible]」（山墓陰）爲 རི་ཁྲོད་མ（ri khrod ma；山中母），「[illegible]」（利成），對應藏文作 འབྲས་གྲུབ（'bras grub；成就、成果）。此偈《甘露泉》作「無尊我致正，惟願喜金剛，捨空速興起，成就山林果」。

〔8〕喜尊（[illegible]），直譯藏文 དགའ་གཙོ（dga' gtso；喜尊），這裡指喜金剛或果金剛持。

〔9〕客（[illegible]），西夏文字面意思是「客請」，對應藏文作 མགྲོན་གཉེར་བ（mgron gnyer ba；管理賓客），即管理、照看世間的賓客。

〔10〕方（[illegible]），即方向，直譯藏文 ཕྱོགས（phyogs；方向）。

〔11〕膾母（[illegible]），西夏文字面意思是「雜類雌」，即屠戶母（caṇḍalī）。此偈《甘露泉》作「喜尊救世間，徒居空性乎？無佛無是處，願受魁膾請」。

〔12〕此偈藏文與西夏文差別較大，藏文爲 གཡུང་མོ་བདག་ནི་སྒྲིན་པས་ན། བདག་གིས་ཁྱོད་ཀྱི་ཐུགས་འཚལ་གྱིས། སྙིང་རྗེ་རྒྱུན་འཆད་མ་མཛད་པར། མིག་འཕྲུལ་ལྟ་བུར་ཁྱོད་བཞེངས་ཤིག（gyung mo bdag ni sgrin pas na／bdag gis khyod kyi thugs 'tshal gyis／snying rje rgyun 'chad ma mdzad par／mig 'phrul lta bur khyod bzhengs shig；我若爲智者，當知你心意。悲心續不斷，你自生如幻）。《甘露泉》作「我知佛心念，幻化尊願起，紹繼大慈意，莫驍失本心」。

〔13〕顯現如前之八面十六臂喜金剛（[illegible]），西夏文字面意思是「彼亦呼石王八面十六臂前如顯令」，對應藏文作དེའང་ཀྱེའི་རྡོ་རྗེ་ཞལ་བརྒྱད་ཕྱག་བཅུ་དྲུག་པ་སྔར་བཞིན་དུ་བསྐྱེད་ཅིང་གསལ་གདབ་བོ（de'ang kye'i rdo rje zhal brgyad phyag bcu drug pa sngar bzhin du bskyed cing gsal gdab bo；彼生起顯現一如之前之八面十六臂喜金剛），即此處果金剛持生起方式以及身相、身色、持物等等，一如前文中提到的喜金剛。

錄文與譯文：

[illegible]

次佛等之心中，日壇上宮住，中尊之心中 hūṃ 字，我無母之心中 aṃ 字，天母

[illegible]

等之心中，次依 gaṃ、caṃ、baṃ、ghaṃ、paṃ、śaṃ、laṃ、ḍaṃ 字等思。彼等於光

[illegible]

放，具界上著，具界勝妙殿成，復光放，情界上著，情有等呼石王九佛成，勝妙

[illegible]

殿內住思。光此方集，各個於入思。

དེ་ནས་ལྷ་རྣམས་ཀྱི་ཐུགས་ཀར་ཉི་མའི་དཀྱིལ་འཁོར་ལ་གནས་པའི་གཙོ་བོའི་ཐུགས་ཀར་ཧཱུྃ། བདག་མེད་མའི་ཐུགས་ཀར་ཨཾ། ལྷ་མོ་རྣམས་ཀྱི་ཐུགས་ཀར་རིམ་པ་བཞིན། གཾ་ཙཾ་བཾ་གྷཾ་པཾ་ཤཾ་ལཾ་ཌཾ་རྣམས་བསམ། དེ་རྣམས་ལས་འོད་ཟེར་དཔག་ཏུ་མེད་པ་སྤྲོས་ནས་སྣོད་ཀྱི་འཇིག་རྟེན་གྱི་ཁམས་ལ་ཕོག། སྣོད་ཐམས་ཅད་གཞལ་ཡས་ཁང་པར་གྱུར། ཡང་འོད་ཟེར་སྤྲོས་པས་སེམས་ཅན་རྣམས་ལ་ཕོག། སེམས་ཅན་རྣམས་ཀྱེའི་རྡོ་རྗེ་ལྷ་དགུར་གྱུར་ནས། གཞལ་ཡས་ཁང་པ་རྣམས་ཀྱི་ནང་ན་གནས་པར་བསམ། འོད་ཟེར་རྣམས་ཚུར་འདུས་པས་རང་རང་ལ་ཐིམ་པར་བསྒོམ་མོ།

de nas lha rnams kyi thugs kar nyi ma'i dkyil 'khor la gnas pa'i gtso bo'i thugs kar hūṃ／bdag med ma'i thugs kar aṃ／lha mo rnams kyi thugs kar rim pa bzhin／gaṃ caṃ baṃ ghaṃ paṃ śaṃ laṃ ḍaṃ rnams bsam／de rnams las 'od zer dpag tu med pa spros nas snod kyi 'jig rten gyi khams la phog／snod thams cad gzhal yas khang par gyur／yang 'od zer spros pas sems can rnams la phog／sems can rnams kye'i rdo rje lha dgur gyur nas／gzhal yas khang pa rnams kyi nang na gnas par bsam／'od zer rnams tshur 'dus pas rang rang la thim par bsgom mo//

復次，思諸佛之心中，有日壇安住〔1〕，主尊心中 hūṃ 字，無我母心中 aṃ 字，諸天母心中，依次 gaṃ、caṃ、baṃ、ghaṃ、paṃ、śaṃ、laṃ、ḍaṃ 等字。思從彼等中放光〔2〕，照器世間〔3〕，成器世間〔4〕與勝妙殿〔5〕，復放光，照有情世間〔6〕，諸有情成喜金剛九佛〔7〕，住勝妙殿內。復思光集此一方，融於各中。

注釋：

〔1〕安住（[illegible]），西夏文字面意思是「宮住」，對應藏文 གནས་པ（gnas pa；住、安住）。

〔2〕對應藏文作 འོད་ཟེར་དཔག་ཏུ་མེད་པ་སྤྲོས（'od zer dpag tu med pa spros；放無量光）。

〔3〕器世間（[illegible]），西夏文字面意思是「具界」，對應藏文作 སྣོད་ཀྱི་འཇིག་རྟེན་གྱི་ཁམས（snod kyi ’jig rten gyi khams；器世間界），梵文作 bhājana-loka，爲三界之一，指一切眾生依之而住的國土世界。

〔4〕對應藏文作 སྣོད་ཐམས་ཅད（snod thams cad；一切器）。

〔5〕勝妙殿（[illegible]），西夏文字面意思是「勝妙殿」，對應藏文作 གཞལ་ཡས་ཁང（gzhal yas khang；無量宮），未詳孰是。

〔6〕有情世間（[illegible]），西夏文字面意思是「情界」，爲三界之一，佛教中認爲生命體本身也屬於一種世間，故有情世間指一切眾生。對應藏文作 སེམས་ཅན་རྣམས（sems can rnams；諸有情）。《甘露泉》作「諸情世界」。

〔7〕《甘露泉》多「中圍」二字，與藏文本、西夏本不合。

② 加持處與三業近成就支

錄文與譯文：

[illegible]
二第，處與身語意攝受近修支者，自所思佛等之眼內，maṃ 字化癡石王母色
[illegible]
白，耳上 daṃ 字化嗔石王母色藍，鼻上 paṃ 字化吝石王母色黃，口上 raṃ 字化貪
[illegible]
石王母色紅，額上 aṃ 字化妒石王母色綠，意上 naṃ 字化石王我無母色黑，頂中
[illegible]
oṃ 字化身石王母白，喉中 ā 字化語石王母紅，心中 hūṃ 字化意石王母黑。皆
[illegible]
亦一面、二臂，割刀、頭具、khaṭvaṃga 持，屍座鎮，半交，舞相以居，珞、
[illegible]
相天母等與同思。

གཉིས་པ་སྐྱེ་མཆེད་དང་སྐུ་གསུང་ཐུགས་བྱིན་གྱིས་བརླབ་པ་ཉེ་བར་སྒྲུབ་པའི་ཡན་ལག་ནི། རང་གིས་བསྒོམས་པའི་ལྷ་རྣམས་ཀྱི་མིག་ཏུ་མཾ་ལས་གཏི་མུག་རྡོ་རྗེ་མ་དཀར་པོ། རྣ་བར་དཾ་ལས་ཞེ་སྡང་རྡོ་རྗེ་མ་སྔོན་མོ། སྣར་པཾ་ལས་སེར་སྣ་རྡོ་རྗེ་མ་སེར་མོ། ཁར་རཾ་ལས་འདོད་ཆགས་རྡོ་རྗེ་དམར་མོ། དཔྲལ་བར་ཨཾ་ལས་ཕྲག་དོག་རྡོ་རྗེ་ལྗང་གུ། སྙིང་གར་ནཾ་ལས་བདག་མེད་རྡོ་རྗེ་མ་ནག་མོ། སྤྱི་བོར་ཨོཾ་ལས་སྐུ་རྡོ་རྗེ་དཀར་མོ། མགྲིན་པར་ཨཱཿལས་གསུང་རྡོ་རྗེ་དམར་མོ། སྙིང་གར་ཧཱུྃ་ལས་ཐུགས་རྡོ་རྗེ་ནག་མོ། ཐམས་ཅད་ཀྱང་ཞལ་གཅིག་ཕྱག་གཉིས་པ། གྲི་གུག་དང་། ཐོད་པ་དང་། ཁ་ཊྭཾ་ག་འཛིན་པ། གདན་རོ་མནན་པ། སྐྱིལ་ཀྲུང་ཕྱེད་པའི་གར་གྱིས་བཞུགས་པ། རྒྱན་དང་ཆ་ལུགས་ལྷ་མོ་རྣམས་དང་འདྲ་བར་བསམ་མོ།

gnyis pa skye mched dang sku gsung thugs byin gyis brlab pa nye bar sgrub pa'i yan lag ni／rang gis bsgoms pa'i lha rnams kyi mig tu maṃ las gti mug rdo rje ma dkar po／rna bar daṃ las zhe sdang rdo rje ma sngon mo／snar paṃ las ser sna rdo rje ma ser mo／khar raṃ las 'dod chags rdo rje dmar mo／dpral bar aṃ las phrag dog rdo rje ljang gu／snying gar naṃ las bdag med rdo rje ma nag mo／spyi bor oṃ las sku rdo rje dkar mo／mgrin par ā las gsung rdo rje dmar mo／snying gar hūṃ las thugs rdo rje nag mo／thams cad kyang zhal gcig phyag gnyis pa／gri gug dang／thod pa dang／kha ṭvaṃ ga 'dzin pa／gdan ro mnan pa／skyil krung phyed pa'i gar gyis bzhugs pa／rgyan dang cha lugs lha mo rnams dang 'dra bar bsam mo//

第二，加持處〔1〕與三業〔2〕近成就支，自所思〔3〕諸佛之眼內，maṃ 字化白色癡金剛母，耳上 daṃ 字化藍色嗔金剛母，鼻上 paṃ 字化黃色吝金剛母，口上 raṃ 字化紅色貪金剛母，額上 aṃ 字化綠色妒金剛母，意中 naṃ 字化黑色金剛無我母，頭頂 oṃ 字化白色身金剛母，喉中 ā 字化紅色語金剛母，心中 hūṃ 字化黑色意金剛母。是等諸尊，皆亦一面、二臂，持鉞刀、頭器、天杖〔4〕，鎮屍座上，半跏趺坐〔5〕，舞相而居，嚴飾〔6〕威儀〔7〕，與諸天母同，當思如是。

注釋：

〔1〕處（[illegible]），對譯藏文 སྐྱེ་མཆེད（skye mched；處、入處），梵文爲 āyatana，佛教術語，意爲感覺的感官、媒介與對象。根據內容又可分爲「六內處」和「六外處」，分別爲「眼、耳、鼻舌、身、意」與「色、聲、香、味、觸、法」。

〔2〕三業（[illegible]），西夏文字面意思是「身語意」，直譯藏文 སྐུ་གསུང་ཐུགས（sku gsung thugs；身語意），指身、口、意三處所造之業。

〔3〕此處藏文作 བསྒོམས་པ（bsgoms pa；修行、禪修）。

〔4〕天杖（[illegible]），西夏音譯梵文 khaṭvāṃga（天杖），是佛教密宗本尊手持的一種杖，構造複雜，爲一根八面白檀香長木杆，以金剛杵爲低飾，十字金剛杵爲頂飾，再上飾以寶瓶，一顆血人頭、一顆腐爛的人頭和一個骷髏，再上爲金剛杵或三股叉，從寶瓶和十字金剛杵處垂有絲帶，上飾有日、月、鞀鼓、法鈴等標識〔註15〕。《甘露泉》作「葛莊渴」。

〔註15〕參見〔英〕羅伯特·比爾著、向紅笳譯，《藏傳佛教象徵符號與器物圖解》，中國藏學出版社 2007 年版，第 109 頁。

〔5〕半跏趺坐（[illegible]），西夏文字面意思是「半交」，意譯藏文 སྐྱིལ་ཀྲུང་ཕྱེད་པ（skyil krung phyed pa；半跏趺坐），是一種右腿蜷曲，左腿略伸的盤腿坐姿。

〔6〕嚴飾（[illegible]），西夏文字面意思是「珞」，對應藏文作 རྒྱན（rgyan；莊嚴、裝飾品）。

〔7〕威儀（[illegible]），西夏文字面意思是「相」，對應藏文作 ཆ་ལུགས（cha lugs；外貌、裝束）。

③ 迎入智輪修行支

錄文與譯文：

[illegible]

三第，智輪攝入修道者，自心中 hūṃ 於光放，自性界內，九佛中圍自所

[illegible]〔註16〕，[illegible]。

思與同，明滿及菩提勇識一切以繞請。自心中幻化 gaurī 等數　　，前如供養。

「[illegible]〔註17〕，[illegible]

「你者默有母以圍，你者自意以上成，你者行及不行陰　　　，悲以

[illegible]」。[illegible]。

情有困醒令，幻術戲以石王得，大 heruka 意以喜」。謂高贊。

གསུམ་པ་ཡེ་ཤེས་ཀྱི་འཁོར་ལོ་དགུག་གཞུག་སྒྲུབ་པའི་ཡན་ལག་ནི། རང་གི་སྙིང་གའི་ཧཱུྃ་ལས་འོད་འཕྲོས་པས། རང་བཞིན་གྱི་གནས་ནས་ལྷ་དགུའི་དཀྱིལ་འཁོར་རང་གིས་བསྒོམས་པ་དང་འདྲ་བ། སངས་རྒྱས་དང་། བྱང་ཆུབ་སེམས་དཔའ་ཐམས་ཅད་ཀྱིས་བསྐོར་བ་སྤྱན་དྲངས་ནས། རང་གི་སྙིང་ག་ནས་སྤྲུལ་པའི་གཽ་རཱི་ལ་སོགས་པ་རྣམས་ཀྱིས་སྔར་བཞིན་མཆོད་ལ། ཁྱོད་ནི་རྣལ་འབྱོར་མ་ཚོགས་ཡོངས་སུ་བསྐོར། ཁྱོད་ནི་ཉིད་ཀྱི་ཐུགས་ཀྱིས་མཆོག་བརྙེས་ཏེ། ཁྱོད་ཀྱིས་རྒྱུ་དང་མི་རྒྱུའི་འགྲོ་བ་ཀུན་བརྒྱན་ཏེ། སྙིང་རྗེའི་ཐུགས་ཀྱིས་སེམས་ཅན་སད་མཛད་པ། སྒྱུ་མའི་སྒྲོས་པས་རྡོ་རྗེ་བསྒྲུབས་པའི་ཡིད། ཧེ་རུ་ཀ་དཔལ་རྡོ་རྗེ་ཡིད་ཀྱིས་དགྱེས།། ཞེས་པས་བསྟོད་ནས།

gsum pa ye shes kyi 'khor lo dgug gzhug sgrub pa'i yan lag ni／rang gi snying ga'i hūṃ las 'od 'phros pas／rang bzhin gyi gnas nas lha dgu'i dkyil 'khor rang gis bsgoms pa dang 'dra ba／sangs rgyas dang／byang chub sems dpa' thams cad kyis bskor ba spyan drangs nas／rang gi snying ga nas sprul pa'i gau rī la sogs pa rnams kyis sngar bzhin mchod la／khyod ni rnal 'byor ma tshogs yongs su bskor／khyod ni nyid kyi thugs kyis mthog brnyes te／khyod kyis rgyu dang mi rgyu'i 'gro ba kun brgyan te／snying rje'i thugs kyis sems can sad mdzad pa／

〔註16〕[illegible]（是），疑爲「[illegible]」（等）字之訛，考藏文本作 རྣམས（rnams；等），似當據改。

〔註17〕[illegible]（陰），疑爲「[illegible]」（嚴）字之訛，考藏文本作 བརྒྱན（brgyan；莊嚴），似當據改。

skyu ma'i spros pas rdo rje bsgrubs pa'i yid／he ru ka dpal rdo rje yid kyis dgyes／zhes pas bstod nas//

第三，迎入〔1〕智輪修行支〔2〕，自心中 hūṃ 字放光，自性界內，迎請同己所思〔3〕九佛壇城，諸佛與菩薩所共圍繞。自心中幻化 gaurī 等〔4〕，供養如前。誦贊謂曰：

「尊者〔5〕瑜伽母圍繞，尊者自成最上意，行與不行遍莊嚴，悲心喚醒諸有情，幻戲證得金剛意，大 heruka〔6〕意歡喜」〔7〕。

注釋：

〔1〕迎入（[illegible]），西夏文字面意思是「攝入」，對譯藏文 དགུག་གཞུག（dgug gzhug；迎入、召進），是密宗修習中，迎來智慧尊，使入三昧耶尊的修習法。

〔2〕西夏文作「[illegible]」（道），對應藏文作 ཡན་ལག（yan lag；支），依藏文譯。

〔3〕同己所思（[illegible]），西夏文字面意思是「自所思與同」，直譯藏文རང་གིས་བསྒོམས་པ་དང་འདྲ་བ（rang gis bsgoms pa dang 'dra ba；同己所思），即同前面所觀想的「九佛壇城」。

〔4〕gaurī 等（[illegible]），直譯藏文 གོ་རཱི་ལ་སོགས་པ་རྣམས（gau rī la sogs pa rnams；gaurī 等等），西夏文「[illegible]」（等）直譯藏文 ལ་སོགས་པ（la sogs pa），表示「等等」，「[illegible]」（數）直譯藏文 རྣམས（rnams），用於末尾表示多數。此處指位於壇城四方的天母眾，即東方 gaurī 母，南 caurī 方母，西方 vetālī 母和北方 ghasmarī 母。

〔5〕尊者（[illegible]），西夏文字面意思是「你、你呢」，直譯藏文 ཁྱོད་ནི（khyod ni；你呢），「[illegible]」（者）同藏文 ནི（ni；呢）起提示主語的作用，「[illegible]」（你）這裡指喜金剛尊，故譯爲「尊者」。以下皆與此同。

〔6〕heruka（[illegible]），西夏文音譯梵文，即「勝樂金剛」。

〔7〕此偈《甘露泉》作「瑜伽尼眾共繞尊，尊已獲得最上意，爲動非動妙莊嚴，與大悲心度有情，幻心金剛修成意，金剛兮嚕葛意歡」。

錄文與譯文：

[illegible]，[illegible]，[illegible]，[illegible]，

自心中 gaurī 鐵鉤持多放，智佛等之心中鉤以觸，近攝思，身鐵鉤印結，

[illegible]，「〔註18〕[illegible]

言依，「　ye hye hi bha ga vān ma hā kā ru ṇi ka he vajra sa

〔註18〕此處藏文多ཨོཾ（oṃ）。

[illegible]
pa ri vā ra」謂方下二於亦合，「gau rī ā karṣa ya ja」謂咒以，智佛
[illegible]
等自於近臨。次 caurī 母色紅繩索持多放，繩索以智佛等之頸於觸，近攝思，
[illegible]
繩索印結，「cau rī pra be śa ya hūṃ」謂咒以勝妙殿內臨。次 vetālī 母色
[illegible]
黃礦鐐持多放，智佛等之足於觸，自於入思，礦鐐印結，「ve tā lī pandha
[illegible]
baṃ」謂咒以自於入。次復 ghasmarī 鳴鐘持多發，鳴鐘聲一切於至思，鳴
[illegible]〔註19〕[illegible]
鐘印結，「oṃ bha ga vāṃ ma hā kā ru ka he vajra sa pa ri vā ra
[illegible]〔註20〕[illegible]
ghasma va śaṃ ku ru ho」謂咒以智佛自入喜以居思。

རང་གི་སྙིང་ག་ནས་གཽ་རཱི་ལྕགས་ཀྱུ་འཛིན་པ་མང་པོ་སྤྲོས་ལ། ཡེ་ཤེས་པ་རྣམས་ཀྱི་ཐུགས་ཀར་ལྕགས་ཀྱུས་རེག་ནས་ཉེ་བར་བཀུག་པར་བསམ། ལུས་ཀྱིས་ལྕགས་ཀྱུའི་ཕྱག་རྒྱ་བྱ། ངག་ཏུ་ཨོཾ་ཨེ་ཧྱེ་ཧི་བྷ་ག་ཝཱཾ་མ་ཧཱ་ཀཱ་རུ་ཎི་ཀ་ཧེ་བཛྲ་ས་པ་རི་ཝཱ་ར། ཞེས་འོག་མ་གསུམ་ལའང་སྦྱར་རོ། གཽ་རཱི་ཨཱ་ཀརྵ་ཡ་ཛཿཞེས་བརྗོད་པས། ཡེ་ཤེས་པ་རྣམས་རང་ལ་ཉེ་བར་བྱོན། དེ་ནས་ཙཽ་རཱི་དམར་མོ་ཞགས་པ་འཛིན་པ་མང་པོ་སྤྲོས། ཞགས་པས་ཡེ་ཤེས་པ་རྣམས་ཀྱི་མགྲིན་པར་རེག་ནས་ཉེ་བར་བཀུག་པར་བསམ་ཞིང་། ཞགས་པའི་ཕྱག་རྒྱ་བྱས་ལ། ཙཽ་རཱི་པྲ་བེ་ཤ་ཡ་ཧཱུྃ་ཞེས་བརྗོད་པས་གཞལ་ཡས་ཁང་གི་ནང་དུ་བྱོན། དེ་ནས་བེ་ཏཱ་ལཱི་སེར་མོ་ལྕགས་སྒྲོག་ཐོགས་པ་མང་པོ་སྤྲོས། ཡེ་ཤེས་པ་རྣམས་ཀྱི་ཞབས་ལ་རེག་ནས་བདག་ལ་ཐིམ་པར་བསམ་ཞིང་། ལྕགས་སྒྲོག་གི་ཕྱག་རྒྱ་བྱས་ལ། བེ་ཏཱ་ལཱི་བནྡྷ་བཾ་ཞེས་བརྗོད་པས་རང་ལ་ཐིམ། དེ་ནས། གྷསྨ་རཱི་དྲིལ་བུ་འཛིན་པ་མང་པོ་སྤྲོས། དྲིལ་བུའི་སྒྲ་ཐམས་ཅད་ལ་ཁྱབ་པར་བསམ་ཞིང་། དྲིལ་བུའི་ཕྱག་རྒྱས་བྱས་ལ། ཨོཾ་བྷ་ག་ཝཱཾ་མ་ཧཱ་ཀཱ་རུ་ཎི་ཀ་ཧེ་བཛྲ་ས་པ་རི་ཝཱ་ར་གྷསྨ་རཱི་ཝ་ཤཾ་ཀུ་རུ་ཧོཿཞེས་བརྗོད་པས་ཡེ་ཤེས་པ་རྣམས་རང་ལ་མཉེས་བཞིན་དུ་བཞུགས་པར་བསམ་མོ།།

rang gi snying ga nas gau rī lcags kyu ’dzin pa mang po spros la／ye shes pa rnams kyi thugs kar lcags kyus reg nas nye bar bkug par bsam／lus kyis lcags kyu’i phyag rgya bya／ngag tu oṃ ye hye hi bha ga vān ma hā kā ru ṇi ka he vajra sa pa ri vā ra／zhes ’og ma gsum la’ng sbyar ro／gau rī ā karṣa ya jaḥ zhes brjod pas／ye shes pa rnams rang la nye bar byon／de nas cau rī dmar mo zhags

〔註19〕此處藏文多ཎི（ṇi）。
〔註20〕此處藏文多རཱི（rī）。

pa ’dzin pa mang po spros／zhags pas ye shes pa rnams kyi mgrin par reg nas nye bar bkug par bsam zhing／zhags pa’i phyag rgya byas la／cau rī pra be śa ya hūṃ zhes brjod pas gzhal yas khang gi nang du byon／de nas ve tā lī ser mo lcags sgrog thogs pa mang po spros／ye shes pa rnams kyi zhabs la reg nas bdag la thim par bsam zhing／lcags sgrog gi phyag rgya byas la／ve tā lī pandha baṃ zhes brjod pas rang la thim／de nas／sma rī dril bu ’dzin pa mang po spros／dril bu’i sgra thams cad la khyab par bsam zhing／dril bu’i phyag rgya byas la／oṃ bha ga vāṃ ma hā kā ru ṇi ka　he vajra sa pa ri vā ra ghasma rī va śaṃ ku ru hoḥ zhes brjod pas ye zhes pa rnams rang la mnyes bzhin du bzhugs par bsam mo//

思自心中射出〔1〕多個 gaurī 母，皆持鐵鉤〔2〕，以鉤觸諸智尊〔3〕心，挽於近旁〔4〕，身結鐵鉤印，語〔5〕「ye hye hi bha ga vān ma hā kā ru ṇi ka he vajra sa pa ri vā ra」，於後二處〔6〕亦合，誦咒「gau rī ā karṣa ya ja」，使諸智尊至於己處。次思射出多個紅色 caurī 母，皆持羂索〔7〕，以羂索觸諸智尊頸，挽於近旁，以誦咒「cau rī pra be śa ya hūṃ」，至於勝妙殿。次思射出多個黃色 vetālī 母，皆持鐵鍊〔8〕，觸諸智尊之足，入於己身，結鐵鍊印，以誦咒「ve tā lī pandha baṃ」入於己身。復次思射出多個 ghasmarī 母，皆持鈴〔9〕，鈴聲遍及一切，結鈴印，誦咒「oṃ bha ga vāṃ ma hā kā ru ka he vajra〔10〕 sa pa ri vā ra ghasma va śaṃ ku ru ho」，使智尊歡居於己。

注釋：

〔1〕射出（[illegible]），西夏文字面意思是「放」，直譯藏文 སྤྲོས་（spros；放射、流散）。

〔2〕鐵鉤（[illegible]），直譯藏文 ལྕགས་ཀྱུ（lcags kyu；鐵鉤），梵文作 ankuśa，通常稱「金剛鉤」或「鐵象鉤」，傳統上與套索搭配使用，是用於降服的一對器具。

〔3〕智尊（[illegible]），西夏文字面意思是「智佛」，直譯藏文 ཡེ་ཤེས་པ（ye shes pa；智尊），即修行者修行時生起的智慧薩埵。《甘露泉》作「智眾」。

〔4〕挽於近旁（[illegible]），西夏文字面意思是「近攝」，直譯藏文 ཉེ་བར་བཀུག་པ（nye bar bkug pa；挽於近處）。《甘露泉》作「挽之近來」。

〔5〕語（[illegible]……[illegible]），西夏文字面意思是「言依……謂」，直譯藏文 ངག་ཏུ……ཞེས（ngag tu……zhes；謂……言），省略號表示具體要說的話。

〔6〕後二處（[illegible]），西夏文字面意思是「方下二」，對應藏文作 འོག་མ་གསུམ（’og ma gsum；以下三處、隨後三處），指於下文 caurī 母，vetālī 母以及 ghasmarī 母三處，亦要念誦此咒。未詳孰是。

〔7〕羂索（[illegible]），西夏文字面意思是「繩索」，直譯藏文 ཞགས་པ（zhags pa；羂索、套索），梵文作 pāśa，是一種有活結的套索，兩端通常有小鉤或鐵環為裝飾，常與金剛鉤搭配使用。

〔8〕鐵鍊（[illegible]），西夏文字面意思是「礦鐐」，對譯藏文 ལྕགས་སྒྲོག（lcags sgrog；鐵鍊、鐵鐐），是一種常見的降服器具，傳統上它常與羂索、金剛鉤和金剛鈴四個一組，用於降服儀式中。

〔9〕鈴（[illegible]），西夏文字面意思是「鳴鐘」，對譯藏文 དྲིལ་བུ（dril bu；鈴），《番漢合時掌中珠》亦對譯為「鈴」〔註 21〕。

〔10〕vajra，西夏文作「[illegible]」。該字不見於西夏字書，係譯經人臨時自造的合體俗字，實為「[illegible]」（jra）二字的省寫，以「[illegible]」字的上半部和下半部的左邊，另外加上「[illegible]」字的左半邊構成。

④ 灌頂種施主印大成就支

錄文與譯文：

[illegible]

四第，主受種主印作大修支者，復自心中 hūṃ 於光發，不動佛、眾明主、

[illegible]〔註 22〕[illegible]

寶　　　　光無量、義有成就等五種及，佛眼母、māmakī、白著母、救度母

[illegible]〔註 23〕[illegible]

四陰，慈氏、地中、障　　　　蓋除、普賢、手石王、觀自主、虛空中、妙音

[illegible]

八大菩提勇識，獄帝主、勝慧次作、花淨次作、損傷次作、不動次作、欲

[illegible]

王、杖青、力大、頂尊輪轉、害妙等十怒變，色石王、聲石王、香石王、味

[illegible]

石王、觸石王、法石王母六天母請。

〔註 21〕參見《番漢合時掌中珠》（甲種本），《俄藏黑水城文獻》第 10 冊，第 11 頁，上海古籍出版社，1999 年。

〔註 22〕「[illegible]」（寶），疑缺「[illegible]」（生）字，考藏文本作 རིན་ཆེན་འབྱུང་ལྡན（rin chen 'byung ldan；寶生、寶生如來），似當據補。

〔註 23〕「[illegible]」（瑪），疑為「[illegible]」（障）字之訛，考藏文本做 སྒྲིབ་པ（sgrib pa；障礙），似當據改。

བཞི་པ་དབང་བསྐུར་ནས་རིགས་བདག་གི་རྒྱས་གདབ་པ་སྒྲུབ་པ་ཆེན་པོའི་ཡན་ལག་ནི། ཡང་རང་གི་སྙིང་གའི་ཧཱུྃ་ལས་འོད་འཕྲོས་པས། མི་བསྐྱོད་པ། རྣམ་པར་སྣང་མཛད། རིན་ཆེན་འབྱུང་ལྡན། འོད་དཔག་མེད། དོན་ཡོད་གྲུབ་པ་སྟེ་རིགས་ལྔ། སྤྱན་མ། མཱ་མ་ཀཱི། གོས་དཀར་མོ། སྒྲོལ་མ་སྟེ་ཡུམ་བཞི། བྱམས་པ། སའི་སྙིང་པོ། སྒྲིབ་པ་རྣམ་སེལ། ཀུན་ཏུ་བཟང་པོ། ཕྱག་ན་རྡོ་རྗེ། སྤྱན་རས་གཟིགས། ནམ་མཁའི་སྙིང་པོ། འཇམ་དབྱངས་ཏེ་བྱང་ཆུབ་སེམས་དཔའ་བརྒྱད། གཤིན་རྗེ་གཤེད། ཤེས་རབ་མཐར་བྱེད། པདྨ་མཐར་བྱེད། བགེགས་མཐར་བྱེད། མི་གཡོ་བ། འདོད་པའི་རྒྱལ་པོ། དབྱུག་སྔོན་ཅན། སྟོབས་པོ་ཆེ། གཙུག་ཏོར་འཁོར་ལོས་སྒྱུར་བ། གནོད་མཛེས་ཏེ་ཁྲོ་བོ་བཅུ། གཟུགས་རྡོ་རྗེ། སྒྲ་རྡོ་རྗེ། དྲི་རྡོ་རྗེ། རོ་རྡོ་རྗེ། རེག་རྡོ་རྗེ། ཆོས་ཀྱི་དབྱིངས་ཀྱི་རྡོ་རྗེ་མ་སྟེ་ལྷ་མོ་དྲུག་སྤྱན་དྲངས།

bzhi pa dbang bskur nas rigs bdag gi rgyas gdab pa sgrub pa chen po'i yan lag ni／yang rang gi snying ga'i hūṃ las 'od 'phros pas／mi bskyod pa／rnam par snang mdzad／rin chen 'byung ldan／'od dpag med／don yod grub pa ste rigs lnga／spyan ma／mā ma kī／gos dkar mo／sgrol ma ste yum bzhi／byams pa／sa'i snying po／sgrib pa rnam sel／kun tu bzang po／phyag na rdo rje／spyan ras gzigs／nam mkha'i snying po／'jam dbyangs te byang chub sems dpa' brgyad／gshin rje gshed／shes rab mthar byed／padma mthar byed／bgegs mthar byed／mi gyo ba／'dod pa'i rgyal po／dbyug sngon can／stobs po che／gtsug tor 'khor los sgyur ba／gnod mdzes te khro bo bcu／gzugs rdo rje／sgra rdo rje／dri rdo rje／ro rdo rje／reg rdo rje／chos kyi dbyings kyi rdo rje ma ste lha mo drug spyan drangs／

第四，灌頂種施主印大成就支，復次，自心中 hūṃ 字發光，召請不動佛〔1〕、大日如來〔2〕、寶生〔3〕、無量光〔4〕、不空成就〔5〕等五佛〔6〕，以及佛眼母〔7〕、māmakī〔8〕、白衣母〔9〕、度母〔10〕等四母，慈氏〔11〕、地藏〔12〕、除蓋障〔13〕、普賢〔14〕、金剛手〔15〕、觀世音〔16〕、虛空藏〔17〕、文殊〔18〕等八大菩薩〔19〕，獄帝主〔20〕、慧究竟〔21〕、蓮究竟〔22〕、魔究竟〔23〕、不動〔24〕、欲王〔25〕、青杖〔26〕、大力〔27〕、頂髻轉輪〔28〕、妙害〔29〕等十忿怒明王〔30〕，色金剛母、聲金剛母、香金剛母、味金剛母、觸金剛母、法金剛母〔31〕等六天母。

注釋：

〔1〕不動佛（[illegible]），藏文作 མི་བསྐྱོད་པ（mi bskyod pa；不動、不動佛），爲五方如來之中的東方佛，通常爲藍色身相，梵文作 akṣobhya，又名阿閦佛，在藏傳佛教和密教信仰中，代表了密教五智中的「大圓鏡智」。《甘露泉》作「不動」。

〔2〕大日如來（[illegible]），西夏文字面意思是「眾明主」，藏文作 རྣམ་པར་སྣང་མཛད（rnam par snang mdzad；大日如來、明照佛），爲五方如來之一，位居中央，通常爲白色身相，梵文作 vairocana，又名毗盧遮那佛、盧舍那佛等，代表了密教五智中的「法界體性智」。《甘露泉》作「毘盧」。

〔3〕寶生（[illegible]），西夏文僅作「寶」，疑爲「[illegible]」（寶生）之缺，直譯藏文 རིན་ཆེན་འབྱུང་ལྡན（rin chen 'byung ldan；寶生佛、寶生如來），爲五方如來之中的南方佛，通常爲黃色身相，梵文作 ratna saṃbhava，代表了密教五智中的「平等性智」。

〔4〕無量光（[illegible]），西夏文字面意思是「光無量」，直譯藏文 འོད་དཔག་མེད（'od dpag med；無量光佛），爲五方如來中的西方佛，通常爲紅色身相，梵文作 amitābha（無量光），又作 amitāyus（無量壽），又名阿彌陀佛，代表了密教五智中的「妙觀察智」。

〔5〕不空成就（[illegible]），西夏文字面意思是「義有成就」，直譯藏文 དོན་ཡོད་གྲུབ་པ（don yod grub pa；義有成就、不空成就佛），爲五方如來中的北方佛，通常爲綠色身相，梵文作 amogha siddhi，代表了密教五智中的「成所作智」。

〔6〕五佛（[illegible]），西夏文字面意思是「五種」，直譯藏文 རིགས་ལྔ（rigs lnga；五種姓、五部佛），在密宗金剛界思想中，東南西北中五個方位，各有一個佛主持。即上文所提到的五佛。

〔7〕佛眼母（[illegible]），藏文作 སྤྱན་མ（spyan ma；眼母），是 སངས་རྒྱས་སྤྱན་མ（sangs rgyas spyan ma；佛眼母）的省稱，梵文作 buddha Locanā，爲密教胎藏界三部部母之一，在佛部中，金輪佛頂爲部主，佛眼母爲部母。

〔8〕māmakī（[illegible]），西夏文音譯梵文，意爲「我母」，漢譯作「麻麻吉」、「忙忙雞」等，爲密教胎藏界三部部母之一，在金剛部中，金剛手爲部主，māmakī 爲部母。《甘露泉》作「麻麻吉母」。

〔9〕白衣母（[illegible]），西夏文字面意思是「白著母」，對應藏文作 གོས་དཀར་མོ（gos dkar mo；白衣母、白衣觀音），爲密教胎藏界三部部母之一，在蓮華部中，馬頭觀音爲部主，白衣觀音爲部母。

〔10〕度母（[illegible]），西夏文字面意思是「救度母」，對應藏文作 སྒྲོལ་མ（sgrol ma；度母、救度佛母），梵文作 tārā，又譯爲「多羅菩薩」，是藏傳佛教中極爲重要的一位女性神靈。《甘露泉》作「救度母」。

〔11〕慈氏（[illegible]），西夏文直譯藏文 བྱམས་པ（byams pa；慈氏、慈愛），八大菩薩之一，梵文作 maitreya，又名彌勒菩薩，爲釋迦牟尼的繼任者，將在未來的娑婆世界降生成佛。

〔12〕地藏（□□），西夏文字面意思是「地中」，對應藏文作 སའི་སྙིང་པོ（sa'i snying po；地藏），其中 སྙིང་པོ（snying po）有「精華、中心」之意，八大菩薩之一，梵文作 kṣitigarbha，又名地藏王菩薩。

〔13〕除蓋障（□□□），西夏文字面意思是「障蓋除」，對應藏文作 སྒྲིབ་པ་རྣམ་སེལ（sgrib pa rnam sel；蓋障除），八大菩薩之一，梵文作 sarvanivaraṇa viṣkambhin，又名淨諸業障菩薩，能除貪欲、嗔恚、睡眠、掉悔、懷疑等一切蓋障。

〔14〕普賢（□□），對應藏文作 ཀུན་ཏུ་བཟང་པོ（kun tu bzang po；完美無缺、普賢），八大菩薩之一，梵文作 samantabhadra。

〔15〕金剛手（□□□），西夏文字面意思是「手石王」，對應藏文作 ཕྱག་ན་རྡོ་རྗེ（phyag na rdo rje；金剛在手、金剛手菩薩），八大菩薩之一，梵文作 vajrapāni，又名金剛手秘密主、金剛手大勢至、持金剛菩薩等，象徵著堅定不壞得菩提心。

〔16〕觀世音（□□□），西夏文字面意思是「觀自主」，對應藏文作 སྤྱན་རས་གཟིགས（spyan ras gzigs；觀音、觀世音），八大菩薩之一，梵文作 avalokiteśvara，又名觀自在菩薩，其大悲爲性，贍念眾生，救度一切苦厄。

〔17〕虛空藏（□□□），西夏文字面意思是「虛空中」，對應藏文作 ནམ་མཁའི་སྙིང་པོ（nam mkha'i snying po；虛空藏），八大菩薩之一，梵文作 ākāśagarbha，又名如意金剛等，其智慧廣大如虛空，財富遍滿三界，並與地藏菩薩相呼應。

〔18〕文殊（□□），西夏文字面意思是「妙音」，對應藏文作 འཇམ་དབྱངས（'jam dbyangs；妙音、文殊菩薩），八大菩薩之一，梵文作 mañjughoṣa，另有名號爲「□□□」（妙吉祥），對應藏文作 འཇམ་དཔལ་དབྱངས（'jam dpal dbyangs；妙吉祥、文殊菩薩）〔註 24〕，梵文作 mañjuśiri，代表智慧。

〔19〕八大菩薩（□□□□□□），西夏文字面意思是「八大菩提勇識」，對譯藏文作 བྱང་ཆུབ་སེམས་དཔའ་བརྒྱད（byang chub sems dpa' brgyad；八大菩薩），關於八大菩薩有多種說法，上文提及的八大菩薩依照的是《八大菩薩曼荼羅經》，通常佛教造像也多依此經。

〔20〕獄帝主（□□□），對應藏文作 གཤིན་རྗེ་གཤེད（gshin rje gshed；閻魔敵），十忿怒明王之一，梵文作 yamāntaka，又名降閻魔尊，藍色身相，三面六臂，位於東方，是大威德金剛的變體之一。

〔註 24〕詳見段玉泉《〈勝慧彼岸到功德寶集偈〉的夏漢藏文本跨語言對勘研究》，上海古籍出版社 2014 年版，第 102 頁。

〔21〕慧究竟（𗏁𗖵𗧓𗖚），西夏文字面意思是「勝慧次作」，對應藏文作 ཤེས་རབ་མཐར་བྱེད（shes rab mthar byed；降服勝慧），其中西夏文「𗧓𗖚」（次作）對應藏文 མཐར་བྱེད（mthar byed；降服、毀滅），十忿怒明王之一，梵文作 prajñāntaka，白色身相，三面六臂，位於南方。《甘露泉》作「惠究竟」。

〔22〕蓮究竟（𗂧𗇋𗧓𗖚），西夏文字面意思是「花淨次作」，對應藏文作 པདྨ་མཐར་བྱེད（padma mthar byed；降服蓮花），十忿怒明王之一，梵文作 padmāntaka，紅色身相，三面六臂，位於西方。

〔23〕魔究竟（𗵆𗂧𗧓𗖚），西夏文字面意思是「損傷次作」，對應藏文作 བགེགས་མཐར་བྱེད（bgegs mthar byed；降服魔鬼），十忿怒明王之一，梵文作 vighnāntaka，又名金剛除障明王，綠色身相，三面六臂，位於北方。

〔24〕不動（𗅋𗾈𗧓𗖚），西夏文字面意思是「不動次作」，對應藏文作 མི་གཡོ་བ（mi gyo ba；不動），十忿怒明王之一，梵文作 acala，藍色身相，三面六臂，位於東北方。

〔25〕欲王（𗐱𗴴），對應藏文作 འདོད་པའི་རྒྱལ་པོ（'dod pa'i rgyal po；欲王），十忿怒明王之一，梵文作 takkirāja，藍色身相，三面六臂，位於東南方。

〔26〕青杖（𗷰𗍳），西夏文字面意思是「杖青」，對應藏文作 དབྱུག་སྔོན་ཅན（dbyug sngon can；青杖者），十忿怒明王之一，梵文作 niladaṇḍa，藍色身相，三面六臂，位於西南方。

〔27〕大力（𗇋𗼃），西夏文字面意思是「力大」，對應藏文作 སྟོབས་པོ་ཆེ（stobs po che；大力），十忿怒明王之一，梵文作 mahābala，藍色身相，三面六臂，位於西北方。

〔28〕頂髻轉輪（𘂤𗹙𗪘𗖵），西夏文字面意思是「頂鐏輪轉」，對應藏文作 གཙུག་ཏོར་འཁོར་ལོས་སྒྱུར་བ（gtsug tor 'khor los sgyur ba；頂髻轉輪），十忿怒明王之一，梵文作 uṣṇiṣacakravartin，黃色身相，三面六臂，位於上方。

〔29〕妙害（𗂧𗢳），西夏文字面意思是「害妙」，對應藏文作 གནོད་མཛེས（gnod mdzes；妙害），十大忿怒明王之一，梵文作 sumbharāja，藍色身相，三面六臂，位於下方。

〔30〕十忿怒明王（𗰗𗧘𗖚），西夏文字面意思是「十怒變」，對應藏文作 ཁྲོ་བོ་བཅུ（khro bo bcu；十忿怒明王），關於十忿怒明王有不同說法，上文提到的十忿怒明王依照的是印度大班智達無畏作護（abhayākaragupta，1084～1130）所編撰的《眞實瑜伽論》（niṣpannayogāvalī）〔註 25〕。

〔註 25〕參見 Benoytosh Bhattacharyya, *The Indian Buddhist Iconography*, Calcutta：Firma K. L. Mukhopadhyay, 1968, p251～256.

〔31〕法金剛母（[illegible]），西夏文字面意思是「法石王母」，對應藏文作 ཆོས་ཀྱི་དབྱིངས་ཀྱི་རྡོ་རྗེ་མ（chos kyi dbyings kyi rdo rje ma；法界金剛母）。

錄文與譯文：

[illegible]

gau rī 等以前如供養：「嗔怒石王贊敬禮，貪吝石王贊敬禮，愚癡石王我之賜，貪欲石王我之護，意及嫉妒廣大及，石王皆之記句尊，作事一切實成令，石王持者我之喜」，謂以高贊。

[illegible]

「壞有如來一切皆，壞有自性大者等，大悲自性眾者等，我之訓誡受令歌」

[illegible]

謂及「oṃ　sarba　ta thā　ga　ta　a　bhi ṣiñcantu māṃ」謂供養依五種業作。

[illegible]

「諸如來者一切之，三密處於所出現，三界皆之敬禮可，石王主戒廣大賜」，

[illegible]

「oṃ　vajrī　bha va　a　bhi　ṣiñca　hūṃ」謂誦。

གཽ་རཱི་ལ་སོགས་པས་སྔར་བཞིན་དུ་མཆོད། ཞེ་སྡང་རྡོ་རྗེར་ཕྱག་འཚལ་བསྟོད། གཏི་མུག་རྡོ་རྗེར་ཕྱག་འཚལ་བསྟོད། སེར་སྣ་རྡོ་རྗེ་བདག་ལ་གསོལ། འདོད་ཆགས་རྡོ་རྗེ་བདག་ལ་སྐྱོབས། ཡིད་དང་ཕྲག་དོག་ཆེན་པོ་ཀུན། རྡོ་རྗེ་ཀུན་གྱི་དམ་ཚིག་མགོན། ལས་རྣམས་ཐམས་ཅད་སྒྲུབ་བྱེད་པ། རྡོ་རྗེ་ཅན་ཀུན་བདག་དགྱེས་མཛོད། ཅེས་པས་བསྟོད། བཅོམ་ལྡན་དེ་བཞིན་གཤེགས་པ་ཀུན། བཅོམ་ལྡན་བདག་ཉིད་ཆེན་པོ་རྣམས། ཐུགས་རྗེའི་རང་བཞིན་ཅན་རྣམས་ཀྱི། ཁྱོད་ཀྱིས་བདག་ལ་དབང་བསྐུར་སྩོལ། ཞེས་པ་དང་། ཨོཾ་སརྦ་ཏ་ཐཱ་ག་ཏ་ཨ་བྷི་ཥིཉྩནྟུ་མཱཾ་ཞེས་གསོལ་བ་བཏབ་པས་རིགས་ལྔས། སངས་རྒྱས་རྣམས་ནི་ཐམས་ཅད་ཀྱི། གསང་གསུམ་གནས་ལས་བྱུང་བ་ཡི། ཁམས་གསུམ་ཀུན་གྱིས་ཕྱག་བྱས་པའི། རྡོ་རྗེའི་དབང་བསྐུར་ཆེན་པོ་སྦྱིན། ཨོཾ་བཛྲཱི་བྷ་ཝ་ཨ་བྷི་ཥིཉྩ་ཧཱུཾ་ཞེས་གསུང་ཞིང་།

gau rī la sogs pas sngar bzhin du mchod／zhe sdang rdo rjer phyag ’tshal bstod／gti mug rdo rjer phyag ’tshal bstod／ser sna rdo rje bdag la gsol／’dod chags rdo rje bdag la skyobs／yid dang phrag dog chen po kun／rdo rje kun gyi dam tshig mgon／las rnams thams cad sgrub byed pa／rdo rje can kun bdag dgyes mdzod／ces pas bstod／bcom ldan de bzhin gshegs pa kun／bcom ldan bdag nyid chen po rnams／thugs rje’i rang bzhin can rnams kyi／khyod kyis bdag la dbang bskur stsol／zhes pa dang／oṃ sarba ta thā ga ta a bhi ṣiñcantu māṃ zhes gsol ba btab bas rigs lngas／sangs rgyas rnams ni thams cad kyi／gsang gsum gnas las byung ba yi／khams gsum kun gyis phyag byas pa'i／rdo rje'i dbang bskur chen bo sbyin／oṃ vajrī bha va a bhi ṣiñca hūṃ zhes gsung zhin／

gaurī 等如前供養，頌讚謂曰：「禮讚嗔金剛，禮讚吝金剛，癡金剛賜我〔1〕，貪金剛護我，意及大嫉妒，金剛三昧怙〔2〕，成就一切業，金剛持悅我」。

次供養謂：「如來薄伽梵〔3〕，薄伽自性者，諸慈悲性尊，授予我訓誡〔4〕」及「oṃ sarba ta thā ga ta a bhi ṣiñcantu māṃ」。

五佛誦謂〔5〕：「一切如來者，現於三密處〔6〕，三界皆禮敬，賜金剛灌頂〔7〕」，「oṃ bjrī bha va a bhi ṣiñca hūṃ」。

注釋：

〔1〕對應藏文作 ཞེ་སྡང་རྡོ་རྗེར་ཕྱག་འཚལ་བསྟོད། གཏི་མུག་རྡོ་རྗེར་ཕྱག་འཚལ་བསྟོད། སེར་སྣ་རྡོ་རྗེ་བདག་ལ་གསོལ།（zhe sdang rdo rjer phyag 'tshal bstod／gti mug rdo rjer phyag 'tshal bstod／ser sna rdo rje bdag la gsol；禮讚嗔金剛，禮讚癡金剛，吝金剛賜我），《甘露泉》作「稽首嗔金剛，稽首吝金剛，癡金剛憐我」。

〔2〕三昧怙（[illegible][illegible][illegible]），西夏文字面意思是「記句尊」，對應藏文作 དམ་ཚིག་མགོན（dam tshig mgon；誓言怙主），其中「[illegible]」（尊）對應藏文 མགོན（mgon；怙主），指維護誓言的保護神，與「[illegible][illegible][illegible]」（記句佛），藏文作 དམ་ཚིག་པ（dam tshig pa；誓言尊、三昧尊）有所區別。

〔3〕薄伽梵（[illegible][illegible]），西夏文字面意思是「壞有」，直譯藏文 བཅོམ་ལྡན（bcom ldan；有壞），佛的別號之一，完整作 བཅོམ་ལྡན་འདས（bcom ldan 'das；出有壞）。

〔4〕訓誡（[illegible][illegible]），對應藏文作 དབང་བསྐུར（dbang bskur；灌頂），未詳孰是。此偈《甘露泉》作「如來婆伽梵，婆伽自性者，惟願大悲尊，與我受灌頂」。

〔5〕五佛誦謂（[illegible][illegible][illegible][illegible]……[illegible][illegible]），西夏文字面意思是「五種業作……謂誦」，直譯藏文 རིགས་ལྔས……ཞེས་གསུང（rigs lngas……zhes gsung；五佛……謂誦），五佛即上文提到的大日如來等五方佛，「[illegible][illegible]」（業作）直譯藏文作格助詞（བྱེད་སྒྲ byed sgra）「ས」（-s），表示施動者爲「五佛」。「[illegible][illegible]」（謂誦）之前的內容即施動者「五佛」所說的內容。

〔6〕三密處（[illegible][illegible][illegible]），對應藏文作 གསང་གསུམ་གནས（gsang gsum gnas；三密處），指密教所提的秘密三業，即身密、口密和意密。

〔7〕灌頂（[illegible]），西夏文字面意思是「主戒」，對應藏文作 དབང་བསྐུར（dbang bskur；灌頂），疑爲「[illegible]」（主受）之訛，未詳孰是。此偈《甘露泉》作「從於諸如來，三密中出現，三界悉敬禮，金剛灌授汝」。

錄文與譯文：

[illegible]
瓶水以頂灌主受令，明妃石王歌作，菩提勇識等吉祥偈誦，怒變損傷拒，

[illegible]〔註26〕[illegible]
六天母業作供養。主受水眉　　間於至，身垢淨，瓶主得。

「[illegible]
「頂中輪者不動是，耳環自性光無量，頸於瓔珞寶生是，手於臂釧眾明主，

[illegible]
鑿束於者義有住，諸支皆於石王持」。六印清淨思念所。主受水喉於至，語垢淨，

[illegible]
密主得。

「[illegible]
「臍中化輪，業手印；心間法輪，法手印；喉間報輪，記句手印；頂間大樂

[illegible]
輪，大手印」，謂四輪清淨思念所。主受水心中至，額垢淨，慧智主受。

[illegible]
目癡石王等處清淨思念所，主受水足底至，身語意三之垢淨，四第主得。

བུམ་པའི་ཆུས་སྤྱི་བོ་ནས་དབང་བསྐུར། རིག་མས་རྡོ་རྗེའི་གླུ་བླངས། བྱང་ཆུབ་སེམས་དཔའ་རྣམས་ཀྱིས་བཀྲ་ཤིས་བརྗོད། ཁྲོ་བོས་བགེགས་བསྐྲད། ལྷ་མོ་དྲུག་གིས་མཆོད་ནས་དབང་བསྐུར། དབང་བསྐུར་བའི་ཆུ་རྒྱུན་དེས་སྨིན་མཚམས་ཡན་ཆད་གང་། ལུས་ཀྱི་དྲི་མ་དག བུམ་པའི་དབང་ཐོབ། སྤྱི་བོའི་འཁོར་ལོ་མི་བསྐྱོད་པ། རྣ་ཆའི་བདག་ཉིད་འོད་དཔག་མེད།། མགུལ་གྱི་ཐྲེང་བ་རིན་ཆེན་བདག ལག་པ་རྣམ་པར་སྣང་མཛད་བརྗོད། སྐ་རགས་ལ་ནི་དོན་ཡོད་གནས། ཡན་ལག་ཀུན་ལ་རྡོ་རྗེ་འཛིན། ཞེས་རྒྱན་དྲུག་གི་དག་པར་དྲན་པར་བྱ། དབང་བསྐུར་བའི་ཆུ་རྒྱུན་དེས་མགྲིན་པ་ཡན་ཆད་གང་། ངག་གི་དྲི་མ་དག གསང་བའི་དབང་ཐོབ། ལྟེ་བ་སྤྲུལ་པའི་འཁོར་ལོ་ལས་ཀྱི་ཕྱག་རྒྱ། སྙིང་ག་ཆོས་ཀྱི་འཁོར་ལོ་ཆོས་ཀྱི་ཕྱག་རྒྱ། མགྲིན་པ་ལོངས་སྤྱོད་ཀྱི་འཁོར་ལོ་དམ་ཚིག་གི་ཕྱག་རྒྱ། སྤྱི་བོ་བདེ་བ་ཆེན་པོའི་འཁོར་ལོ་ཕྱག་རྒྱ་ཆེན་པོ་ཞེས། འཁོར་ལོ་བཞིའི་དག་པ་དྲན་པར་བྱ། དབང་བསྐུར་བའི་ཆུ་རྒྱུན་དེས། སྙིང་ག་ཡན་ཆད་གང་། ཡིད་ཀྱི་དྲི་མ་དག ཤེས་རབ་ཡེ་

〔註26〕「[illegible]」（寬），疑爲「[illegible]」（眉）字之訛，考藏文本作 smin mtshams（眉間），似當據改。

ཤེས་ཀྱི་དབང་ཐོབ། མིག་ཏུ་གཏི་མུག་རྡོ་རྗེ་མ་ལ་སོགས་པ་སྐྱེ་མཆེད་ཀྱི་དག་པ་དྲན་པར་བྱ། དབང་བསྐུར་བའི་ཆུ་རྒྱུན་དེས་རྐང་མཐིལ་ཡན་ཆད་གང་། ལུས་ངག་ཡིད་གསུམ་གྱི་དྲི་མ་དག དབང་བཞི་པ་ཐོབ།

bum pa'i chus spyi bo nas dbang bskur／rig mas rdo rje'i glu blangs／byang chub sems dpa' rnams kyis bkra shis brjod／khro bos bgegs bskrad／lha mo drug gis mchod nas dbang bskur／dbang bskur ba'i chu rgyun des smin mtshams yan chad gang／lus kyi dri ma dag／bum pa'i dbang thob／spyi bo'i 'khor lo mi bskyod pa／rna cha'i bdag nyid 'od dpag med／mgul gyi phreng ba rin chen bdag／lag pa rnam par snang mdzad brjod／ska rags la ni don yod gnas／yan lag kun la rdo rje 'dzin／zhes rgyan drug gi dag par dran par bya／dbang bskur ba'i chu rgyun des mgrin pa yan chad gang／ngag gi dri ma dag／gsang ba'i dbang thob／lte ba sbrul pa'i 'khor lo las kyi phyag rgya／snying ga chos kyi 'khor lo chos kyi phyag rgya／mgrin pa longs spyod kyi 'khor lo dam tshig gi phyag rgya／spyi bo bde ba chen po'i 'khor lo phyag rgya chen po zhes／'khor lo bzhi'i dag pa dran par bya／dbang bskur ba'i chu rgyun des／snying ga yan chad gang／yid kyi dri ma dag／shes rab ye shes kyi dbang thob／mig tu gti mug rdo rje ma la sogs pa skye mched kyi dag pa dran par bya／dbang bskur ba'i chu rgyun des rkang mthil yan chad gang／lus ngag yid gsum gyi dri ma dag／dbang bzhi pa thob//

以瓶中水澆頭灌頂，明妃唱金剛歌〔1〕，菩薩等頌吉祥偈，忿怒明王驅魔〔2〕，六天母〔3〕作供養，灌頂水至眉間，清淨身垢，得瓶灌頂〔4〕。

憶念六印〔5〕清淨：「頂輪〔6〕是不動，耳環無量光，項鍊即寶生，臂釧盧舍那〔7〕，腰帶〔8〕不空〔9〕住，五體〔10〕金剛持」。灌頂水至於喉，清淨語垢，得秘密灌頂〔11〕。

憶念四輪清淨：「臍間變化輪〔12〕，即業印〔13〕；心間法輪〔14〕，即法印〔15〕；喉間受用輪〔16〕，即三昧耶印〔17〕；頂間大樂輪〔18〕，即大手印〔19〕」。灌頂水至心間，清淨意垢，得智慧灌頂〔20〕。

憶念眼處癡金剛母等處〔21〕，灌頂水至足底，清淨身、語、意三垢，得第四灌頂〔22〕。

注釋：

〔1〕金剛歌（[illegible]），西夏文字面意思是「石王歌」，直譯藏文 རྡོ་རྗེའི་གླུ（rdo rje'i glu；金剛歌），即宣說空樂情景的歌詞。《甘露泉》作「金剛曲」。

〔2〕忿怒明王驅魔（𗧓𗉘𗟻𗗚𗭪），西夏文字面意思是「怒變損傷拒」，對譯藏文 ཁྲོ་བོས་བགེགས་བསྐྲད（khro bos bgegs bskrad；忿怒明王驅魔），「𗧓𗉘」即「憤怒明王」，「𗟻𗗚𗭪」對譯藏文 བགེགས་བསྐྲད（bgegs bskrad；拒魔、驅魔），即密乘修壇、灌頂之初，修行者自起佛慢，放出憤怒明王會眾，對阻礙修習密宗道場的一切邪魔，釋放食子，驅往遠方。《甘露泉》作「十忿怒遣魔」。

〔3〕六天母（𗏁𗹦𗼃），即色、聲、香、味、觸、法等六金剛天母。

〔4〕瓶灌頂（𗱕𗪙），西夏文字面意思是「瓶主」，直譯藏文 བུམ་པའི་དབང（bum pa'i dbang；瓶灌頂），「𗪙」即「𗪙𗼵」（灌頂）之省稱。瓶灌頂乃密宗初級的灌頂，其目的是爲了清除初入於密乘弟子心中的種種凡夫俗念，爲第一步開發其佛性的灌頂。

〔5〕六印（𗏁𗧯），西夏文字面意思是「六印」，對應藏文爲 རྒྱན་དྲུག（rgyan drug；六莊嚴），未詳孰是，此處依西夏文譯。《甘露泉》作「六印」。

〔6〕頂輪（𗰜𗗙𗠁），西夏文字面意思是「頂中輪」，直譯藏文 སྤྱི་བོའི་འཁོར་ལོ（spyi bo'i 'khor lo；頂輪），推測爲頭頂上的一種裝飾。

〔7〕盧舍那（𗡞𗥤𗪙），西夏文字面意思是「眾明主」，即 རྣམ་པར་སྣང་མཛད（rnam par snang mdzad；大日如來）。

〔8〕腰帶（𗒘𗠇），西夏文字面意思是「氅束」，對應藏文作 སྐ་རགས（ska rags；腰帶、衣帶）。《甘露泉》作「束帶」。

〔9〕不空（𗏹𗦻），西夏文字面意思是「義有」，即「𗏹𗦻𗰜𗼨」（不空成就）之省稱。

〔10〕五體（𗅋𗖵），西夏文字面意思是「諸支」，對應藏文作 ཡན་ལག་ཀུན（yan lag kun；所有肢體），即「頭與四肢」。

〔11〕秘密灌頂（𗼃𗪙），西夏文字面意思是「密主」，直譯藏文 གསང་བའི་དབང（gsang ba'i dbang；秘密灌頂）。秘密灌頂爲密宗的第二級灌頂，其目的是使密宗修行者可以修習「脈」、「氣」和「明點」三種細相。

〔12〕臍間變化輪（𗗙𗗙𗫻𗠁），西夏文字面意思是「臍中化輪，直譯藏文 ལྟེ་བ་སྤྲུལ་པའི་འཁོར་ལོ（lte ba sbrul pa'i 'khor lo；臍間變化輪），即密宗所說臍間由中脈分出六十四脈瓣構成的倒傘形脈輪。《甘露泉》作「臍化輪」。

〔13〕業印（𗧊𗤋𗧯），西夏文字面意思是「業手印」，對應藏文作 ལས་ཀྱི་ཕྱག་རྒྱ（las kyi phyag rgya；業印），即業印瑜伽，密宗瑜伽部四印瑜伽之一，消除前五識之一切迷亂，現見成所作智。《甘露泉》作「行手印」。

〔14〕心間法輪（[illegible]），對應藏文作 སྙིང་ག་ཆོས་ཀྱི་འཁོར་ལོ（snying ga chos kyi 'khor lo；心間法輪），即密宗所說心間中脈分出八支脈瓣構成的張傘形脈輪。《甘露泉》作「心法輪」。

〔15〕法印（[illegible]），西夏文字面意思是「法手印」，對應藏文作 ཆོས་ཀྱི་ཕྱག་རྒྱ（chos kyi phyag rgya；法印），即語法印瑜伽，密宗瑜伽部四印瑜伽之一，消除意識客塵迷亂，現見妙觀察智。《甘露泉》作「法手印」。

〔16〕喉間受用輪（[illegible]），西夏文字面意思是「喉間報輪」，對應藏文作མགྲིན་པ་ལོངས་སྤྱོད་ཀྱི་འཁོར་ལོ（mgrin pa longs spyod kyi 'khor lo；喉間受用輪），即密宗所說喉間中脈分出十六支脈瓣構成的倒傘形脈輪。《甘露泉》作「喉報輪」。

〔17〕三昧耶印（[illegible]），西夏文字面意思是「記句手印」，對應藏文作 དམ་ཚིག་གི་ཕྱག་རྒྱ（dam tshig gi phyag rgya；三昧耶印），即意誓印瑜伽，密宗瑜伽部四印瑜伽之一，消除意中迷亂，現見平等性智。《甘露泉》作「三昧手印」。

〔18〕頂間大樂輪（[illegible]），對應藏文作 སྤྱི་བོ་བདེ་བ་ཆེན་པོའི་འཁོར་ལོ（spyi bo bde ba chen po'i 'khor lo；頂間大樂輪），即即密宗所說頂上眉間中脈分出三十二支脈瓣構成的張傘形脈輪。《甘露泉》作「頂大樂輪」。

〔19〕大手印（[illegible]），對應藏文作 ཕྱག་རྒྱ་ཆེན་པོ（phyag rgya chen po；大手印），即身大印瑜伽，密宗瑜伽部四印瑜伽之一，消除阿賴耶識中客塵迷亂，現見自性大圓鏡智。

〔20〕智慧灌頂（[illegible]），西夏文字面意思是「慧智主」，對應藏文作 ཤེས་རབ་ཡེ་ཤེས་ཀྱི་དབང་（shes rab ye shes kyi dbang；智慧灌頂）。智慧灌頂爲密宗的第三級灌頂，其目的是使密宗修行者可以修習「雙身法」，使得智慧之氣進入中脈，衝擊智慧明點，依次開啓密、臍、心、喉、頂、頂髻六個脈輪。

〔21〕眼處癡金剛母等處（[illegible]），即除眼處癡金剛母外，依次爲耳處嗔金剛母、鼻處吝金剛母、口處貪金剛母、額處妒金剛母、意處金剛無我母。

〔22〕第四灌頂（[illegible]），西夏文字面意思是「四第主」，對應藏文作 དབང་བཞི་པ（dbang bzhi pa；第四灌頂）。第四灌頂又名「語句灌頂」或「句義灌頂」，其目的是清除密宗修習的細微法障，顯現自身如來藏。

錄文與譯文：

[illegible]

水殘上遺，中尊陽陰二，gaurī、pukkasī 等不動佛以印作；caurī 與 śavarī 於眾

[illegible]
明主；vetālī 與 caṇḍalī 於寶生佛；ghasmarī 與 dombinī 於光無量以頂嚴思。次佛
[illegible]
與中圍現中自性無，霓虹如於緣以意定入所。色身得之道增長次。

ཆུ་ལྷག་མ་ཡར་ལུད་པ་ལས། གཙོ་བོ་ཡབ་ཡུམ་གཉིས། གཽ་རཱི་དང་པུཀྐ་སཱི་ལ་མི་བསྐྱོད་པ། ཙཽ་རཱི་དང་ཤ་བ་རཱི་ལ་རྣམ་པར་སྣང་མཛད། བེ་ཏཱ་ལཱི་དང་ཙཎྜ་ལཱི་ལ་རིན་ཆེན་འབྱུང་ལྡན། སྨ་རཱི་དང་ཌོཾ་བི་ནཱི་ལ་འོད་དཔག་ཏུ་མེད་པས་དབུར་བརྒྱན་པར་བསམ། དེ་ནས་ལྷ་དང་དཀྱིལ་འཁོར་རྣམས་སྣང་ལ་རང་བཞིན་མེད་པ་འཇའ་ཚོན་དང་འདྲ་བ་ལ། དམིགས་པ་གཏད་ལ་ཡིད་མཉམ་པར་བཞག་གོ། གཟུགས་ཀྱི་སྐུ་མངོན་དུ་བྱེད་པའི་ལམ་བསྐྱེད་པའི་རིམ་པའོ།།

chu lhag ma yar lud pa las／gtso bo yab yum gnyis／gau rī dang pukka sī la mi bskyod pa／cau rī dang śa va rī la rnam par snang mdzad／ve tā lī dang caṇḍa lī la rin chen ’byung ldan／sma rī dang dom bi nī la ’od dpag tu med pas dbur brgyan par bsam／de nas lha dang dkyil ’khor rnams snang la rang bzhin med pa ’ja’ tshon dang ’dra ba la／dmigs pa gtad la yid mnyam par bzhag go// gzugs kyi sku mngon du byed pa’i lam bskyed pa’i rim pa’o//

餘水上溢，成父母二尊，思 gaurī 與 pukkasī 頂嚴不動佛；caurī 與 śavarī 頂嚴大日如來；vetālī 與 caṇḍalī 頂嚴寶生佛；ghasmarī〔1〕與 dombinī 頂嚴無量光。次意入定，一心緣想佛及壇城，現無自性，猶如霓虹。證得〔2〕色身增長次第道。

注釋：

〔1〕藏文本作 smarī。

〔2〕證得（[illegible]），西夏文字面意思是「得」，對應藏文作 མངོན་དུ་བྱེད་པ（mngon du byed pa；現起、證得），依藏文譯。

二、入定之圓滿次第

錄文與譯文：

[illegible]
次聚竟次修次法者，身交坐，手等持印，關節直，身梏輪以內外亂捨，身中
[illegible]
頂生臍至，a va dhū tī 脈極細顯現，明點得以滿。彼之右向，味母火自性血以滿紅，

[illegible]

左展母水自性菩提心以滿白。三脈顯令。

དེ་ནས་རྫོགས་པའི་རིམ་པ་བསྒོམ་པའི་ཚུལ་ནི། ལུས་སྐྱིལ་ཀྲུང་། ལག་པ་མཉམ་གཞག། སྒལ་ཚིགས་དྲང་པོར་བསྲངས་ཏེ། ལུས་ཀྱི་འཕྲུལ་འཁོར་དང་ལྡན་པས་ཕྱི་ནང་གི་རྣམ་གྱེང་སྤངས་ནས། རང་གི་ལུས་ཀྱི་དབུས་ཀྱི་ཆ་ལ་སྤྱི་གཙུག་ནས་ལྟེ་བའི་བར་དུ་རྩ་ཨ་ཝ་དྷཱུ་ཏཱི་ཤིན་ཏུ་ཕྲ་ཞིང་གསལ་བ་ཐིག་ལེའི་དྭངས་མས་གང་བ། དེའི་གཡས་སུ་རོ་མ། མེའི་རང་བཞིན་རཀྟས་གང་བ་དམར་པོ། གཡོན་དུ་རྐྱང་མ་ཆུའི་རང་བཞིན་བྱང་ཆུབ་ཀྱི་སེམས་ཀྱིས་གང་བ་དཀར་པོ་སྟེ་རྩ་གསུམ་གསལ་གདབ།

de nas rdzogs pa'i rim pa bsgom pa'i tshul ni／lus skyil krung／lag pa mnyam gzhag／sgal tshigs drang por bsrangs te／lus kyi 'phrul 'khor dang ldan pas phyi nang gi rnam gyeng spangs nas／rang gi lus kyi dbus kyi cha la spyi gtsug nas lte ba'i bar du rtsa a va dhū tī shin tu phra zhing gsal ba thig le'i dwangs mas gang ba／de'i gyas su ro ma／me'i rang bzhin raktas gang ba dmar po／gyon du rkyang ma chu'i rang bzhin byang chub kyi sems kyis gang ba dkar po ste rtsa gsum gsal gdab／

復次，圓滿次第修習之法〔1〕者，身跏趺坐〔2〕，手禪定印〔3〕，脊柱〔4〕豎直，以身之幻輪〔5〕捨內外散亂，身中〔6〕由頂至臍，顯現極細中脈〔7〕，盈滿明點。彼之右，有紅色火性血脈〔8〕，盈滿鮮血，彼之左，有白色水性精脈〔9〕，盈滿菩提心〔10〕。三脈顯現如上。

注釋：

〔1〕修習之法（[illegible]），西夏文字面意思是「修次法」，對應藏文作 བསྒོམ་པའི་ཚུལ（bsgom pa'i tshul；修習之法）。

〔2〕跏趺坐（[illegible]），西夏文字面意思是「交坐」，對應藏文作 སྐྱིལ་ཀྲུང་（skyil krung；盤腿坐姿、跏趺坐），諸佛皆依此法而坐，又稱如來坐、佛坐，其坐法即雙膝彎曲，兩足掌向上。

〔3〕禪定印（[illegible]），西夏文字面意思是「等持印」，「[illegible]」（等持）對應藏文མཉམ་གཞག（mnyam gzhag；禪定、等引），故譯作「禪定印」。是佛陀等入禪定時所結的手印，其方式爲跏趺坐姿，雙手平放於腿上，一掌置於另一掌之上。

〔4〕脊柱（[illegible]），西夏文字面意思是「關節」，對應藏文作 སྒལ་ཚིགས（sgal tshigs；脊柱）。《甘露泉》作「骨脊」。

〔5〕幻輪（[illegible]），西夏文字面意思是「梏輪」，疑爲「[illegible]」（幻輪）之訛，對應藏文作 འཕྲུལ་འཁོར（'phrul 'khor；幻輪），故依藏文譯。此句《甘露泉》譯作「如是具備身相威儀」，與藏文本、西夏文本皆不合。

〔6〕身中（[illegible]），對應藏文作 རང་གི་ལུས་ཀྱི་དབུས་ཀྱི་ཆ（rang gi lus kyi dbus kyi cha；自身之中央）。

〔7〕中脈（[illegible]），西夏文音譯梵文 avadhūtī，藏文又作 རྩ་དབུ་མ（rtsa dbu ma；中脈）。中脈是一切脈之母脈，居於人體中心，是一條連接頂輪至密輪的想像脈道，也有連接七脈輪之說，即頂輪（sahasrāra）、眉心輪（ājñā）、喉輪（viśuddha）、心輪（anāhata）、臍輪（maṇipūra）、密輪（svādhiṣṭhāna）與海底輪（mūlādhāra），在實際修行中，往往只觀修其中的四輪或五輪、而在《喜金剛現證如意寶》中，只觀修了頂輪、喉輪、心輪和臍輪四輪。《甘露泉》作「啞都諦」。

〔8〕血脈（[illegible]），西夏文字面意思是「味母」，直譯藏文 རོ་མ（ro ma；血脈），是黑色命脈等一切血脈所依附的主要脈道之一，男在中脈之左，女在中脈之右，是運轉血液的脈道，其色紅，其本性爲修習智慧分。《甘露泉》作「滋味母」。

〔9〕精脈（[illegible]），西夏文字面意思是「展母」，直譯藏文 རྐྱང་མ（rkyang ma；精脈），是人體白色精液等水界所依附的主要脈道之一，男在中脈之右，女在中脈之左，是運轉精液的脈道，其色白，其本性爲修行之方面分。《甘露泉》作「舒展母」。

〔10〕菩提心（[illegible]），西夏文直譯藏文 བྱང་ཆུབ་ཀྱི་སེམས（byang chub kyi sems；菩提之心），這裡實指「精液」，有別於以利他爲緣，證菩提爲相而生起的希求成佛的殊勝願望。《甘露泉》作「菩提」。

錄文與譯文：

[illegible]

次 a va dhū tī 於依，臍中化輪六十四葉，脈之臍中，a 字紅，火自性頭上趣，

[illegible]

內周八葉上，a ka ca ṭa ta pa ya śa，外周葉上，ā li 二倍，kā li 一倍，中 ha kṣa 二字

[illegible]

除；心間法輪八葉，脈之臍中，hūṃ 字黑，頭下趣，四方 bhrūṃ āṃ jrīṃ khaṃ，四隅

[illegible]
上 laṃ maṃ paṃ tāṃ；喉間報輪十六葉，脈之臍中，oṃ 字紅，頭上趣，葉上 ā li 一
[illegible]〔註27〕[illegible]
倍；頂間大樂　　三十二葉，脈之臍中，haṃ 字白，頭下趣，葉上 ā li 二
[illegible]
倍思。彼如脈、輪等顯令。

དེ་ནས་ཨ་ཝ་དྷཱུ་ཏཱི་ལ་བརྟེན་པའི་ལྟེ་བ་སྤྲུལ་པའི་འཁོར་ལོ། རྩ་འདབ་དྲུག་ཅུ་རྩ་བཞི་པའི་ལྟེ་བར་ཨ་དམར་པོ་མེའི་རང་བཞིན་མགོ་གྱེན་ལ་ལྟ་བ། ནང་སྐོར་གྱི་འདབ་མ་བརྒྱད་ལ། ཨ་ཀ་ཙ་ཊ་ཏ་པ་ཡ་ཤ། ཕྱིའི་འདབ་མ་ལ་ཨཱ་ལི་ཕྲག་གཉིས། ཀཱ་ལི་ཕྲག་གཅིག་ལ་ཧ་དང་ཀྵ་སྤངས་པ། སྙིང་གར་ཆོས་ཀྱི་འཁོར་ལོ་རྩ་འདབ་བརྒྱད་པའི་ལྟེ་བར། ཧཱུྃ་ནག་པོ་མགོ་ཐུར་དུ་ལྟ་བ། ཕྱོགས་བཞིར་བྷྲཱུྃ་ཨཱྃ་ཛྲཱིྃ་ཁཾ། མཚམས་བཞིར་ལཾ་མཾ་པཾ་ཏཱྃ། མགྲིན་པར་ལོངས་སྤྱོད་ཀྱི་འཁོར་ལོ་རྩ་འདབ་བཅུ་དྲུག་པའི་ལྟེ་བར་ཨོཾ་དམར་པོ་མགོ་གྱེན་དུ་ལྟ་བ། འདབ་མ་ལ་ཨཱ་ལི་ཕྲག་གཅིག། སྤྱི་བོར་བདེ་བ་ཆེན་པོའི་འཁོར་ལོ། རྩ་འདབ་སུམ་ཅུ་རྩ་གཉིས་པའི་ལྟེ་བར་ཧཾ་དཀར་པོ་མགོ་ཐུར་ལ་ལྟ་བ། འདབ་མ་ལ་ཨཱ་ལི་ཕྲག་གཉིས་བསམ། དེ་ལྟར་རྩ་དང་འཁོར་ལོ་རྣམས་གསལ་བཏབ་ནས།

de nas a va dhū tī la brten pa'i lte ba sprul pa'i 'khor lo／rtsa 'dab drug cu rtsa bzhi pa'i lte bar a dmar po me'i rang bzhin mgo gyen la lta ba／nang skor gyi 'dab ma brgyad la／a ka ca ṭa ta pa ya śa／phyi'i 'dab ma la ā li phrag gnyis／kā li phrag gcig la ha dang kṣa spangs pa／snying gar chos kyi 'khor lo rtsa 'dab brgyad pa'i lte bar／hūṃ nag po mgo thur du lta ba／phyogs bzhir bhrūṃ āṃ jrīṃ khaṃ／mtshams bzhir laṃ maṃ paṃ tāṃ／mgrin par longs spyod kyi 'khor lo rtsa 'dab bcu drug pa'i lte bar oṃ dmar po mgo gyen du lta ba／'dab ma la ā li phrag gcig／spyi bor bde ba chen po'i 'khor lo／rtsa 'dab sum cu rtsa gnyis pa'i lte bar haṃ dkar po mgo thur la lta ba／'dab ma la ā li phrag gnyis bsam／de ltar rtsa dang 'khor lo rnams gsal btab nas／

復次，觀想依中脈，有臍間變化輪，六十四脈葉，輪臍中〔1〕，有紅色火性 a 字，其頭朝上，內八葉上，有 a ka ca ṭa ta pa ya śa，外葉之上，兩遍〔2〕ā li，一遍 kā li，中間〔3〕除卻 ha kṣa 二字；有心間法輪，八脈葉，輪臍中，有黑色 hūṃ 字，其頭朝下，四方有 bhrūṃ āṃ jrīṃ khaṃ，四隅有 laṃ maṃ paṃ tāṃ；有喉間受用輪，十六脈葉，輪臍中，有紅色 oṃ 字，其頭朝上，葉上一遍 ā li；有頂間大樂輪，三十二脈葉，輪臍中，有白色 haṃ 字，其頭朝下，葉上兩遍 ā li。脈、輪顯現如上。

〔註27〕此處疑缺「[illegible]」(輪)字，考藏文本作 སྤྱི་བོར་བདེ་བ་ཆེན་པོའི་འཁོར་ལོ། (spyi bor bde ba chen po'i 'khor lo；頂尖大樂輪)，似當據補。

注釋：

〔1〕輪臍中（[illegible]），西夏文字面意思是「脈之臍中」，實指「脈輪之中央」，故譯作「輪臍中」，下同。

〔2〕遍（[illegible]），西夏文字面意思是「倍」，對應藏文作 ཕྲག（phrag；遍）。

〔3〕藏文無「中間」二字。

錄文與譯文：

[illegible]

復下門開閉業增及下風臍中拙火燃令，右味母火與相隨上往，心、喉輪燃，

[illegible]

頂中 haṃ 字於觸，haṃ 字於菩提心明點落，左展母菩提心與混，次依降以喉、心

[illegible]

輪前於亦顯活令；明點一滴臍中 a 字於著，a 字火光極細 avadhūtī 內疾往，心

[illegible]

間 hūṃ 字、喉間 aṃ 字毀，頂間 haṃ 字於著，haṃ 字於菩提心清極細中脈內流，

[illegible]

心間 hūṃ 字、喉間 aṃ 字活令；彼力以臍中火燃，燃、流中脈內入，燃依身

[illegible]

於暖滿，病及妄思焚，流依脈眼一切明點滿，樂以身滿，心於智生思。

[illegible]

風口合修使。

འོག་སྒོ་འབྱེད་འཛུམས་ཀྱི་སྦྱོར་བ་བྱས་པས། འོག་གི་རླུང་གིས་ལྟེ་བའི་གཏུམ་མོའི་མེ་སྦར་ནས། གཡས་རོ་མའི་མེ་དང་འགྲོགས་ཏེ་གྱེན་དུ་ཆེར་འབར། སྙིང་ག་དང་མགྲིན་པའི་འཁོར་ལོ་བསྲེགས། སྤྱི་བོའི་ཧཾ་ལས་མེས་རེག་པས། ཧཾ་ལས་བྱང་སེམས་ཐིག་ལེའི་རྒྱུན་གཡོན་རྐྱང་མའི་བྱང་ཆུབ་ཀྱི་སེམས་དང་བསྡོངས་ནས་རིམ་གྱིས་བབས་པས། མགྲིན་པ་དང་སྙིང་གའི་འཁོར་ལོ་རྣམས་སྔར་བས་ཀྱང་གསལ་བར་གསོས་བཏབ་ནས། ཐིགས་པ་གཅིག་ལྟེ་བའི་ཨ་ལ་ཕོག་པས་ཨ་ལས་མེའི་ཟེར་ཤིན་ཏུ་ཕྲ་བ་ཨ་ཝ་དྷཱུ་ཏཱིའི་ནང་ནས་མྱུར་དུ་སོང་ནས། སྙིང་གའི་ཧཱུྃ་དང་མགྲིན་པའི་ཨཾ་བཙོམ། སྤྱི་བོའི་ཧཾ་ལ་ཕོག་པས། ཧཾ་ལས་བྱང་སེམས་དྭངས་མ་ཤིན་ཏུ་ཕྲ་བའི་རྒྱུན་དབུ་མའི་ལམ་ནས་འཛག སྙིང་གའི་ཧཱུྃ་དང་མགྲིན་པའི་ཨཾ་གསལ་བཏབ་ནས། དེའི་ནུས་པས་ལྟེ་བའི་མེ་ཆེར་འབར། འབར་བ་དང་འཛག་པ་དབུ་མར་ཐིམ་པས། འབར་བའི་ནུས་པས་ལུས་དྲོད་ཀྱིས་གང་ཞིང་། ནད་དང་རྟོག་པ་བསྲེགས། འཛག་པའི་སྟོབས་ཀྱིས་རྩ་སྤུབས་ཐམས་ཅད་ཐིག་ལེས་ཁེངས་ནས་བདེ་བས་ལུས་རྒྱས། སེམས་ལ་ཡེ་ཤེས་སྐྱེས་པར་བསམ་ཞིང་། རླུང་ཁ་སྦྱར་བསྒོམ་པར་བྱའོ།

’og sgo ’byed ’dzums kyi sbyor ba byas pas／’og gi rlung gis lte ba’i gtum mo’i me sbar nas／gyas ro ma’i me dang ’grogs te gyen du cher ’bar bar bsam／snying ga dang mgrin pa’i ’khor lo bsregs／spyi bo’i haṃ las mes reg pas／haṃ las byang chub kyi sems thig le’i rgyun gyon rkyang ma’i byang chub kyi sems dang bsdongs nas rim gyis bbas pas／mgrin pa dang snying ga’i ’khor lo rnams sngar bas kyang gsal bar gsos btab nas／thigs pa gcig lte ba’i a la phog pas a las me’i zer shin tu phra ba rtsa a va dhū tī’i nang nas myur du song nas／snying ga’i hūṃ dang mgrin pa’i aṃ bcom／spyi bo’i haṃ la phog pas／haṃ las byang sems dwangs ma shin tu phra pa’i rgyun dbu ma’i lam nas ’dzag／snying ga’i hūṃ dang mgrin pa’i aṃ gsal btab nas／de’i nus pas lte ba’i me cher ’bar／’bar ba dang ’dzag pa dbu mar thim pas／’bar ba’i nus pas lus drod kyis gang zhing／nad dang rtog pa bsregs／’dzag pa’i stobs kyis rtsa sbubs thams cad thig les khengs nas bde bas lus rgyas／sems la ye shes skyes par bsam zhing／rlung kha sbyar bsgom par bya’o／

復思下門〔1〕作開閉狀〔2〕，下風點燃臍輪火〔3〕，隨右側血脈火〔4〕往上，燃心、喉輪，觸頂間 haṃ 字，於 haṃ 字落菩提心明點，與左側精脈菩提心相混，依次下降，喉、心二輪，昭著逾前〔5〕；一滴明點著臍中 a 字，從 a 字生極細火光，疾入中脈之內，壞滅心間 hūṃ 字及喉間 aṃ 字，觸及頂間 haṃ 字，於 haṃ 字生極細清澈菩提心，流中脈內〔6〕，昭顯〔7〕心間 hūṃ 字及喉間 aṃ 字；依彼力臍火燃，火焰〔8〕及清流〔9〕沒入中脈內，依火焰故，暖遍及身，焚病及妄〔10〕，依清流故〔11〕，一切脈道〔12〕盈滿明點，周身安樂，心生智慧。當與風息〔13〕和合觀修。

注釋：

〔1〕下門（[illegible]），西夏文直譯藏文 འོག་སྒོ（’og sgo；下門、肛門）。《甘露泉》作「下門」。

〔2〕作開閉狀（[illegible]），西夏文字面意思是「開閉業增」，對應藏文作འབྱེད་འཛུམས་ཀྱི་སྦྱོར་བ་བྱས་པ（’byed ’dzums kyi sbyor ba byas pa；作開閉的方式），其中「[illegible]」（業增），對譯藏文 སྦྱོར་བ（sbyor ba；方式、方法），舊譯作「加行」，《番漢合時掌中珠》亦譯作「加行」〔註 28〕。《甘露泉》作「作開閉式」

〔註 28〕參見《番漢合時掌中珠》（甲種本），《俄藏黑水城文獻》第 10 冊，上海古籍出版社 1999 年版，第 19 頁。

〔3〕臍輪火（[illegible]），西夏文字面意思是「臍間拙火」，對應藏文作 ལྟེ་བའི་གཏུམ་མོའི་མེ（lte ba'i gtum mo'i me；臍輪火、猛厲火），是密教圓滿次第根本法之一，由臍間倒立梵文 a 字，生起樂暖，功能猛厲焚燒一切病及不淨，滅盡一切煩惱尋思，迅速生起俱生妙智。《甘露泉》作「臍間驍勇火」。

〔4〕血脈火（[illegible]），西夏文字面意思是「味母火」，直譯藏文 རོ་མའི་མེ（ro ma'i me；味母火、血脈火）。《甘露泉》作「味火」。

〔5〕昭著逾前（[illegible]），西夏文字面意思是「前於亦顯活令」，直譯藏文སྔར་བས་ཀྱང་གསལ་བར་གསོས་བཏབ（sngar bas kyang gsal bar gsos btab；比之前更明亮）。

〔6〕藏文作 ཧཾ་ལས་བྱང་སེམས་དྭངས་མ་ཤིན་ཏུ་ཕྲ་པའི་རྒྱུན་དབུ་མའི་ལམ་ནས་འཛག（haṃ las byang sems dwangs ma shin tu phra pa'i rgyun dbu ma'i lam nas 'dzag；於 haṃ 字生極細清澈菩提心流，盈滿中脈）。

〔7〕昭顯（[illegible]），西夏文字面意思是「活令」，對應藏文作 གསལ་བཏབ（gsal btab；昭顯）。《甘露泉》作「印」。

〔8〕火焰（[illegible]），西夏文字面意思是「燃」，對應藏文作 འབར་བ（'bar ba；所燃），這裡指所燃燒的臍輪火，故譯作「火焰」。《甘露泉》作「降焰」。

〔9〕清流（[illegible]），西夏文字面意思是「流」，對應藏文作 འཛག་པ（'dzag pa；所滴），這裡指所生的極細清澈菩提心明點，故譯作「清流」。

〔10〕妄（[illegible]），西夏文字面意思是「妄思」，對應藏文作 རྟོག་པ（rtog pa；疑慮、分別心）。

〔11〕依清流故（[illegible]），西夏文字面意思是「流依」，對應藏文作 འཛག་པའི་སྟོབས（'dzag pa'i stobs；所滴之力），「[illegible]」（流）即「清流」，故譯作「依清流故」。《甘露泉》作「由降之力」。

〔12〕脈道（[illegible]），西夏文字面意思是「脈眼」，對應藏文作 རྩ་སྦུབས（rtsa sbubs；脈道、血管）。

〔13〕風息（[illegible]），西夏文字面意思是「風」，直譯藏文 རླུང་（rlung；風、風息），密教將身、語、意三者認爲是粗相，所對應的脈、風息、明點對應爲細相，風息即三細相之一，遍布於體內的一切脈道。此句《甘露泉》作「作合風觀」。

錄文與譯文：

[illegible]，[illegible]。[illegible]

常修昔暖燃及明空等持生，已習昔自生智生也。智彼以佛及外體性於印以

[illegible]〔註29〕。[illegible]
修依，增長次於相持毒淨令，雙入等持生，法身面前作之道是　　　。聚竟

[illegible]〔註30〕
次修△次多言中，自攝受次極深此是也。中圍輪道初習者，修難故，此

[illegible]
末寫。聚竟次也。

[illegible]
「卑愛佛於思，二次以淨復。雙入智道以，二身面前作」謂知當。定入

[illegible]
默有也。

རྒྱུན་དུ་བསྒོམས་ན་དྲོད་འབར་ཞིང་། གསལ་སྟོང་གི་ཏིང་ངེ་འཛིན་སྐྱེ་ལ། གོམས་ན་རང་བྱུང་གི་ཡེ་ཤེས་སྐྱེ་བར་འགྱུར་རོ། ཡེ་ཤེས་དེས་ལྷ་དང་ཕྱི་རོལ་གྱི་དངོས་པོ་རྣམས་ལ་རྒྱས་བཏབ་ནས་བསྒོམས་པས། བསྐྱེད་རིམ་གྱི་མཚན་མར་འཛིན་པའི་དུག་སྦྱངས་ནས། ཟུང་འཇུག་གི་ཏིང་ངེ་འཛིན་སྐྱེ་བར་འགྱུར་ཞིང་། ཆོས་སྐུ་མངོན་དུ་བྱེད་པའི་ལམ་ཡིན་ནོ། རྫོགས་པའི་རིམ་པ་བསྒོམ་པའི་ཚུལ་མང་དུ་གསུངས་པ་ལས། རང་བྱིན་གྱིས་བརླབ་པའི་རིམ་པ་ཤིན་ཏུ་ཟབ་པ་འདི་ཡིན་ནོ། དཀྱིལ་འཁོར་འཁོར་ལོ་ལས་དང་པོ་པས་བསྒོམ་པ་དཀའ་བའི་ཕྱིར་འདིར་མ་བྲིས་སོ། རྫོགས་པའི་རིམ་པའོ། ཐ་མལ་པ་དང་རང་རྟོག་པ། རིམ་པ་གཉིས་ཀྱིས་རབ་སྦྱངས་ནས། ཟུང་འཇུག་ཡེ་ཤེས་ལམ་གྱིས་ནི། སྐུ་གཉིས་མངོན་དུ་བྱེད་པར་འགྱུར། ཞེས་ཤེས་པར་བྱའོ། མཉམ་པར་གཞག་པའི་རྣལ་འབྱོར་རོ།།

rgyun du bsgoms na drod ’bar zhing／gsal stong gi ting nge ’dzin skye la／goms na rang byung gi ye shes skye bar ’gyur ro／ye shes des lha dang phyi rol gyi dngos po rnams la rgyas btab nas bsgoms pas／bskyed rim gyi mtshan mar ’dzin pa’i dug sbyangs nas／zung ’jug gi ting nge ’dzin skye bar ’gyur zhing／chos sku mngon du byed pa’i lam yin no／rdzogs pa’i rim pa bsgom pa’i tshul mang du gsungs pa las／rang byin gyis brlab pa’i pa’i rim pa shin tu zab pa ’di yin no／dkyil ’khor ’khor lo las dang po pas bsgom pa dka’ ba’i phyir ’dir ma bris so／rdzogs pa’i rim pa’o／tha mal pa dang rang rtog pa／rim pa gnyis kyis rab sbyangs nas／zung ’jug ye shes lam gyis ni／sku gnyis mngon du byed par ’gyur／zhes shes par bya’o／mnyam par gzhag pa’i rnal ’byor ro//

〔註29〕「[illegible]」（以），疑爲「[illegible]」（是）字之訛，考藏文本作 ཡིན་ནོ (yin no；是)，似當據改。

〔註30〕「[illegible]」（奴），疑爲「[illegible]」（此）字之訛，考藏文本作 འདི (’di；此)，似當據改。

若〔1〕能常常修習，暖必熾燃，生明空定〔2〕；若已修習，生自然智〔3〕也。依彼智故，施印於佛及外諸物〔4〕而修習，清淨執著於增長次第之相毒，生起雙運〔5〕之定，是證得〔6〕法身之道也。於諸多圓滿次第修法中，此是最深自加持道。初習中圍輪者，難修習故，未述此也。以上爲圓滿次第也〔7〕。

當知「凡庸〔8〕疑佛念，復以二次〔9〕淨。智慧雙運道，證得二種身」。以上爲入定瑜伽也〔10〕。

注釋：

〔1〕若（[illegible]），西夏文字面意思是「常」，對應藏文作 ན（na；若、如果），依藏文譯，下同。

〔2〕定（[illegible]），西夏文字面意思是「等持」，對應藏文作 ཏིང་ངེ་འཛིན（ting nge 'dzin；定、等持），梵文作 samādhi，梵音譯作三摩地，略作三昧，即心住於一境而不散亂。

〔2〕若已修習（[illegible]），西夏文字面意思是「已習昔」，對應藏文作 གོམས་ན（goms na；若熟悉）。《甘露泉》作「既得純熟」。

〔3〕自然智（[illegible]），西夏文字面意思是「自生智」，直譯藏文 རང་བྱུང་གི་ཡེ་ཤེས（rang byung gi ye shes；自生智、自然智），梵文作 svayaṃbhu jñāna，指諸佛不籍功用，自然而生之一切種智。

〔4〕外諸物（[illegible]），西夏文字面意思是「外體性」，對應藏文作 ཕྱི་རོལ་གྱི་དངོས་པོ་རྣམས（phyi rol gyi dngos po rnams；外諸器物），依藏文譯。《甘露泉》作「外諸相」。

〔5〕雙運（[illegible]），西夏文字面意思是「入雙」，對應藏文作 ཟུང་འཇུག（zung 'jug；雙運）。《甘露泉》作「融通」。

〔6〕證得（[illegible]），西夏文字面意思是「面前作」，直譯藏文 མངོན་དུ་བྱེད་པ（mngon du byed pa；現起、證得）。

〔7〕以上爲圓滿次第也（[illegible]），西夏文直譯藏文 རྫོགས་པའི་རིམ་པའོ（rdzogs pa'i rim pa'o；圓滿次第也），此爲藏文習慣，在文末結尾處，再次表明主題，即指整個部分爲「圓滿次第」的內容。《甘露泉》作「上來總是究竟觀焉」。

〔8〕凡庸（[illegible]），西夏文字面意思是「卑愛」，對應藏文作 ཐ་མལ་པ（tha mal pa；凡庸），依藏文譯。

〔9〕二次（[illegible]），直譯藏文 རིམ་པ་གཉིས（rim pa gnyis；二次第）即「增長次第」（[illegible]）與「圓滿次第」（[illegible]）。此偈《甘露泉》作「著凡耽佛念，以二觀除滅，因融通智道，現證二種身」。

〔10〕以上爲入定瑜伽也（[illegible]），西夏文字面意思是「入定瑜伽也」，直譯藏文 མཉམ་པར་གཞག་པའི་རྣལ་འབྱོར་རོ（mnyam par gzhag pa’i rnal ’byor ro；入定瑜伽也），此處表明至此整個入定修習的部分結束。《甘露泉》作「上來總是入定觀門竟」。

三、出定

（一）睡眠定

錄文與譯文：

[illegible]

義二第定出默有於八：眠、起、沐浴、咒誦、供養食施、食飲、行業、隨欲

[illegible]

默有也。彼中眠默有者：夜初作所等畢，眠時作所。彼之法二中，自性俱生空界

[illegible]

中眠者，自心中 hūṃ 字於光放，三界具情守護輪於集，彼地墓於，彼勝妙殿

[illegible][註31][illegible]

於，彼八天母於，天母等自自與正正之面於集，ve tā lī 上面於，

[illegible]

陰陽於，陽 hūṃ 字於集，hūṃ 字空中霓虹退如察不爲，空界中眠也；二第

[illegible]

融樂俱生安樂界中眠者，勝妙殿不集，圍繞者面於，陽陰二俱入依，大樂

[illegible]

火以陽陰二融，菩提心明點成思，安樂界中眠。樂功二種有，卑愛眠以不

[illegible]

損及死淨令。

དོན་གཉིས་པ་མཉམ་གཞག་ལས་ལངས་ནས་མཉམ་པར་མ་བཞག་པའི་རྣལ་འབྱོར་ལ་བརྒྱད། ཉལ་བ། ལྡང་བ། ཁྲུས། བཟླས་པ། མཆོད་གཏོར། ཁ་ཟས། སྤྱོད་ལམ། རྗེས་སུ་ཆགས་པའི་རྣལ་འབྱོར་རོ། དེ་ལ་ཉལ་བའི་རྣལ་འབྱོར་ནི། སྲོད་ཀྱི་བྱ་བ་རྣམས་ཡོངས་སུ་ཚར་ནས་གཉིད་ལོག་ཁར་བྱེད་ལ། དེའང་ལུགས་གཉིས་ལས། རང་བཞིན་ལྷན་ཅིག་སྐྱེས་པ་སྟོང་པའི་དང་ལ་ཉལ་བ་ནི། རང་གི་སྙིང་གའི་ཧཱུྃ་ལས་འོད་སྤྲོས་ནས་ཁམས་གསུམ་སྣོད་བཅུད་སྲུང་བའི་འཁོར་ལོ་ལ་བསྡུ། སྲུང་བའི་འཁོར་ལོ་དུར་ཁྲོད་ལ། དེ་གཞལ་ཡས་ཁང་ལ། དེའི་ལྷ་མོ་

〔註31〕「[illegible]」（vetālīta），疑衍「[illegible]」（ta）字，考藏文本作 vetālī，似當據刪。

བརྒྱད་ལ། ལྷ་མོ་རྣམས་རང་རང་གི་ཐད་ཀའི་ཞལ་རྣམས་ལ་བསྡུ་སྟེ། བེ་ཏཱ་ལཱི་ནི་སྟེང་ཞལ་ལའོ། ཡུམ་ཡབ་ལ། ཡབ་ཧཱུྃ་ལ་བསྡུ། ཧཱུྃ་ནམ་མཁའ་ལ་འཇའ་ཚོན་ཡལ་བ་ལྟར་མི་དམིགས་པར་གྱུར་ནས། སྟོང་པ་ཉིད་ཀྱི་ངང་ལ་ཉལ་ལོ། གཉིས་པ་ཞུ་བདེ་ལྷན་ཅིག་སྐྱེས་པ་བདེ་བའི་ངང་ལ་ཉལ་བ་ནི། གཞལ་ཡས་ཁང་མི་བསྡུ་ལ། འཁོར་རྣམས་ཞལ་རྣམས་ལ་བསྡུས་ནས། ཡབ་ཡུམ་གཉིས་སྙོམས་པར་ཞུགས་པས། བདེ་བ་ཆེན་པོའི་མེས་ཡབ་ཡུམ་གཉིས་ཞུ་ནས། བྱང་ཆུབ་ཀྱི་སེམས་ཀྱི་ཐིག་ལེར་གྱུར་པར་བསམས་ལ། བདེ་བའི་ངང་ལ་ཉལ་བའོ། ཕན་ཡོན་གཉིས་ཏེ། ཐ་མལ་གྱི་གཉིད་ཀྱིས་མི་རྫི་བ་དང་། འཆི་བ་སྦྱོང་བར་བྱེད་པའོ།

don gnyis pa mnyam gzhag las langs nas mnyam par ma bzhag pa’i rnal ’byor la brgyad／nyal ba／ldang ba／khrus／bzlas pa／mchod gtor／kha zas／spyod lam／rjes su chags pa’i rnal ’byor ro// de la nyal ba’i rnal ’byor ni／srod kyi bya ba rnams yongs su tshar nas gnyid log khar byed la／de’ng lugs gnyis las／rang bzhin lhan cig skyes pa stong pa’i ngang la nyal ba ni／rang gi snying ga’i hūṃ las ’od spros nas khams gsum snod bcud srung ba’i ’khor lo la bsdu／srung ba’i ’khor lo dur khrod la／de gzhal yas khang la／de’i lha mo brgyad la／lha mo rnams rang rang gi thad ka’i zhal rnams la bsdu ste／ve tā lī ni steng zhal la’o／yum yab la／yab hūṃ la bsdu／hūṃ nam mkha’ la ’ja’ tshon yal ba ltar mi dmigs par gyur nas／stong pa nyid kyi ngang la nyal lo／gnyis pa zhu bde lhan cig skyes pa bde ba’i ngang la nyal ba ni／gzhal yas khang mi bsdu la／’khor rnams zhal rnams la bsdus nas／yab yum gnyis snyoms par zhugs pas／bde ba chen po’i mes yab yum gnyis zhu nas／byang chub kyi sems kyi thig ler gyur par bsams la／bde ba’i ngang la nyal ba’o／phan yon gnyis te／tha mal gyi gnyid kyis mi rdzi ba dang／’chi ba sbyong bar byed pa’o//

第二種法〔1〕，出定〔2〕瑜伽，其有八種：睡眠〔3〕、覺起〔4〕、沐浴、誦咒、施食供養〔5〕、肴膳〔6〕、行止〔7〕及隨欲瑜伽。其中睡眠瑜伽者，於初夜〔8〕諸事畢，眠時所做。彼法有二：第一〔9〕自性俱生空界〔10〕中眠者，思自心中 hūṃ 字放光，遍照〔11〕三界情器世間〔12〕，攝〔13〕於護輪，護輪攝於屍林，屍林攝於勝妙殿，勝妙殿攝於八天母，八天母攝於各自對面〔14〕，vetālī 母攝於上面，母攝於父，父攝於 hūṃ 字，hūṃ 字如空中霓虹消散而不可覺察，此空界〔15〕中眠也；第二融樂俱生安樂界〔16〕中眠者，不攝於勝妙殿，攝於諸眷屬〔17〕面，父母二尊交合，生大樂火，融父母尊，成菩提心明點，此安樂界中眠。有二種功德〔18〕：無損於凡睡〔19〕，可淨治死亡。

注釋：

〔1〕第二種法（[illegible]），西夏文字面意思是「義二第」，對應藏文作 དོན་གཉིས་པ（don gnyis pa；第二種義），在文章開頭有 ཀྱེ་རྡོ་རྗེའི་མངོན་པར་རྟོགས་པའི་རིམ་པ་བསྒོམ་པའི་ཚུལ་ལ་གཉིས་ཏེ། མཉམ་པར་བཞག་པ་དང་། མཉམ་པར་མ་བཞག་པའི་རྣལ་འབྱོར་རོ།（kye rdo rje'i mngon par rtogs pa'i rim pa bsgom pa'i tshul la gnyis te／mnyam par bzhag pa dang／mnyam par ma bzhag pa'i rnal 'byor ro；修習喜金剛現證次第有二種：入定與出定瑜伽），此處即開始喜金剛現證法的出定瑜伽部分。

〔2〕出定（[illegible]），西夏文字面意思是「定出」，對應藏文作 མཉམ་པར་མ་བཞག་པ（mnyam par ma bzhag pa；等未入、出定），又作「[illegible]」（等未入），即由禪定狀態恢復一般狀態之謂。

〔3〕睡眠（[illegible]），西夏文字面意思是「眠」，直譯藏文 ཉལ་བ（nyal ba；睡眠），即睡眠瑜伽。

〔4〕覺起（[illegible]），西夏文字面意思是「起」，對應藏文作 ལྡང་བ（ldang ba；起），是由清晨從睡眠覺醒時所做的修習。

〔5〕施食供養（[illegible]），西夏文字面意思是「供養食施」，對應藏文作 མཆོད་གཏོར（mchod gtor；施食供養），其中「[illegible]」（食施）對譯藏文 གཏོར་མ（gtor ma；施食、朵馬），在《喜金剛現證如意寶》中指修者觀想出諸多供物，施食於本尊、天母、護方神等等諸多神靈。

〔6〕膳肴（[illegible]），西夏文字面意思是「食飲」，對應藏文作 ཁ་ཟས（kha zas；食物）。

〔7〕行止（[illegible]），西夏文字面意思是「行業」，對應藏文作 སྤྱོད་ལམ（spyod lam；行止、威儀）。

〔8〕初夜（[illegible]），西夏文字面意思是「夜初」，對應藏文作 སྲོད（srod；初夜、傍晚）。

〔9〕原文無，據上下文所加。

〔10〕空界（[illegible]），對應藏文作 སྟོང་པའི་ངང་（stong pa'i ngang；空性）。《甘露泉》作「空寂性」。

〔11〕原文無，據上下文所加。

〔12〕情器世間（[illegible]），西夏文字面意思是「具情」，對應藏文作 སྣོད་བཅུད（snod bcud；情器世間）。

〔13〕攝（[illegible]），西夏文直譯藏文 བསྡུ（bsdu；聚集、收攝）。

〔14〕各自對面（[illegible]），西夏文字面意思是「自自與正正之面」，直譯藏文 རང་རང་གི་ཐད་ཀའི་ཞལ་རྣམས（rang rang gi thad ka'i zhal rnams；各自的正面），其中「[illegible]」對譯藏文 ཐད་ཀ（thad ka；正面、對直方向）。

〔15〕同〔10〕。

〔16〕安樂界（[illegible]），對應藏文作 བདེ་བའི་ངང（bde ba'i ngang；安樂性）。

〔17〕眷屬（[illegible]），西夏文字面意思是「圍繞」，對應藏文作 འཁོར་རྣམས（'khor rnams；僕從、眷屬）。

〔18〕功德（[illegible]），西夏文字面意思是「樂功」，對應藏文作 ཕན་ཡོན（phan yon；功德），依藏文譯。

〔19〕凡睡（[illegible]），西夏文字面意思是「卑愛眠」，對應藏文作 ཐ་མལ་གྱི་གཉིད（tha mal gyi gnyid；平凡尋常的睡眠）。

（二）覺起定

錄文與譯文：

[illegible]

起默有者，夜末困△醒時作所。彼亦法二中：空界中起者，hūṃ 謂誦

[illegible]

以自識光明界中，呼石王身依起，彼之心中 hūṃ 字於光發，hūṃ 謂誦以依

[illegible]

處、依者中圍了竟，具情與一併察，自身色身思，具情等事業入境思以起；

[illegible]〔註32〕

二第，安樂界中起者，自性宮內，四天母至，歌以告生果金剛

[illegible]〔註33〕[illegible]

持　　依起，彼之心中光放，天母等及具情中圍了竟顯察。樂功二種有：

[illegible]

卑愛等以不損及生淨令。

〔註32〕此處疑衍「[illegible]」（起）字，考藏文本作 འབྲས་བུ་རྡོ་རྗེ་འཛིན（'bras bu rdo rje 'dzin；果金剛持），似當據刪。

〔註33〕「[illegible]」（法），疑為「[illegible]」（持）字之訛，考藏文本作 འབྲས་བུ་རྡོ་རྗེ་འཛིན（'bras bu rdo rje 'dzin；果金剛持），似當據改。

ལྡང་བའི་རྣལ་འབྱོར་ནི་ཐོ་རངས་གཉིད་སད་པའི་ཚེ་བྱེད་ལ། དེའང་ལུགས་གཉིས་ལས། སྟོང་པའི་ངང་ལས་ལྡང་བ་ནི། ཧཱུྃ་ཞེས་བརྗོད་པས། རང་གི་ཤེས་པ་འོད་གསལ་བ་ལས་ཀྱེའི་རྡོ་རྗེའི་སྐུར་ལངས། དེའི་ཐུགས་ཀའི་ཧཱུྃ་ལས་འོད་སྤྲོ་ཞིང་ཧཱུྃ་ཞེས་བརྗོད་པས་རྟེན་དང་བརྟེན་པའི་དཀྱིལ་འཁོར་རྫོགས་པ་སྣོད་བཅུད་དང་བཅས་པ་དམིགས་ནས། རང་གཟུགས་ཀྱི་སྐུ་སྣོད་བཅུད་རྣམས་ཕྲིན་ལས་ལ་འཇུག་པའི་ཡུལ་དུ་བསམས་ལ་ལྡང་ངོ་། གཉིས་པ། བདེ་བའི་ངང་ལས་ལྡང་བ་ནི། རང་བཞིན་གྱི་གནས་ནས་ལྷ་མོ་བཞི་བྱོན་ནས་གླུས་བསྐུལ་བས་འབྲས་བུ་རྡོ་རྗེ་འཛིན་པ་བཞེངས་པའི་ཚུལ་གྱིས་ལངས་ལ། དེའི་ཐུགས་ཀ་ནས་འོད་སྤྲོས་པས་ལྷ་མོ་རྣམས་དང་སྣོད་བཅུད་ཀྱི་དཀྱིལ་འཁོར་རྫོགས་པར་གསལ་བར་བལྟའོ། ཕན་ཡོན་གཉིས་ཏེ། ཐ་མལ་གཡེང་བས་མི་རྫི་ཞིང་སྐྱེ་བ་སྦྱོང་བར་བྱེད་པའོ།

ldang ba'i rnal 'byor ni tho rangs gnyid sad pa'i tshe byed la／de'ng lugs gnyis las／stong pa'i ngang las ldang ba ni／hūṃ zhes brjod pas／rang gi shes pa 'od gsal ba las kye'i rdo rje'i skur langs／de'i thugs ka'i hūṃ las 'od spro zhing hūṃ zhes brjod pas rten dang brten pa'i dkyil 'khor rdzogs pa snod bcud dang bcas pa dmigs nas／rang gzugs kyi sku snod bcud rnams phrin las la 'jug pa'i yul du bsams la ldang ngo／gnyis pa／bde ba'i ngang las ldang ba ni／rang bzhin gyi gnas nas lha mo bzhi byon nas glus bskul bas 'bras bu rdo rje 'dzin pa bzhengs pa'i tshul gyis langs la／de'i thugs ka nas 'od spros pas lha mo rnams dang snod bcud kyi dkyil 'khor rdzogs par gsal bar blta'o／phan yon gnyis te／tha mal gyeng bas mi rdzi zhing skye ba sbyong bar byed pa'o//

覺起瑜伽者，作於黎明〔1〕覺醒時。彼亦有二法：第一起空界中者，誦 hūṃ 字，由己之光明智界中，成喜金剛身而起〔2〕，彼之心中 hūṃ 字發光，念誦 hūṃ 字，思能依、所依壇城〔3〕周備，及情器世間，思自身爲色身〔4〕，情器世間等入事業境，念此而起；第二，起安樂界中者，思自性界內，來四天母〔5〕，作歌以請〔6〕，起果金剛持，彼之心放光，現諸天母及情器壇城，令悉周全。此有二種功德：無損於凡散〔7〕及淨治人生〔8〕。

注釋：

〔1〕黎明（[illegible]），西夏文字面意思是「夜末」，對應藏文作 ཐོ་རངས（tho rangs；黎明、拂曉）。

〔2〕對應藏文作 རང་གི་ཤེས་པ་འོད་གསལ་བ་ལས་ཀྱེའི་རྡོ་རྗེའི་སྐུར་ལངས（rang gi shes pa 'od gsal ba las kye'i rdo rje'i skur langs；自識發光，從中生起喜金剛身相）。《甘露泉》作「憶想從自光明智中，成喜金剛身相而起」。

〔3〕對應藏文作 རྟེན་དང་བརྟེན་པའི་དཀྱིལ་འཁོར（rten dang brten pa'i dkyil 'khor；能依及所依之壇城）。

〔4〕對應藏文作 རང་གཟུགས་ཀྱི་སྐུ（rang gzugs kyi sku；自爲色身）。

〔5〕對應藏文作 རང་བཞིན་གྱི་གནས་ནས་ལྷ་མོ་བཞི་བྱོན（rang bzhin gyi gnas nas lha mo bzhi byon；四天母由自性界中來）。《甘露泉》作「想四天母，從性土來」。

〔6〕作歌以請（[illegible]），西夏文字面意思是「歌以告生」，對應藏文作 གླུས་བསྐུལ་བ（glus bskul ba；作歌以請），依藏文譯。《甘露泉》作「歌贊警策」。

〔7〕凡散（[illegible]），西夏文字面意思是「卑愛等」，對應藏文作 ཐ་མལ་གཡེང་བ（tha mal gyeng ba；尋常散亂、庸俗懈怠），依藏文譯。

〔8〕人生（[illegible]），西夏文字面意思是「生」，對應藏文作 སྐྱེ་བ（skye ba；人生、壽命）。

（三）沐浴定

錄文與譯文：

[illegible]

沐浴默有者，自心中 hūṃ 字於光放，五種圍繞與一併請，五供養以供，

[illegible]

「如來一切我之垢淨令求」謂祈求，如來等「oṃ sarba ta thā ga ta a bhi

[illegible]

ṣe ka ta sa ma ya śri ye hūṃ」謂誦，智水自之頂中撒作，內外垢淨思，

[illegible]

自百字誦，極末垢一切清淨及智水以滿思，佛等奉送。樂功二種有：等持

[illegible]

助爲及枝觸墮及罪滅。次午前時次定入默有修者，前說竟。

ཁྲུས་ཀྱི་རྣལ་འབྱོར་ནི། རང་གི་སྙིང་གའི་ཧཱུྃ་ལས་འོད་འཕྲོས་པས་རིགས་ལྔ་འཁོར་དང་བཅས་པ་སྤྱན་དྲངས། མཆོད་པ་ལྔས་མཆོད། དེ་བཞིན་གཤེགས་པ་ཐམས་ཅད་ཀྱིས་བདག་གི་དྲི་མ་རྣམ་པར་སྦྱང་དུ་གསོལ། ཞེས་གསོལ་བ་བཏབ་པས། དེ་བཞིན་གཤེགས་པ་རྣམས་ཀྱིས། ཨོཾ་སརྦ་ཏ་ཐཱ་ག་ཏ་ཨ་བྷི་ཥེ་ཀ་ཏ་ས་མ་ཡ་ཤྲཱི་ཡེ་ཧཱུྃ། ཡེ་ཤེས་ཀྱི་ཆུས་བདག་གི་སྤྱི་བོ་ནས་བླུགས་པས། ཕྱི་ནང་གི་དྲི་མ་དག་པར་བསམ་ཞིང་། རང་གིས་ཡི་གེ་བརྒྱ་པ་བརྗོད། མཐར་དྲི་མ་ཐམས་ཅད་དག་ཅིང་ཡེ་ཤེས་ཀྱི་ཆུས་གང་བར་བསམ་ཞིང་ལྷ་རྣམས་གཤེགས་སུ་གསོལ། ཕན་ཡོན་ལ་གཉིས་ཏེ། ཏིང་ངེ་འཛིན་གྱི་གྲོགས་སུ་འགྱུར་བ་དང་། ཡན་ལག་གི་ལྟུང་བ་དང་སྡིག་པ་འདག་པའོ། དེ་ནས་སྔ་དྲོའི་ཐུན་མཉམ་པར་བཞག་པའི་རྣལ་འབྱོར་བསྒོམ་པ་ནི་གོང་དུ་བརྗོད་ཟིན་ལ།

khrus kyi rnal ’byor ni／rang gi snying ga’i hūṃ las ’od ’phros pas rigs lnga ’khor dang bcas pa spyan drangs／mchod pa lngas mchod／de bzhin gshegs pa thams cad kyis bdag gi dri ma rnam par sbyang du gsol／zhes gsol ba btab pas

／de bzhin gshegs pa rnams kyis／oṃ sarba ta thā ga ta a bhi ṣe ka ta sa ma ya śri ye hūṃ ye shes kyis chus bdag gi spyi bon as blugs pas／phyi nang gi dri ma dag par bsam zhing／rang gis yi ge brgya pa brjod／mthar dri ma thams cad dag cing ye shes kyi chus gang bar bsam zhing lha rnams gshegs su gsol／phan yon la gnyis te／ting nge ’dzin gyi grogs su ’gyur pa dang／yan lag gi ltung ba dang sdig pa ’dag pa’o／de nas snga dro’i thun mnyam par bzhag pa’i rnal ’byor bsgom pa ni gong du brjod zin la／

沐浴瑜伽，思自心中 hūṃ 字放光，迎請五佛及眷屬，奉五供養，祈請曰：「願一切如來清淨我垢」，諸如來誦「oṃ sarba ta thā ga ta a bhi ṣe ka ta sa ma ya śri ye hūṃ」，以智水澆頂，淨內外垢，自誦百字明〔1〕，清淨一切末垢，智水盈身，恭送諸佛。此有二種功德：爲禪定之助〔2〕；滅支分〔3〕墮落及罪業。次午前〔3〕時修入定瑜伽者，前說已明〔4〕。

注釋：

〔1〕百字明（[illegible]），西夏文字面意思是「百字」，直譯藏文 ཡི་གེ་བརྒྱ་པ（yi ge brgya pa；百字、百字明），即字數爲一百的咒語。《甘露泉》作「百字神咒」。

〔2〕爲禪定之助（[illegible]），西夏文字面意思是「等持助爲」，對譯藏文ཏིང་ངེ་འཛིན་གྱི་གྲོགས་སུ་འགྱུར་པ（ting nge ’dzin gyi grogs su ’gyur pa；爲禪定之助）。《甘露泉》作「助成道友」。

〔3〕支分（[illegible]），西夏文字面意思是「枝觸」，對應藏文作 ཡན་ལག（yan lag；支分、部分），依藏文譯。此句《甘露泉》作「能淨枝犯」。

〔4〕午前（[illegible]），西夏文直譯藏文 སྔ་དྲོ（snga dro；上午、午前），即白晝三分的第一分。

〔5〕前說已明（[illegible]），西夏文字面意思是「前說竟」，直譯藏文 གོང་དུ་བརྗོད་ཟིན（gong du brjod zin；前面已說過）。

（四）誦咒定

錄文與譯文：

[illegible]

咒誦默有者，佛等顯察，自心中 hūṃ 字於咒鬘光相發，陰之口內往，心中 aṃ

[illegible]

字於入，空內出，父之密處內往，心中 hūṃ 字於入，彼如輪轉。彼於所發光以十方

[illegible]，[illegible]，[illegible]，[illegible]
如來一切之二無智請思，自咒誦時，中圍佛一切亦一聲以誦思，圍繞者自自之
[illegible]，[illegible]。[illegible]：[illegible]；[illegible]；[illegible]；[illegible]。
心中，字種於輪轉思以誦。咒色者：能白；滿紅；主黃；緊緊黑。

བཟླས་པའི་རྣལ་འབྱོར་ནི་ལྷ་རྣམས་གསལ་བར་དམིགས་ནས། རང་གི་ཐུགས་ཀའི་ཧཱུྃ་ལས་སྔགས་ཀྱི་ཕྲེང་བ་འོད་ཀྱི་རྣམ་པར་འཕྲོས། ཡུམ་གྱི་ཞལ་དུ་ཞུགས། ཐུགས་ཀའི་ཨཾ་ལ་ཐིམ། མཁའ་ནས་འཐོན། ཡབ་ཀྱི་གསང་བའི་གནས་ནས་ཞུགས། ཐུགས་ཀའི་ཧཱུྃ་ལ་ཐིམ། དེ་ལྟར་འཁོར་ཞིང་དེ་ལས་འཕྲོས་པའི་འོད་ཀྱིས་ཕྱོགས་བཅུའི་དེ་བཞིན་གཤེགས་པ་ཐམས་ཅད་ཀྱི་ཐུགས་གཉིས་སུ་མེད་པའི་ཡེ་ཤེས་བསྐུལ་བར་བསམས་ནས། རང་གི་སྔགས་བརྗོད་པའི་ཚེ། དཀྱིལ་འཁོར་གྱི་ལྷ་ཐམས་ཅད་ཀྱིས་ཀྱང་མགྲིན་གཅིག་དུ་བརྗོད་པར་བསམ་མོ། འཁོར་རྣམས་ཀྱིས་ནི་རང་རང་གི་ཐུགས་ཀའི་ས་བོན་ལ་འཁོར་བར་བསམ་ཞིང་བཟླའོ། སྔགས་ཀྱི་ཁ་དོག་ནི། ཞི་བ་ལ་དཀར་པོ། རྒྱས་པ་ལ་སེར་པོ། དབང་ལ་དམར་པོ། དྲག་པོ་ལ་ནག་པོ།

bzlas pa'i rnal 'byor ni lha rnams gsal bar dmigs nas／rang gi thugs ka'i hūṃ las sngags kyi phreng ba 'od kyi rnam par 'phros／yum gyi zhal du zhugs／thugs ka'i aṃ la thim／mkha' nas 'thon／yab kyi gsang ba'i gnas nas zhugs／thugs ka'i hūṃ la thim／de ltar 'khor zhing de las 'phros pa'i 'od kyis phyogs bcu'i de bzhin gshegs pa thams cad kyi thugs gnyis su med pa'i ye shes bskul bar bsams nas／rang gi sngags brjod pa'i tshe／dkyil 'khor gyi lha thams cad kyis kyang mgrin gcig du brjod par bsam mo／'khor rnams kyis ni rang rang gi thugs ka'i sa bon la 'khor bar bsam zhin bzla'o／sngags kyi kha dog ni／zhi ba la dkar po／rgyas pa la ser po／dbang la dmar po／drag po la nag po／

誦咒瑜伽者，顯察〔1〕諸佛，自心中 hūṃ 字發咒鬘光相，於母之口，入心中 aṃ 字，沿母密出〔2〕，往父之密處，入心中 hūṃ 字，如是循環〔3〕。又思於彼所發之光，迎請一切如來無二智〔4〕，思自誦咒時，一切壇城之尊，同聲以誦〔5〕，各各眷屬，思旋轉心中之種字而誦。咒之顏色者：白色爲寂靜〔6〕；紅色表圓滿〔7〕；黃色表權勢〔8〕；黑色爲威猛〔9〕。

注釋：

〔1〕顯察（[illegible]），西夏文直譯藏文 གསལ་བར་དམིགས（gsal bar dmigs；清楚地看到）。

〔2〕沿母密出（[illegible]），西夏文字面意思是「空內出」，直譯藏文 མཁའ་ནས་འཐོན（mkha' nas 'thon；自空出），其中「[illegible]」（空）暗指母密，故譯作「沿母密出」。

〔3〕循環（[illegible]），西夏文字面意思是「輪轉」，對應藏文作 འཁོར（'khor；迴圈、還復）。

〔4〕無二智，西夏文作「[illegible]」，字面意思是「二無智」，直譯藏文 གཉིས་སུ་མེད་པའི་ཡེ་ཤེས（gnyis su med pa'i ye shes；無二智），表示遠離常、斷二邊的心識。

〔5〕同聲以誦（[illegible]），西夏文字面意思是「一聲以誦」，直譯藏文 མགྲིན་གཅིག་དུ་བརྗོད་པ（mgrin gcig du brjod pa；同聲念誦、齊聲念誦）。

〔6〕白色爲寂靜（[illegible]），西夏文字面意思是「能白」，對應的藏文爲 ཞི་བ་ལ་དཀར་པོ（zhi ba la dkar po；白色爲寂靜），西夏文「[illegible]」（能）似對應藏文 ཞི་བ（zhi ba；靜止、寂靜）。《甘露泉》作「善白」。

〔7〕紅色表圓滿，西夏文作「[illegible]」，字面意思是「滿紅」，對應的藏文爲 རྒྱས་པ་ལ་སེར་པོ（rgyas pa la ser po；黃色爲圓滿），未詳孰是。《甘露泉》作「滿黃」。

〔8〕黃色表權勢，西夏文作「[illegible]」，字面意思是「主黃」，對應的藏文爲 དབང་ལ་དམར་པོ（dbang la dmar po；紅色表權勢），未詳孰是。《甘露泉》作「主紅」。

〔9〕黑色爲威猛（[illegible]），西夏文字面意思是「緊緊黑」，其中「[illegible]」（緊緊）意思是「緊緊；劇烈」，意譯藏文 དྲག་པོ（drag po；威猛；劇烈），《甘露泉》作「緊黑」。

對譯與譯文：

[illegible]：「[illegible]

咒句者：「oṃ aṣṭā na nā ya piṃ gordha ke śa vartma ne

[illegible]

ca tur viṃśa ti ne trā ya ṣo ḍa śa bhu jā ya krişṇa jī mū ta

[illegible]〔註34〕[illegible]

va pu ṣe ka pā la mā lā ne kā dhā ri ṇe adhmā ta krū ra

[illegible]

cittā ya ardhendu daṃṣ ṭrī ṇe oṃ mā ra ya mā ra ya kā ra ya kā ra

[illegible]

ya garjja ya garjja ya tarjja ya tarjja ya śo ṣa ya śo ṣa ya sapta

[illegible]

sā ga rā ṇa bandha bandha nā gāṣṭa kā na grihṇa grihṇa śa

〔註34〕此處疑衍「[illegible]」（a）字，據藏文本刪。

[illegible]」[illegible]
trūṃ　ha　hā　hi　hī　hu　hū　he　hai　ho hau　haṃ　haḥ pha ṭa　svāhā」謂者根
[illegible]。
本咒也。

སྔགས་ཀྱི་ཚིག་ནི་འདི་རྣམས་ཡིན་ནོ། ཨོཾ་ཨཥྚ་ན་ནཱ་ཡ། པིཾ་གོརྡྷ་ཀེ་ཤ་བརྟྨ་ནེ། ཙ་ཏུར་བིཾ་ཤ་ཏི་ནེ་ཏྲཱ་ཡ། ཥོ་ཌ་ཤ་བྷུ་ཛཱ་ཡ། ཀྲིཥྞ་ཛཱི་མཱུ་ཏ་བ་པུ་ཥེ། ཀ་པཱ་ལ་མཱ་ལཱ་ནེ་ཀཱ་དྷཱ་རི་ཎེ། ཨདྷྨཱ་ཏ་ཀྲཱུ་ར་ཙིཏྟཱ་ཡ། ཨརྡྷེནྡུ་དཾཥྚྲཱི་ཎེ། ཨོཾ་མཱ་ར་ཡ་མཱ་ར་ཡ། ཀཱ་ར་ཡ་ཀཱ་ར་ཡ། གརྫ་ཡ་གརྫ་ཡ། ཏརྫ་ཡ་ཏརྫ་ཡ། ཤོ་ཥ་ཡ་ཤོ་ཥ་ཡ། སཔྟ་སཱ་ག་རཱ་ཎ། བནྡྷ་བནྡྷ། ནཱ་གཱཥྚ་ཀཱ་ན། གྲིཧྞ་གྲིཧྞ་ཤ་ཏྲཱུཾ། ཧ་ཧཱ། ཧི་ཧཱི། ཧུ་ཧཱུ། ཧེ་ཧཻ། ཧོ་ཧཽ། ཧཾ་ཧཿ་ཕཊ་སྭཱ་ཧཱ། ཞེས་པ་ནི་རྩ་བའི་སྔགས་སོ།།

sngags kyi tshig ni ’di rnams yin no／oṃ aṣṭā na nā ya／piṃ gordha ke śa vartma ne／ca tur viṃśa ti ne trā ya／ṣo ḍa śa bhu jā ya／krisṇa jī mū ta va pu ṣe／ka pā la mā lā／ne kā dhā ri ṇe／adhmā ta krū ra cittā ya／ardhendu daṃṣṭrī ṇe／oṃ mā ra ya mā ra ya／kā ra ya kā ra ya／garjja ya garjja ya／tarjja ya tarjja ya／śo ṣa ya śo ṣa ya／sapta sā ga rā ṇa／bandha bandha／nā gāṣṭa kā na／grihṇa grihṇa śa trūṃ／ha hā／hi hī／hu hū／he hai／ho hau／haṃ haḥ phaṭa svāhā／zhes pa ni rtsa ba’i sngags so//

咒語：「oṃ aṣṭā na nā ya piṃ gordha ke śa vartma ne ca tur viṃśa ti ne trā ya ṣo ḍa śa bhu jā ya krisṇa jī mū ta va pu ṣe ka pā la mā lā ne kā dhā ri ṇe adhmā ta krū ra cittā ya ardhendu daṃṣṭrī ṇe oṃ mā ra ya mā ra ya kā ra ya kā ra ya garjja ya garjja ya tarjja ya tarjja ya śo ṣa ya śo ṣa ya sapta sā ga rā ṇa bandha bandha nā gāṣṭa kāna grihṇa grihṇa śa trūṃ ha hā hi hī hu hū he hai ho hau haṃ haḥ phaṭa svāhā」爲根本咒〔1〕。

注釋：

〔1〕根本咒（[illegible]），西夏文直譯藏文 རྩ་བའི་སྔགས（rtsa ba’i sngags；根本咒），又稱根本陀羅尼，密教諸尊中，非特指任何一尊，而泛指諸尊之內證本誓功德中最詳要之眞言陀羅尼，其於眞言中，乃屬根本之大咒。《甘露泉》作「根本咒」。

對譯與譯文：

「[illegible]」[illegible]。
「oṃ　de　va　pi　cu　vajra　hūṃ hūṃ hūṃ phaṭa svāhā」心眞也。
ཨོཾ་དེ་ཝ་པི་ཙུ་བཛྲ་ཧཱུྃ་ཧཱུྃ་ཧཱུྃ་ཕཊ་སྭཱ་ཧཱ། སྙིང་པོའོ།

oṃ de va pi cu vajra hūṃ hūṃ hūṃ phaṭa svāhā／ snying po'o／

「oṃ de va pi cu vajra hūṃ hūṃ hūṃ phaṭa svāhā」，心咒〔1〕也。

「[illegible]」[illegible]。

「oṃ vajra karta ri he vajrā ya hūṃ hūṃ hūṃ phaṭa svāhā」近心真也。

ཨོཾ་བཛྲ་ཀརྟ་རི་ཧེ་བཛྲཱ་ཡ་ཧཱུྃ་ཧཱུྃ་ཧཱུྃ་ཕཊ་སྭཱ་ཧཱ། ཉེ་བའི་སྙིང་པོའོ།

oṃ vajra karta ri he vajrā ya hūṃ hūṃ hūṃ phaṭa svāhā／nye ba'i snying po'o

「oṃ vajra〔2〕 karta ri he vajrā ya hūṃ hūṃ hūṃ phaṭa svāhā」，根本心咒〔3〕也。

「[illegible]」[illegible]。

「oṃ ā aṃ hūṃ phaṭa svāhā」陰之也。

ཨོཾ་ཨཱཿཨཾ་ཧཱུྃ་ཕཊ་སྭཱ་ཧཱ། ཡུམ་གྱིའོ།

oṃ āḥ aṃ hūṃ phaṭa svāhā／yum gyi'o

「oṃ āḥ aṃ hūṃ phaṭa svāhā」，母之（咒）也。

「[illegible]〔註35〕[illegible]

「oṃ ā gaṃ hūṃ phaṭa svāhā oṃ ā caṃ hūṃ phaṭa svāhā oṃ ā vaṃ

[illegible]

hūṃ phaṭa svāhā oṃ ā ghaṃ hūṃ phaṭa svāhā oṃ ā paṃ hūṃ phaṭa svāhā oṃ

[illegible]

ā śaṃ hūṃ phaṭa svāhā oṃ ā laṃ hūṃ phaṭa svāhā oṃ ā ḍaṃ hūṃ phaṭa

[illegible]」[illegible]。

svāhā」圍繞十天母等之咒。

ཨོཾ་ཨཱཿགཾ་ཧཱུྃ་ཕཊ་སྭཱ་ཧཱ། ཨོཾ་ཨཱཿཙཾ་ཧཱུྃ་ཕཊ་སྭཱ་ཧཱ། ཨོཾ་ཨཱཿཝཾ་ཧཱུྃ་ཕཊ་སྭཱ་ཧཱ། ཨོཾ་ཨཱཿགྷཾ་ཧཱུྃ་ཕཊ་སྭཱ་ཧཱ། ཨོཾ་ཨཱཿཔཾ་ཧཱུྃ་ཕཊ་སྭཱ་ཧཱ། ཨོཾ་ཨཱཿཤཾ་ཧཱུྃ་ཕཊ་སྭཱ་ཧཱ། ཨོཾ་ཨཱཿལཾ་ཧཱུྃ་ཕཊ་སྭཱ་ཧཱ། ཨོཾ་ཨཱཿཌཾ་ཧཱུྃ་ཕཊ་སྭཱ་ཧཱ། འཁོར་གྱི་ལྷ་མོ་རྣམས་ཀྱི་སྔགས་སོ།

oṃ ā gaṃ hūṃ phaṭa svāhā／oṃ ā caṃ hūṃ phaṭa svāhā／oṃ ā vaṃ hūṃ phaṭa svāhā／oṃ ā ghaṃ hūṃ phaṭa svāhā／oṃ ā paṃ hūṃ phaṭa svāhā／oṃ ā śaṃ hūṃ phaṭa svāhā／oṃ ā laṃ hūṃ phaṭa svāhā／oṃ ā ḍaṃ hūṃ phaṭa svāhā／'khor gyi lha mo rnams kyi sngags so／

「oṃ ā gaṃ phaṭa svāhā oṃ ā caṃ phaṭa svāhā oṃ ā vaṃ phaṭa svāhā oṃ ā

〔註35〕此處疑脱「[illegible]」（ā）字，據藏文本補。

gham̩ phaṭa svāhā oṃ ā paṃ phaṭa svāhā oṃ ā śaṃ phaṭa svāhā oṃ ā laṃ phaṭa svāhā oṃ ā ḍaṃ phaṭa svāhā」，眷屬十〔4〕天母眾之咒。

注釋：

〔1〕心咒，西夏文作「[illegible]」，字面意思是「心眞」，對應藏文 སྙིང་པོ（snying po；精華、藏、要旨），在佛書中常譯作「心咒」。《甘露泉》作「心咒」。

〔2〕vajra，西夏文作「[illegible]」，仔細分析字形我們發現該俗體字是西夏文「[illegible]」（vajra）的省寫，即是「[illegible]」字的左半部加上「[illegible]」字的上半部和下半部的左邊，另外加上「[illegible]」字的左半邊構成的俗體字，用來對音 vajra 一詞。

〔3〕根本心咒，西夏文作「[illegible]」，字面意思是「近心眞」，對應藏文 ཉེ་བའི་སྙིང་པོ（nye ba'i snying po），在佛書中常譯作「根本心咒，本尊心咒」。《甘露泉》作「親心咒」。

〔4〕藏文無「十」字。

錄文與譯文：

[illegible]

各句以不間斷作所以誦。中尊之根咒親誦者八億；心眞三十億；近心眞十

[illegible]

六億；天母等者，八萬各。彼許以者中圍之作所等於入主，菩提成於量無。樂

[illegible]

功二，共成就易易成及佛智入也。

ཚིག་གཞན་གྱིས་བར་མ་ཆད་པར་བཟླའོ། གཙོ་བོའི་རྩ་བའི་སྔགས་ཀྱི་བསྙེན་པ་ནི་འབུམ་ཕྲག་བརྒྱད། སྙིང་པོ་འབུམ་ཕྲག་བཅུ་གསུམ། ཉེ་སྙིང་འབུམ་ཕྲག་བཅུ་དྲུག་གོ། ལྷ་མོ་རྣམས་ཀྱི་ནི་ཁྲི་ཕྲག་བརྒྱད་བརྒྱད་དོ། དེ་ཙམ་གྱིས་ནི་དཀྱིལ་འཁོར་གྱི་བྱ་བ་ལ་སོགས་པར་འཇུག་པར་དབང་ངོ། བྱང་ཆུབ་སྒྲུབ་པ་ལ་ནི་ཚད་མེད་དོ། ཕན་ཡོན་གཉིས་ཏེ། ཐུན་མོང་གི་དངོས་གྲུབ་ཚེགས་མེད་པར་འགྲུབ་པ་དང་། སངས་རྒྱས་རྣམས་ཀྱི་ཡེ་ཤེས་འཇུག་པའོ།།

tshig gzhan gyis bar ma chad par bzla'o／gtso bo'i rtsa ba'i sngags kyi bsnyen pa ni 'bum phrag brgyad／snying po 'bum phrag bcu gsum／nye snying 'bum phrag bcu drug go／lha mo rnams kyi ni khri phrag brgyad brgyad do／de tsam gyis ni dkyil 'khor gyi bya ba la sogs par 'jug par dbang ngo／byang chub sgrub pa la ni tshad med do／phan yon gnyis te／thun mong gi dngos grub tshegs med par 'grub pa dang／sangs rgyas rnams kyi ye shes 'jug pa'o／

不以它句間斷所誦之咒。主尊根本咒，修念〔1〕八億〔2〕遍；心咒三十億〔3〕；根本心咒十六億〔4〕；諸天母之咒，各八萬遍〔5〕。以唯量〔6〕能入〔7〕於壇城之業，若菩提成就，則無量數。二功德者：易證〔8〕共同成就與得佛之智慧也。

[illegible]

呼石王面前悟定次上卷　阿帝

[illegible]

衣衲慧增藏文與復校思定

喜金剛現證定次上卷　阿帝

衣衲慧增持藏文重校詳定

注釋：

〔1〕修念（[illegible]），西夏文字面意思是「親誦」，對應藏文作 བསྙེན་པ（bsnyen pa；親近、修念）。

〔2〕八億（[illegible]），藏文本作 འབུམ་ཕྲག་བརྒྱད（'bum phrag brgyad；八十萬）。《甘露泉》作「八億」。

〔3〕三十億（[illegible]），藏文本作 འབུམ་ཕྲག་བཅུ་གསུམ（'bum phrag bcu gsum；一千三百萬）。《甘露泉》作「十三億」。

〔4〕十六億（[illegible]），藏文本作 འབུམ་ཕྲག་བཅུ་དྲུག（'bum phrag bcu drug；一千六百萬）。《甘露泉》作「十六億」。

〔5〕各八萬遍（[illegible]），西夏文字面意思是「八萬各」，對應藏文 ཁྲི་ཕྲག་བརྒྱད་བརྒྱད（khri phrag brgyad brgyad；八八萬整），前文提到的眾天母之咒有八句，在這裡的意思是這八句咒語各念誦八萬遍。《甘露泉》作「眾母咒者，各誦八萬」。

〔6〕唯量，西夏文作「[illegible]」，字面意思是「彼許」，對應藏文 དེ་ཙམ（de tsam；如許，那麼多），在佛書中常譯作「唯量」。《甘露泉》作「若干之數」。

〔7〕能入（[illegible]），西夏文字面意思是「入主」，直譯藏文 འཇུག་པར་དབང་（'jug par dbang；可作；能夠進入）。

〔8〕易證（[illegible]），西夏文字面意思是「易易成」，對應藏文 ཚེགས་མེད་པར་འགྲུབ་པ（tshegs med par 'grub pa；不難成就）。

第四節　西夏文《喜金剛現證如意寶》草書研究

對草書的研究，最早開始於 20 世紀 30 年代，俄國學者聶歷山率先從草書寫本《孝經傳》的序言部分辨認出了經題、注釋者以及注釋時間〔註 36〕。之後這個研究成果被石濱純太郎發表在日本〔註 37〕。此外，聶歷山的一些對《孝經傳》草書的一部分研究成果也收錄在他編寫的西夏文字典中，並於 1960 年由戈爾巴喬娃整理出版〔註 38〕。1966 年，柯洛科洛夫和克恰諾夫合作出版了《夏譯漢文經典》一書，探討了西夏文草書與楷書的一些對應規律，並附有《西夏文草書偏旁簡表》〔註 39〕。20 世紀草書解讀的最大突破是格林斯蒂德 1972 年發表的《西夏文字的分析》，他對俄國刊布的西夏文草書《孝經傳》全文做了楷書的轉寫〔註 40〕，然而格林斯蒂格僅僅是通過機械的對比西夏文草書的構字部件，並沒有結合漢文典籍來印證自己的翻譯結果，因此，現在來看，其楷書轉寫的準確性不甚理想。

存世的西夏文文獻中，許多珍貴的社會歷史資料多由西夏文草書寫成，近些年西夏文草書文獻逐漸得到了學者們的關注，對於部分西夏文草書也進行了嘗試性的解讀〔註 41〕。除此之外，也有學者開始對西夏草書的字形特徵，草書、楷書之間的對應規則進行系統的研究。彭向前先生通過研究西夏文草書《孝經傳》，總結出西夏文草書有省略、點畫替代、錯位挪讓、改變筆劃形態以及筆順等規律，探討了西夏文草書「同符異用」、「一字多寫」的現象，並對西夏草書的形似字進行了舉例和歸納〔註 42〕。孫穎新在研究西夏草書寫

〔註 36〕 Н. А. Невский, Тангутская письменность и ее фонды, *Труды Института Востоковедения* 17, 1936.

〔註 37〕 石濱純太郎：《西夏語譯呂惠卿孝經傳》，《文化》，1956 年，第 20 頁。

〔註 38〕 Н. А. Невский, *Тангутская филология*, Москва: Издательство восточной литературы, 1960.

〔註 39〕 В. С. Колоколов и Е. И. Кычанов, *Китайская классика в тангутском переводе（Лунь Юй, Мэн Цзы, Сяо Цзин）*, Москва: Наука, 1966, стр. 128～135.

〔註 40〕 Eric Grinstead, *Analysis of the Tangut Script*, Lund: Studentlitteratur, 1972， p277～376.

〔註 41〕 這部分作品主要有胡若飛：《俄藏西夏文草書〈孝經傳〉序及篇目譯考》，《寧夏社會科學》，2005 年第 5 期；聶鴻音：《呂注〈孝經〉考》，《中華文史論叢》，2007 年第 86 期，第 285～306 頁。杜建錄、史金波：《西夏社會文書研究》，上海：上海古籍出版社，2012 年；彭向前：《西夏文〈孟子〉整理研究》，上海：上海古籍出版社，2012 年，以及段玉泉和梁松濤解讀有二十多首西夏文草書的醫方。

〔註 42〕 彭向前：《西夏文〈孝經傳〉草書初探》，《寧夏社會科學》，2014 年第 2 期。

本《近住八齋戒文》的基礎上，系統歸納了一批西夏草書的構字部件，並對西夏字中草楷兩體的對應規律做了總結歸納〔註 43〕。

西夏文草書在書寫的過程中，爲了提高寫作速度，必然會採取省略和代替的原則。以西夏文《喜金剛現證如意寶》出現的情況爲例，如將左邊偏旁「」省寫作「」，或是將「」省寫成「」，將右邊偏旁「」寫作「」。弄清楚這些西夏文草書的基本構字部件，掌握楷書和草書構字部件的對應規律，有助於辨認和解讀西夏文草書，以「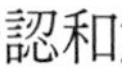」字爲例，其對應的楷體寫作「」，左邊偏旁「」可以對應楷體「」，右邊上部「」對應楷體「」，右邊下部中的「」可以對應楷體的「」。通過對上述構字部件的還原，就可以推斷出對應的楷體。比如西夏字草書「」，其對應的楷體作「」，左邊偏旁「」可以對應楷體「」，右邊偏旁「」可以對應楷體「」。再比如知道「」對應楷體「」，相應的可以知道西夏草體「」對應的楷體爲「」，如果再知道西夏草體構字部件「」的楷體形式是「」，將二者相結合，可以知道西夏字草書「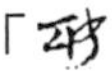」的楷體爲「」。弄清這些草體構字部件與楷書字體的對應關係，可以幫助我們釋讀西夏文草體字。此外還有一些西夏草體字難以用構字部件分解，如西夏文草體字「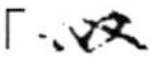」，其對應的楷體作「」，這種情況可以將其視爲一個整體來處理。

通過以上的例子可以看出西夏草書草而不亂，各個構字部件雖與楷體大不相同，但總體有跡可循，因此，積累一部分草書的構字部件，有助於西夏文草書的辨認與識讀。然而西夏文草體和楷體不是機械的對照。我們可以想像在西夏文草書的發展過程中，並不會專門規定草書的寫法，因此「同符異用」與「一字多寫」等現象也經常出現在西夏文草書文獻中，對於不同抄寫者，其抄寫的方式不同，西夏字草書的寫法也可能有些許不同，這些情況大大加深了草書辨認的難度。但是在研究初期，對草書構字部件的整理和研究對於解讀西夏文草書無疑具有重大意義。

西夏文《喜金剛現證如意寶》卷尾另附三行草書修習法，共 89 字，不見於藏文底本。其中草書構字部件的省略和代替方法，在《喜金剛現證如意寶》正文的抄寫中多有出現，這也爲草書的辨識與解讀提供了可能。以下是草書修習法的解讀以及部分草書構字部件的歸納：

〔註 43〕 孫穎新：《西夏寫本〈近住八齋戒文〉草書規律初探》，《寧夏社會科學》，2015 年第 1 期。

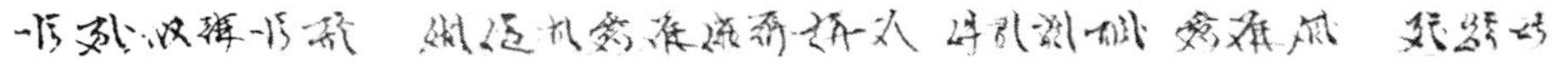

[illegible]，[illegible]，[illegible]，[illegible]。

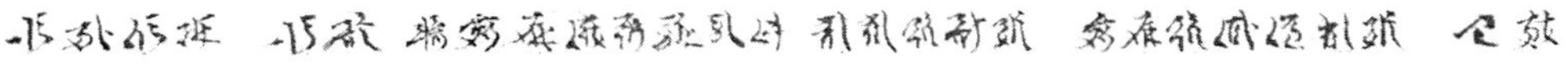

[illegible]，[illegible]，[illegible]，[illegible]

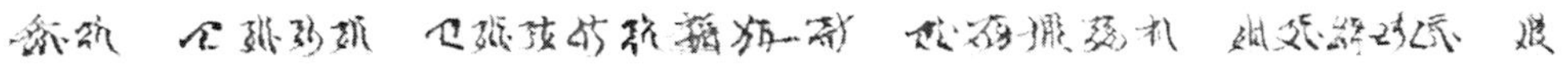

[illegible]，[illegible]，[illegible]，[illegible]，[illegible]，[illegible]

[illegible]。

先依集輪求圓滿〔1〕，後祈請誦咒、供養、加持〔2〕，令佛果增長，奉供養，施朵瑪〔3〕。若無集輪求修圓滿，供養加持面前，佛果增長時；奉供養等、誦咒時；八天母等，集八面時，復思八面十六（臂）作雙擁〔4〕，光明誦入口，後所施朵瑪，誦 mu，皆變十迴向〔5〕。

校注：

〔1〕集輪（[illegible]），一般對譯藏文 ཚོགས་ཀྱི་འཁོར་ལོ（tshogs kyi ’khor lo；集合之輪），佛書常譯爲「集輪」或「會供輪、會供曼荼羅」。指佛教修行者，觀想憑藉神力加持五欲及飲食品以供諸佛的壇場，以此積集殊勝資糧的儀軌。

〔2〕加持（[illegible]），西夏文字面意思是「攝受」，對譯藏文 བྱིན་གྱིས་བརླབས་པ（byin gyis brlabs pa；加被、加持）。

〔3〕朵瑪（[illegible]），西夏文字面意思是「施食」，對譯藏文 གཏོར་མ（gtor ma；施食、朵馬），由糌粑捏成以供神施鬼的食品丸子。

〔4〕雙擁（[illegible]），似譯自藏文 གཉིས་གཉིས་འཁྱུད་པ（gnyis gnyis ’khyud pa；交抱、雙運）。

〔5〕十迴向（[illegible]），西夏文字面意思是「回趣十」，「回趣」即「迴向」，以大悲心救護一切衆生之意。十迴向指菩薩修行的五十二階位中，從第三十一位到第四十位。

毋庸諱言，對西夏文的草書作品，尤其是對草書的藏傳佛教作品，目前還不能達到自如翻譯的水準，所以上面的解讀僅僅是勉爲其難的嘗試，不敢妄言字字無誤。下面是對三行草書構字部件的歸納，字表編號表示例字在 89 個草體字中的位置。

序號	草書	楷書	例字	例字楷體	字表編號
1	[illegible]	[illegible]	[illegible]	[illegible]	1、5、26、30
2	[illegible]	[illegible]	[illegible]	[illegible]	28
3	[illegible]	[illegible]	[illegible]	[illegible]	2、27、
4	[illegible]	[illegible]	[illegible]	[illegible]	19
5	[illegible]	[illegible]	[illegible]	[illegible]	4、29
6	[illegible]	[illegible]	[illegible]	[illegible]	43、67
7	[illegible]	[illegible]	[illegible]	[illegible]	6、31
8	[illegible]	[illegible]	[illegible]	[illegible]	7、73
9	[illegible]	[illegible]	[illegible]	[illegible]	16、39
10	[illegible]	[illegible]	[illegible]	[illegible]	8、49
11	[illegible]	[illegible]	[illegible]	[illegible]	9、50
12	[illegible]	[illegible]	[illegible]	[illegible]	10、20、33、45
13	[illegible]	[illegible]	[illegible]	[illegible]	12、35
14	[illegible]	[illegible]	[illegible]	[illegible]	21、34、46
15	[illegible]	[illegible]	[illegible]	[illegible]	13
16	[illegible]	[illegible]	[illegible]	[illegible]	14
17	[illegible]	[illegible]	[illegible]	[illegible]	17、40
18	[illegible]	[illegible]	[illegible]	[illegible]	19
19	[illegible]	[illegible]	[illegible]	[illegible]	23、74
20	[illegible]	[illegible]	[illegible]	[illegible]	24、75
21	[illegible]	[illegible]	[illegible]	[illegible]	25、76
22	[illegible]	[illegible]	[illegible]	[illegible]	28
23	[illegible]	[illegible]	[illegible]	[illegible]	32
24	[illegible]	[illegible]	[illegible]	[illegible]	37
25	[illegible]	[illegible]	[illegible]	[illegible]	42、47、55、64
26	[illegible]	[illegible]	[illegible]	[illegible]	42、47、55、64
27	[illegible]	[illegible]	[illegible]	[illegible]	43、67
28	[illegible]	[illegible]	[illegible]	[illegible]	44、59
29	[illegible]	[illegible]	[illegible]	[illegible]	44、59
30	[illegible]	[illegible]	[illegible]	[illegible]	52、56、60
31	[illegible]	[illegible]	[illegible]	[illegible]	62
32	[illegible]	[illegible]	[illegible]	[illegible]	66

33		[illegible]		[illegible]	68
34		[illegible]		[illegible]	69
35		[illegible]		[illegible]	69
36		[illegible]		[illegible]	70
37		[illegible]		[illegible]	70
38		[illegible]		[illegible]	71
39		[illegible]		[illegible]	71
40		[illegible]		[illegible]	3
41		[illegible]		[illegible]	79

參考文獻

1. 安海燕：《臺灣故宮博物館藏漢譯密教儀軌〈吉祥喜金剛集輪甘露泉〉源流考述》，人民大學碩士學位論文，2010 年。
2. 安海燕，沈衛榮：《臺灣故宮博物院藏漢譯藏傳密教儀軌〈吉祥喜金剛集輪甘露泉〉源流考述》，《文史》，2010 年第 3 輯。
3. 安婭：《西夏文藏傳〈守護大千國土經〉研究》，中國社會科學院研究生院博士學位論文，2011 年。
4. 昂旺·貢嘎索南著、多吉傑博編：《薩迦世系譜》（藏文），民族出版社 1986 年版。
5. 八思巴著、百慈藏文古籍研究室編輯整理：《薩迦五祖全集對勘本》（藏文），中國藏學出版社 2007 年版。
6. 白濱譯：《西夏文寫本及刊本——蘇聯科學院亞洲民族研究所藏西夏文已考訂寫本及刊本目錄》，中國社會科學院民族研究所歷史研究室編譯《民族史譯文集》第 3 集，1978 年版。
7. 白濱等編：《中國民族史研究》（二），中央民族學院出版社 1989 年版。
8. 白濱：《元代唐兀氏與西夏遺民》，何廣博主編：《述善集研究論集》，甘肅人民出版社 2001 年版。
9. 白濱：《元代西夏一行慧覺法師輯漢文〈華嚴懺儀〉補釋》，杜建錄主編：《西夏學》第 1 輯，寧夏人民出版社 2006 年版。
10. 陳永耕：《西夏碑（石）刻述要》，《文博》，2010 年第 5 期。
11. 陳高華：《略論楊璉眞加和楊暗普父子》，《西北民族研究》，1986 年第 1 期。
12. 陳高華：《再論元代河西僧人楊璉眞加》，《中華文史論叢》2006 年 6 月第 82 輯。
13. 陳慶英：《大乘玄密帝師考》，《佛學研究》，2000 年。
14. 陳慶英：《西夏大乘玄密帝師的生平》，《西藏大學學報》，2000 年第 3 期。

15. 陳慶英、孟軻：《藏文〈蒙古佛教史〉選譯——佛教在蒙古地方的傳播》，《西北民族研究》，1989 年第 1 期。
16. 陳慶英：《〈大乘要道密集〉與西夏王朝的藏傳佛教》，《中國藏學》，2003 年第 3 期。
17. 崔紅芬：《再論西夏帝師》，《中國藏學》，2008 年第 1 期。
18. 崔紅芬：《僧人「慧覺」考略——兼談西夏的華嚴信仰》，《世界宗教研究》，2010 年第 4 期。
19. 崔紅芬：《元代楊璉眞伽佛事活動考略》，《西部蒙古論壇》，2015 年第 4 期。
20. 崔紅芬：《元杭州路刊刻河西字〈大藏經〉探析》，《西部蒙古論壇》，2014 年第 2 期。崔紅芬：《西夏僧人「德慧」師號考》，《寧夏社會科學》，2010 年第 2 期。
21. 崔紅芬：《英藏西夏文〈聖勝慧到彼岸功德寶集偈〉殘葉考》，《寧夏師範學院學報》2008 年第 1 期。
22. 崔紅芬：《文化融合與延續：11～13 世紀藏傳佛教在西夏的傳播與發展》，民族出版社 2014 年版。
23. 崔紅芬：《西夏時期的河西佛教》，蘭州大學博士學位論文，2006 年。
24. 丁福保：《佛學大辭典》，文物出版社 1984 年版。
25. 鄧如萍：《西夏佛典中的翻譯史料》，《中華文史論叢》，2009 年第 95 期。
26. 杜建錄：《中國藏西夏文獻敘錄》，《西夏學》第 3 輯，2008 年 7 月。
27. 杜建錄、史金波：《西夏社會文書研究》，上海古籍出版社 2012 年版。
28. 段玉泉：《元刊西夏文大藏經的幾個問題》，《文獻》，2009 年第 1 期。
29. 段玉泉：《西夏〈功德寶集偈〉跨語言對刊研究》，上海古籍出版社 2014 年版。
30. 段玉泉：《管主八施印〈河西字大藏經〉新探》，杜建錄主編：《西夏學》第 1 輯，寧夏人民出版社 2006 年版。
31. 段玉泉：《西夏文醫方〈敕賜紫苑丸〉初探》，《寧夏社會科學》，2013 年第 5 期。
32. 段玉泉：《西夏文〈聖勝慧到彼岸功德寶集偈〉考論》，杜建錄主編：《西夏學》第 4 輯，寧夏人民出版社 2009 年版。
33. 段玉泉、惠宏：《西夏文〈佛頂無垢經〉考論》，《西夏研究》2010 年第 2 期。
34. 段玉泉：《西夏文〈尊者聖妙吉祥增智慧覺之總持〉考》，四川大學歷史文化學院編《吴天墀教授百年誕辰紀念文集》，四川人民出版社 2013 年版。
35. 段玉泉：《西夏文〈聖觀自在大悲心總持功能依經錄〉考論》，聶鴻音、孫伯君編《中國多文字時代的歷史文獻研究》，社會科學文獻出版社 2010 年版。

36. 段玉泉：《西夏文〈勝相頂尊總持功能依經錄〉再研究》，《寧夏社會科學》2008 年第 5 期。
37. 段玉泉：《一批新見的額濟納旗綠城出土西夏文獻》，杜建錄主編《西夏學》第 10 輯，上海古籍出版社 2013 年版。
38. 段玉泉：《語言背後的文化流傳：一組西夏藏傳佛教文獻解讀》，蘭州大學博士學位論文，2009 年。
39. 國立北平圖書館編：《國立北平圖書館館刊》第 4 卷第 3 號「西夏文專號」，1930（1932）年。
40. 黃玉生等編著：《西藏地方與中央政府關係史》，西藏人民出版社 1995 年版。
41. 胡進杉：《西夏佛典探微》，上海古籍出版社 2015 年版。
42. 胡若飛：《俄藏西夏文草書〈孝經傳〉序及篇目譯考》，《寧夏社會科學》，2005 年第 5 期。
43. 荒川慎太郎：《プリンストン大学所藏西夏文华严经卷七十七译注》，《アジア・アフリカ言语文化研究》2011 年第 81 期。
44. 荒川慎太郎：《西夏文〈金刚经〉の研究》，松香堂书店 2014 年版。
45. 荒川慎太郎：《西夏文〈金刚经〉の研究》，京都大学博士学位论文，2002 年。
46. 蔣遠柏：《元代宗教寬容性成因淺析》，《廣西師院學報》（哲學社會科學版），1996 年第 1 期。
47. 藍吉富：《實用佛學辭典》（上、中、下）現代佛學大系 56，彌勒出版社 1984 年版。
48. 李範文：《夏漢字典》，中國社會科學出版社 2008 年修訂版。
49. 李富華、何梅：《漢文佛教大藏經研究》，宗教文化出版社 2003 年版。
50. 李若愚：《〈喜金剛現證如意寶〉：元帝師八思巴著作的西夏譯本》，《寧夏社會科學》，2016 年第 5 期。
51. 李燦、侯浩然：《西夏遺僧一行慧覺生平、著述新探》，杜建錄主編：《西夏學》第六輯，上海古籍出版社 2010 年版。
52. 梁松濤：《俄藏黑水城文獻 911 號西夏文醫書第 14-1 頁藥方考釋》，《敦煌學輯刊》，2011 年第 4 期。
53. 梁松濤：《俄藏黑水城出土西夏文「五倍丸方」考釋》，《西夏研究》，2012 年第 1 期。
54. 林英津：《簡論西夏語譯〈勝相頂尊總持功能依經錄〉》，杜建錄主編《西夏學》第 1 輯，寧夏人民出版社 2006 年版。

55. 林英津：《西夏語譯〈眞實名經〉釋文研究》，《語言暨語言學》專刊甲種之八，中央研究院語言學研究所 2006 年版。
56. 林英津：《西夏語譯〈尊勝經（UsnīsaVijayaDhāranī）〉釋文》，「西夏文明研究展望國際學術研討會（聖彼德堡，2006 年）」。
57. 林光明、林怡馨合編：《梵漢大辭典》，嘉豐出版社 2005 年版。
58. 羅福萇:《西夏贖經記》,《國立北平圖書館館刊》第 4 卷第 3 號,1930(1932)年。
59. 羅福成：《不空羂索神變眞言經卷第十八釋文》，《國立北平圖書館館刊》第 4 卷第 3 號，1930（1932）年。
60. 羅福成：《聖大悟蔭王求隨皆得經卷下釋文》，《國立北平圖書館館刊》第 4 卷第 3 號，1930（1932）年。
61. 呂澂：《漢藏佛教關係史料集》，華西協合大學中國文化研究所專刊乙種第一冊 1942 年版。
62. 呂澂：《呂澂佛學論著選集》第 1～5 冊，齊魯書社 1991 年版。
63. 麻曉芳：《「擦擦」的西夏譯法小考》，《寧夏社會科學》，2016 年第 5 期。
64. 孟列夫：《黑城出土漢文遺書敘錄》，王克孝譯，寧夏人民出版社 1994 年版。
65. 馬祖常：《石田先生文集》，中州古籍出版社 1991 年版。
66. 聶鴻音：《西夏文〈過去莊嚴劫千佛名經〉發願文中的兩個年號》，《固原師專學報》，2004 年第 5 期。
67. 聶鴻音：《西夏帝師考辨》，《文史》，2005 年第 3 期。
68. 聶鴻音：《呂注〈孝經〉考》，《中華文史論叢》，2007 年第 86 期。
69. 聶鴻音：《西元 1226：黑水城文獻最晚的西夏紀年》，《寧夏社會科學》，2012 年第 4 期。
70. 聶鴻音：《西夏文藏傳〈般若心經〉研究》，《民族語文》，2005 年第 2 期。
71. 聶鴻音：《西夏佛教術語的來源》，《固原師專學報》，2002 年第 2 期。
72. 聶鴻音：《西夏文獻論稿》，上海古籍出版社 2012 年版。
73. 聶鴻音：《西夏的佛教術語》，《寧夏社會科學》，2005 年第 6 期。
74. 聶鴻音：《西夏佛經序跋譯注》，上海古籍出版社 2016 年版。
75. 聶鴻音：《大度民寺考》，《民族研究》，2003 年第 4 期。
76. 聶鴻音：《西夏文〈五部經序〉考釋》，《民族研究》，2013 年第 1 期。
77. 聶鴻音：《乾祐二十年〈彌勒上生經御製發願文〉的夏漢對勘研究》，杜建錄主編《西夏學》第 4 輯，寧夏人民出版社 2009 年版。

78. 聶鴻音：《西夏譯本〈持誦聖佛母般若多心經要門〉述略》，《寧夏社會科學》，2005 年第 2 期。
79. 聶鴻音：《〈西夏佛經序跋譯注〉導言》，杜建錄主編《西夏學》第 10 輯，上海古籍出版社 2014 年版。
80. 聶鴻音：《乾祐二十年〈彌勒上生經御製發願文〉的夏漢對勘研究》，杜建錄主編《西夏學》第 4 輯，寧夏人民出版社 2009 年版。
81. 聶鴻音：《打開西夏文字之門》，國家圖書館出版社 2014 年版。
82. 聶歷山、石濱純太郎：《西夏文八千頌般若經合璧考釋》，《國立北平圖書館館刊》第 4 卷第 3 號，1930（1932）年。
83. 寧夏大學西夏學研究中心、中國國家圖書館、甘肅五涼古籍整理研究中心：《中國藏西夏文獻》，甘肅人民出版社、敦煌文藝出版社 2005 年版。
84. 寧夏文物考古研究所編著：《拜寺溝西夏方塔》，文物出版社 2005 年版。
85. 彭向前：《中國藏西夏文〈大智度論〉卷第四考補》，杜建錄主編《西夏學》第 2 輯，上海古籍出版社 2007 年版。
86. 彭向前：《西夏文〈孟子〉整理研究》，上海古籍出版社 2012 年版。
87. 彭向前：《西夏文〈孝經傳〉草書初探》，《寧夏社會科學》，2014 年第 2 期。
88. 榊亮三郎等：《梵藏漢和四譯對校翻譯名義大集》，京都文科大學 1926 年版。
89. 沈衛榮：《重構十一至十四世紀的西域佛教史——基於俄藏黑水城漢文佛教文書的探討》，《歷史研究》2006 年 5 期。
90. 沈衛榮，安海燕：《明代漢譯藏傳密教文獻和西域僧團——兼談漢藏佛教史研究的語文學方法》，《清華大學學報》（哲學社會科學版），2011 年第 2 期。
91. 沈衛榮：《序說有關西夏、元朝所傳藏傳密法之漢文文獻——以黑水城所見漢譯藏傳佛教儀軌文書爲中心》，《歐亞學刊》第 7 輯，2007 年。
92. 沈衛榮：《何謂密教？關於密教的定義、修習、符號和歷史的詮釋與爭論》，中國藏學出版社 2013 年版。
93. 沈衛榮：《漢、藏譯〈聖大乘勝意菩薩經〉研究——以俄藏黑水城漢文文獻 TK145 文書爲中心》，《中國邊疆民族研究》第 1 輯，2008 年。
94. 沈衛榮：《宋、西夏、明三種漢譯〈吉祥喜金剛本續〉的比較研究》，沈衛榮主編《漢藏佛學研究：文本、人物、圖像和歷史》，中國藏學出版社 2013 年版。
95. 石濱純太郎：《西夏語譯大藏經考》，《龍谷大學論叢》287 號 1929 年版。周一良漢譯文原載《國立北平圖書館館刊》第 4 卷 3 號，1930（1932）年。

96. 史金波、白濱：《西安市文管處藏西夏文物》，《文物》1982 年第 4 期。
97. 史金波、白濱：《明代西夏文經卷和石幢初探》，《考古學報》1977 年第 1 期。
98. 史金波、聶鴻音、白濱譯：《天盛改舊新定律令》，法律出版社 2000 年版。
99. 史金波：《西夏佛教史略》，寧夏人民出版社 1988 年版。
100. 史金波：《西夏文〈過去莊嚴劫千佛名經〉發願文譯證》，《世界宗教研究》1981 年第 1 期。
101. 史金波：《西夏的藏傳佛教》，《中國藏學》，2002 年第 1 期。
102. 史金波：《西夏漢文本〈雜字〉初探》，白濱等編《中國民族史研究》(二)，中央民族學院出版社 1989 年版。
103. 史金波：《西夏文〈金光明最勝王經〉序跋考》，《世界宗教研究》，1983 年第 3 期。
104. 孫伯君：《西夏佛經翻譯的用字特點與譯經時代的判定》，《中華文史論叢》，2007 年第 86 輯。
105. 孫伯君：《西夏遺存文獻所見藏傳佛教的傳承世系》，《中華文史論叢》，2014 年第 115 輯。
106. 孫伯君、韓瀟銳：《黑水城出土西夏文〈西方淨土十疑論〉略注本考釋》，《寧夏社會科學》2012 年第 2 期。
107. 孫伯君、聶鴻音：《西夏文藏傳佛教史料——「大手印」法經典研究》，未刊本。
108. 孫伯君：《〈佛說阿彌陀經〉的西夏譯本》，《西夏研究》2011 年第 1 期。
109. 孫伯君：《〈無垢淨光總持〉的西夏文譯本》，《寧夏社會科學》2012 年第 6 期。
110. 孫伯君：《德藏吐魯番所出西夏文〈郁伽長者問經〉殘片考》，《寧夏社會科學》2005 年第 5 期。
111. 孫伯君：《俄藏西夏文〈達摩大師觀心論〉考釋》，中國社會科學院民族學與人類學研究所編《薪火相傳——史金波先生 70 壽辰西夏學國際學術研討會論文集》，中國社會科學出版社 2012 年版。
112. 孫伯君：《黑水城出土〈聖六字增壽大明陀羅尼經〉譯釋》，杜建錄主編《西夏學》第 10 輯，上海古籍出版社 2013 年版。
113. 孫伯君：《黑水城出土藏傳佛典〈中有身要門〉考釋》，《藏學學刊》2014 年 2 期。
114. 孫伯君：《黑水城出土西夏文〈金師子章雲間類解〉考釋》，《西夏研究》2010 年第 1 期。
115. 孫伯君：《黑水城出土西夏文〈求生淨土法要門〉譯釋》，《民族古籍研究》第 1 輯，中國社會科學出版社 2012 年版。

116. 孫伯君：《黑水城出土西夏文〈大手印定引導略文〉考釋》，《西夏研究》2011 年第 4 期。
117. 孫伯君：《黑水城出土西夏文〈佛說聖大乘三歸依經〉譯釋》，《蘭州學刊》2009 年第 7 期。
118. 孫伯君：《黑水城出土西夏文〈佛說最上意陀羅尼經〉殘片考釋》，《寧夏社會科學》2010 年第 1 期。
119. 孫伯君：《西夏寶源譯〈聖觀自在大悲心總持功能依經錄〉考》，《敦煌學輯刊》，2006 年第 2 期。
120. 孫伯君：《西夏寶源譯〈勝相頂尊總持功能依經錄〉考略》，杜建錄主編《西夏學》第 1 輯，上海古籍出版社 2006 年版。
121. 孫伯君：《西夏仁宗皇帝的校經實踐》，《寧夏社會科學》2013 年第 4 期。
122. 孫伯君：《西夏文〈觀彌勒菩薩上生兜率天經〉考釋》，《西夏研究》2013 年第 6 期。
123. 孫伯君：《西夏文〈亥母耳傳記〉考釋》，沈衛榮主編《大喜樂與大圓滿：慶祝談錫永先生八十華誕漢藏佛學研究論集》，中國藏學出版社 2014 年版。
124. 孫伯君：《西夏文〈妙法蓮華經心〉考釋》，杜建錄主編《西夏學》第 8 輯，上海古籍出版社 2011 年版。
125. 孫伯君：《西夏文〈正行集〉考釋》，《寧夏社會科學》2011 年第 1 期。
126. 孫伯君：《西夏文獻叢考》，上海古籍出版社 2015 年版。
127. 孫伯君：《玄奘譯〈般若心經〉西夏文譯本》，《西夏研究》2015 年第 2 期。
128. 孫伯君：《元刊河西藏考補》，《民族研究》2011 年第 2 期。
129. 孫伯君編：《國外早期西夏學論集》，民族出版社 2005 年版。
130. 孫伯君：《〈大乘要道密集〉與西夏文關係再探》，《西夏學》，2013 年第 2 期。
131. 孫昌盛：《西夏文〈吉祥遍至口合本續〉（第 4 卷）研究》，南京大學博士學位論文，2006 年。
132. 孫昌盛：《西夏文〈吉祥遍至口合本續〉整理研究》，社會科學出版社 2015 年版。
133. 孫穎新：《西夏文〈大乘無量壽經〉考釋》，《寧夏社會科學》2012 年第 1 期。
134. 孫穎新：《西夏文〈佛說齋經〉譯證》，《西夏研究》2011 年第 1 期。
135. 孫穎新：《西夏寫本〈近住八齋戒文〉草書規律初探》，《寧夏社會科學》，2015 年第 1 期。

136. 孫穎新：《西夏文〈無量壽經〉研究》，中國社會科學院研究生院博士學位論文，2013 年。
137. 索羅寧：《白雲釋子〈三觀九門〉初探》，杜建錄主編《西夏學》第 8 輯，上海古籍出版社 2011 年版。
138. 索羅寧：《西夏文「大手印」文獻雜考》，載沈文榮主編《漢藏佛學研究：文本、人物、圖像和歷史》，中國藏學出版社 2013 年版。
139. 索羅寧：《西夏佛教之「系統性」初探》，《世界宗教研究》，2013 年第 4 期。
140. 佟建榮：《西夏姓氏考論》，寧夏大學博士學位論文，2011 年。
141. 王菡：《元代杭州刊刻〈大藏經〉與西夏的關係》，《文獻》2005 年第 1 期。
142. 王啓龍：《藏傳佛教在元代政治中的作用與影響》，《西藏研究》，2001 年第 4 期。
143. 王啓龍：《忽必烈與八思巴、噶瑪拔希關係新探》，《清華大學學報》（哲學社會科學版），1997 年第 2 期。
144. 王靜如：《金光明最勝王經夏藏漢合璧考釋》，《西夏研究》第 2、3 輯，國立中央研究院歷史語言研究所單刊甲種之十一、十三，1933 年。
145. 王靜如：《西夏研究》（三輯），中央研究院歷史語言研究所 1932～1933 年版。近有臺灣商務印書館 1992 年重印本。
146. 王靜如：《西夏文經典題釋譯釋舉例》，王靜如主編《西夏研究》第一輯，1932 年。
147. 王靜如：《河西字藏經雕版考》，國立中央研究院歷史語言研究所單刊之八，《西夏研究》第 1 輯，1932 年。
148. 王培培：《西夏文〈維摩詰所說經〉研究》，中國社會科學院研究生院博士學位論文，2010 年。
149. 吳廣成：《西夏書事校正》，甘肅文化出版社 1995 年版。
150. 吳天墀：《西夏史稿》，廣西師範大學出版社 2006 年版。
151. 西田龙雄：《ロシア科学アカテミ一东洋学研究所サソクトペテルブルク支部所藏西夏文〈妙法莲华经〉写眞版》，俄罗斯科学院东方研究所圣彼得堡分所・日本创价学会 2005 年版。
152. 西田龙雄：《天理图书馆藏西夏文〈无量寿宗要经〉について》，《ビブリア》第 23 号，1962 年。
153. 西田龍雄：《西夏文華嚴經》（三卷），京都大學文學部 1975～1977 年版。
154. 西田龍雄：《西夏語佛典目錄編纂上の諸問題》，Е.И. Кычанов, Каталог тангутских буддийских памятников,ppXXII-XXIV.

155. 西田龍雄：《西夏語研究と法華經 III——西夏文寫本と刊本（刻本と活字本）について》，《東洋學術研究》第 45 卷第 1 號，2006 年。
156. 西田龍雄：《西夏譯經雜記》，《西夏文華嚴經》第 2 冊，京都大學文學部 1976 版。
157. 張九玲：《西夏文藏傳〈大隨求陀羅尼經〉研究》，中國社會科學院研究生院博士學位論文，2015 年。
158. 張怡蓀：《藏漢大辭典》，民族出版社 1993 年版。
159. 張雅靜：《〈續部總集〉中記敘的喜金剛曼荼羅》，《故宮博物院院刊》，2010 年 1 期。
160. 札奇斯欽：《蒙古與西藏歷史關係之研究》，臺灣正中書局 1978 年版。
161. 朱芾煌編：《法相辭典》，商務印書館 1940 年版。
162. 朱建路、劉佳：《元代唐兀人李愛魯墓誌考釋》，《民族研究》2012 年第 3 期。
163. 中國人民大學國學院漢藏佛學研究中心主編：《大乘要道密集》，北京大學出版社 2012 年版。
164. bsod nams rgya mtsho & M. Tachikawa, *The Ngor Mandalas of Tibet: Listing of the Mandala Deities*, The Center for East Asian Cultural Studies, Tokyo, 1991.
165. bsod nams rgya mtsho & M. Tachikawa, *The Ngor Mandalas of Tibet*, The Center for East Asian Cultural Studies, Tokyo, 1989.
166. David Snellgrove, *The Hevajra Tantra: A Critical Study*, London: Oxford University Press, 1980.
167. Е.И.Кычанов. *Каталог тангутских буддийских памятников*, Киото: Университет Киото, 1999.
168. Jeffrey Hopkins, *The Tantric Distinction: An Introduction to Tibetan Buddhism*, London: Wisdom Publications, 1984.
169. K. J. Solonin, *The Glimpses of Tangut Buddhism*, Giovanni Stary ed., Central Asiatic Journal, 52（2008）1.
170. Kira Samosyuk, *Historical Subjects in the Paintings from Khara Khoto. Facts and Hypotheses, Silk Road Art and Archaeology 8*, Kamakura: Journal of Institute of Silk Road Studies, 2002.
171. Leonard W. J. van der Kuijp, *Jayānanda. A Twelfth Century Guoshi from Kashimir among the Tangut*, Central Asiatic Journal 37／3-4, 1993.
172. M.Piotrovsky（ed.）. *Lost Empire of the Silk Road, Buddhist Art from Khara Khoto（X-XIII century）*, Milano: Electa，1993.
173. Nie Hongyin, *Tangut Fragments Preserved in the China National Institute of Cultural Heritage*, И.Ф. Попова сост. Тангуты в Центральной Азии, Москва: Издательская фирма «Восточная литература», 2012.

174. Ronald M. Davidson, *Tibetan Renaissance: Tantric Buddhism in the Rebirth of Tibetan Culture*, New York: Columbia University Press, 2005

175. Ruth Dunnell, *The Great State of White and High: Buddhism and State Formation in Eleventh-Century Century Xia*, Honolulu: University of Hawai'i Press, 1996.

176. Robert E. Buswell Jr. and Donald S. Lopez Jr, *The Princeton Dictionary of Buddhism*, New Jersey: Princeton University Press, 2014.

177. З. И. Горбачева и Е. И. Кычанов, Тангутские рукописи и ксилографы, Москва: Издательство восточной литературы, 1963.

178. К.Б. Кепинг, "Тангутские ксилографы в Стокгольме", Б. Александров сост., Ксения Кепинг: Последние статьи и документы, Санкт-Петербург: Омега, 2003.

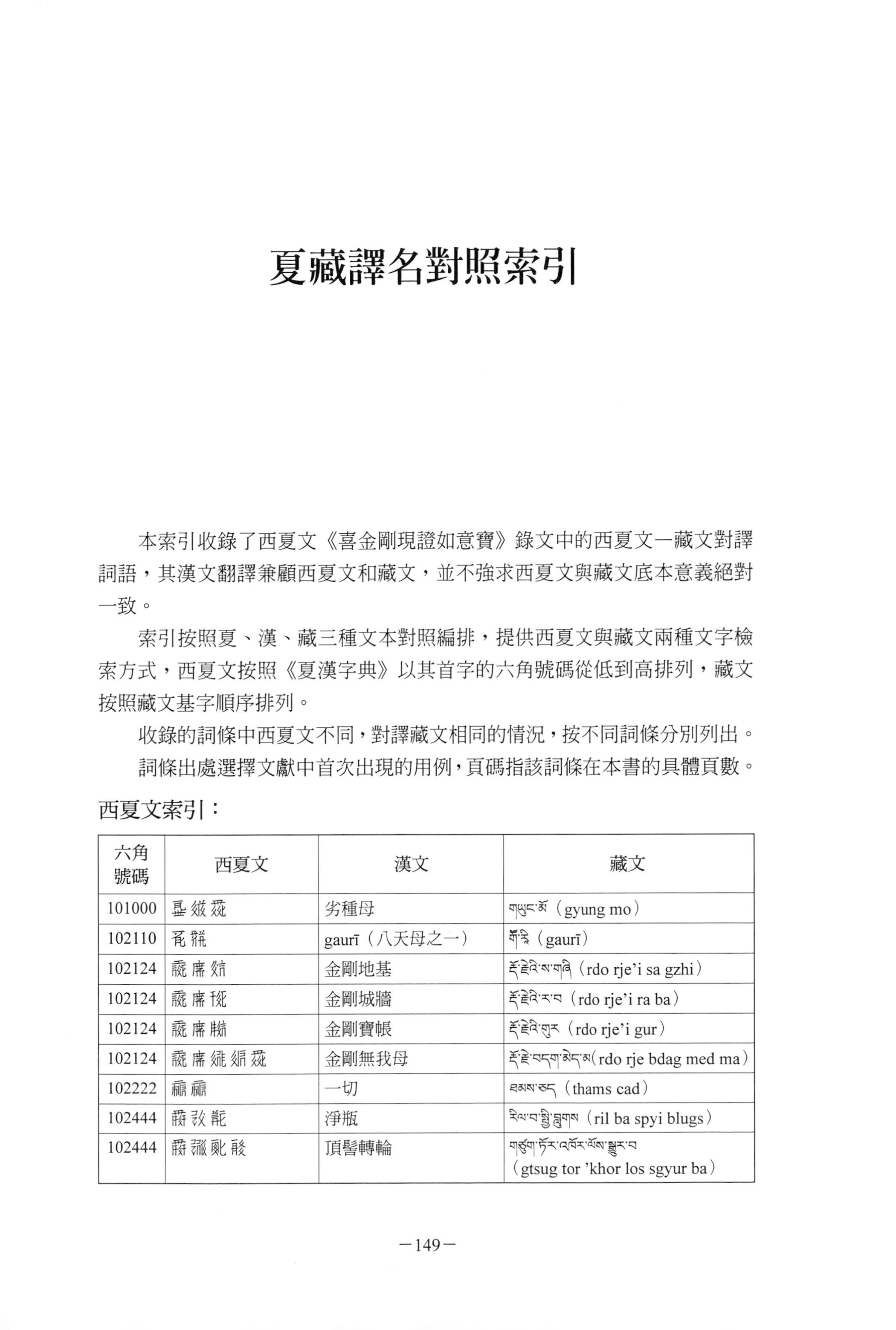

夏藏譯名對照索引

本索引收錄了西夏文《喜金剛現證如意寶》錄文中的西夏文一藏文對譯詞語，其漢文翻譯兼顧西夏文和藏文，並不強求西夏文與藏文底本意義絕對一致。

索引按照夏、漢、藏三種文本對照編排，提供西夏文與藏文兩種文字檢索方式，西夏文按照《夏漢字典》以其首字的六角號碼從低到高排列，藏文按照藏文基字順序排列。

收錄的詞條中西夏文不同，對譯藏文相同的情況，按不同詞條分別列出。

詞條出處選擇文獻中首次出現的用例，頁碼指該詞條在本書的具體頁數。

西夏文索引：

六角號碼	西夏文	漢文	藏文
101000	[illegible]	劣種母	གཡུང་མོ（gyung mo）
102110	[illegible]	gaurī（八天母之一）	གཽ་རཱི（gaurī）
102124	[illegible]	金剛地基	རྡོ་རྗེའི་ས་གཞི（rdo rje'i sa gzhi）
102124	[illegible]	金剛城牆	རྡོ་རྗེའི་ར་བ（rdo rje'i ra ba）
102124	[illegible]	金剛寶帳	རྡོ་རྗེའི་གུར（rdo rje'i gur）
102124	[illegible]	金剛無我母	རྡོ་རྗེ་བདག་མེད་མ（rdo rje bdag med ma）
102222	[illegible]	一切	ཐམས་ཅད（thams cad）
102444	[illegible]	淨瓶	རིལ་བ་སྤྱི་བླུགས（ril ba spyi blugs）
102444	[illegible]	頂髻轉輪	གཙུག་ཏོར་འཁོར་ལོས་སྒྱུར་བ （gtsug tor 'khor los sgyur ba）

102444	[illegible]	頂輪	སྤྱི་བོའི་འཁོར་ལོ（spyi bo'i 'khor lo）
102444	[illegible]	頂間大樂輪	སྤྱི་བོ་བདེ་བ་ཆེན་པོའི་འཁོར་ལོ（spyi bo bde ba chen po'i 'khor lo）
104110	[illegible]	半跏趺坐	སྐྱིལ་ཀྲུང་ཕྱེད་པ（skyil krung phyed pa）
104122	[illegible]	蛇羂索	སྦྲུལ་ཞགས（sbrul zhags）
104122	[illegible]	蛇冠	སྦྲུལ་མགོའི་གདེངས་ཀ（sbrul mgo'i gdengs ka）
104200	[illegible]	一味	རོ་གཅིག（ro gcig）
104200	[illegible]	同聲以誦	མགྲིན་གཅིག་དུ་བརྗོད་པ（mgrin gcig du brjod pa）
104220	[illegible]	修行次第	སྒྲུབ་པའི་རིམ་པ（sgrub pa'i rim pa）
104220	[illegible]	施食供養	མཆོད་གཏོར（mchod gtor）
104420	[illegible]	頭器	ཐོད་པ（thod pa）
111000	[illegible]	ghasmarī（八天母之一）	གྷ་སྨ་རཱི（ghasmarī）
112122	[illegible]	勝樂金剛	ཧེ་རུ་ཀ（heruka）
112222	[illegible]	慧究竟	ཤེས་རབ་མཐར་བྱེད（shes rab mthar byed）
112222	[illegible]	勝妙殿	གཞལ་ཡས་ཁང་（gzhal yas khang）
112250	[illegible]	遍入天	ཉེ་དབང་（nye dbang）
112250	[illegible]	挽於近旁	ཉེ་བར་བཀུག་པ（nye bar bkug pa）
112250	[illegible]	根本心咒	ཉེ་བའི་སྙིང་པོ（nye ba'i snying po）
114100	[illegible]	安樂界	བདེ་བའི་ངང་（bde ba'i ngang）
114114	[illegible]	妄	རྟོག་པ（rtog pa）
114124	[illegible]	初夜	སྲོད（srod）
114124	[illegible]	黎明	ཐོ་རངས（tho rangs）
114140	[illegible]	城牆	རྩིག་པ（rtsig pa）
114220	[illegible]	文殊	འཇམ་དབྱངས（'jam dbyangs）
114220	[illegible]	文殊	འཇམ་དཔལ་དབྱངས（'jam dpal dbyangs）
115100	[illegible]	午前	སྔ་དྲོ（snga dro）
117442	[illegible]	喉間受用輪	མགྲིན་པ་ལོངས་སྤྱོད་ཀྱི་འཁོར་ལོ（mgrin pa longs spyod kyi 'khor lo）
119140	[illegible]	法界智	ཆོས་ཀྱི་དབྱིངས་ཀྱི་ཡེ་ཤེས（chos kyi dbyings kyi ye shes）
119140	[illegible]	法金剛母	ཆོས་ཀྱི་དབྱིངས་ཀྱི་རྡོ་རྗེ་མ（chos kyi dbyings kyi rdo rje ma）
119140	[illegible]	法印	ཆོས་ཀྱི་ཕྱག་རྒྱ（chos kyi phyag rgya）

119550	[illegible]	ḍombinī（八天母之一）	ཌོམྦི་ནི（ḍombinī）
122024	[illegible]	攝	བསྡུ（bsdu）
122420	[illegible]	增長次第、生起次第	བསྐྱེད་པའི་རིམ་པ（bskyed pa'i rim pa）
122450	[illegible]	除蓋障	སྒྲིབ་པ་རྣམ་སེལ（sgrib pa rnam sel）
124400	[illegible]	骷髏	མི་མགོ་སྐམ་པོ（mi mgo skam po）
124400	[illegible]	五骷髏冠	མི་མགོ་སྐམ་པོ་ལྔ（mi mgo skam po lnga）
127048	[illegible]	caṇḍalī（八天母之一）	ཙཎྜ་ལི（caṇḍalī）
127100	[illegible]	鬼魔聚 （八大護界神之一）	ཡི་དྭགས་འདུས་པ（yi dwags 'dus pa）
127440	[illegible]	妙織	ཐག་ཟངས་རིས（thag zangs ris）
132424	[illegible]	珍珠	མུ་ཏིག（mu tig）
137100	[illegible]	獄帝	གཤིན་རྗེ（gshin rje）
137100	[illegible]	獄帝主	གཤིན་རྗེ་གཤེད（gshin rje gshed）
144122	[illegible]	如意寶	ཡིད་བཞིན་ནོར་བུ（yid bzhin nor bu）
144124	[illegible]	脈道	རྩ་སྦུབས（rtsa sbubs）
144142	[illegible]	羂索	ཞགས་པ（zhags pa）
152527	[illegible]	根本咒	རྩ་བའི་སྔགས（rtsa ba'i sngags）
172122	[illegible]	度有（救度三有）	སྲིད་གསུམ་སྒྲོལ་མཛད （srid gsum sgrol mdzad）
172140	[illegible]	五體	ཡན་ལག་ཀུན（yan lag kun）
172152	[illegible]	財神	ནོར་སྦྱིན（nor sbyin）
172420	[illegible]	十忿怒明王	ཁྲོ་བོ་བཅུ（khro bo bcu）
172442	[illegible]	天眾（八大護界神之一）	ལྷའི་དགེ་འདུན（lha'i dge 'dun）
172450	[illegible]	牌坊	རྟ་བབས（rta babs）
172554	[illegible]	壇城	དཀྱིལ་འཁོར（dkyil 'khor）
172554	[illegible]	主尊	གཙོ་བོ（gtso bo）
174220	[illegible]	悲心	སྙིང་རྗེ（snying rje）
174222	[illegible]	無有自性	རང་བཞིན་གྱིས་མ་གྲུབ （rang bzhin gyis ma grub）
174222	[illegible]	正行	དངོས་གཞི（dngos gzhi）
174222	[illegible]	同己	རང་དང་འདྲ་བ（rang dang 'dra ba）
174222	[illegible]	自性	ངོ་བོ（ngo bo）
174222	[illegible]	我自己	རང་ཉིད（rang nyid）
174222	[illegible]	自然智	རང་བྱུང་གི་ཡེ་ཤེས （rang byung gi ye shes）

174222	[illegible]	各自對面	རང་རང་གི་ཐད་ཀའི་ཞལ་རྣམས（rang rang gi thad ka'i zhal rnams）
174224	[illegible]	眾	ཚོགས（tshogs）
174272	[illegible]	果位	གོ་འཕང（go 'phang）
174400	[illegible]	發 ki li ki la 聲（八大屍林之一）	ཀི་ལི་ཀི་ལའི་སྒྲ་སྒྲོགས་པ（ki li ki la'i sgra sgrogs pa）
174420	[illegible]	守護輪	བསྲུང་བའི་འཁོར་ལོ(bsrung ba'i 'khor lo)
174422	[illegible]	空性	སྟོང་ཉིད（stong nyid）
174422	[illegible]	母密	མཁའ（mkha'）
174422	[illegible]	空界	སྟོང་པའི་ངང（stong pa'i ngang）
174422	[illegible]	沿母密出	མཁའ་ནས་འཐོན（mkha' nas 'thon）
175520	[illegible]	caurī（八天母之一）	ཙཽ་རཱི（caurī）
177100	[illegible]	慈氏	བྱམས་པ（byams pa）
177322	[illegible]	迴向	བསྔོ་བ（bsngo ba）
177442	[illegible]	喜金剛	ཀྱེ་རྡོ་རྗེ（kye rdo rje）
177550	[illegible]	現證	མངོན་རྟོགས（mngon rtogs）
177550	[illegible]	證得	མངོན་དུ་བྱེད་པ（mngon du byed pa）
178200	[illegible]	三業	སྐུ་གསུང་ཐུགས（sku gsung thugs）
179500	[illegible]	白衣母	གོས་དཀར་མོ（gos dkar mo）
182120	[illegible]	聲聞	ཉན་ཐོས（nyan thos）
182120	[illegible]	嘷吼（八大雲之一）	སྒྲོགས་བྱེད（sgrogs byed）
182144	[illegible]	俱足林（八大屍林之一）	དབང་ཕྱུག་ནགས་ཚལ（dbang phyug nags tshal）
182224	[illegible]	能入	འཇུག་པར་དབང（'jug par dbang）
182420	[illegible]	嚴飾	རྒྱན（rgyan）
184100	[illegible]	拂塵	རྔ་ཡབ（rnga yab）
184400	[illegible]	入定	མཉམ་པར་བཞག་པ（mnyam par bzhag pa）
184400	[illegible]	出定	མཉམ་པར་མ་བཞག་པ（mnyam par ma bzhag pa）
184400	[illegible]	禪定印	ལག་པ་མཉམ་གཞག（lag pa mnyam gzhag）
184420	[illegible]	母尊	ཡུམ（yum）
184440	[illegible]	智慧資糧	ཡེ་ཤེས་ཀྱི་ཚོགས（ye shes kyi tshogs）
184440	[illegible]	智尊	ཡེ་ཤེས་པ（ye shes pa）

185400	[illegible]	期克印	སྡིགས་མཛུབ（sdigs mdzub）
210127	[illegible]	一切	མ་ལུས་པ（ma lus pa）
210127	[illegible]	不共三寶	ཐུན་མོང་མ་ཡིན་པའི་དཀོན་མཆོག་གསུམ（thun mong ma yin pa'i dkon mchog gsum）
210127	[illegible]	不共守護輪	ཐུན་མོང་མ་ཡིན་པའི་སྲུང་བའི་འཁོར་ལོ（thun mong ma yin pa'i srung ba'i'khor lo）
210127	[illegible]	不動佛	མི་བསྐྱོད་པ（mi bskyod pa）
210127	[illegible]	不動	མི་གཡོ་བ（mi gyo ba）
210222	[illegible]	圓滿次第	རྫོགས་པའི་རིམ་པ（rdzogs pa'i rim pa）
210222	[illegible]	念珠	བགྲང་ཕྲེང（bgrang phreng）
210255	[illegible]	羅刹	སྲིན་པོ（srin po）
210255	[illegible]	羅刹聚（八大護界神之一）	སྲིན་པོའི་ཚོགས་ཅན（srin po'i tshogs can）
210255	[illegible]	勇士	དཔའ་བོ（dpa' bo）
210950	[illegible]	修習之法	བསྒོམ་པའི་ཚུལ（bsgom pa'i tshul）
212124	[illegible]	五佛	རིགས་ལྔ（rigs lnga）
212150	[illegible]	彼等	དེ་དག（de dag）
212150	[illegible]	唯量	དེ་ཙམ（de tsam）
212424	[illegible]	梵繩	དོ་ཤལ（do shal）
214100	[illegible]	覺起	ལྡང་བ（ldang ba）
214122	[illegible]	無始時	ཚེ་ཐོག་མ་མེད་པ（tshe thog ma med pa）
214122	[illegible]	加行	སྔོན་དུ་འགྲོ་བ（sngon du 'gro ba）
214122	[illegible]	甚愚拙（八大屍林之一）	གཏུམ་དྲག（gtum drag）
214142	[illegible]	流傳	སྣང་གྲགས（snang grags）
214142	[illegible]	śiriśa（八大樹之一）	ཤི་རི་ཥ（śiriśa）
214142	[illegible]	顯察	གསལ་བར་དམིགས（gsal bar dmigs）
214224	[illegible]	發四無量心	ཚད་མེད་པ་བཞི་བསྒོམ་པ་ནི（tshad med pa bzhi bsgom pa ni）
214224	[illegible]	四方	གྲུ་བཞི（gru bzhi）
214224	[illegible]	四魔	བདུད་བཞི（bdud bzhi）
214224	[illegible]	第四灌頂	དབང་བཞི་པ（dbang bzhi pa）
215154	[illegible]	風神（八大護界神之一）	རླུང་གི་རྒྱལ་པོ（rlung gi rgyal po）
215154	[illegible]	風息	རླུང（rlung）

217142	[illegible]	威猛（八大雲之一）	གཏུམ་པོ（gtum po）
217142	[illegible]	大自在天	དྲག་པོ（drag po）
217142	[illegible]	威猛	དྲག་པོ（drag po）
218224	[illegible]	福德資糧	བསོད་ནམས་ཀྱི་ཚོགས（bsod nams kyi tshogs）
220442	[illegible]	食肉鬼	ཤ་ཟ（sha za）
222122	[illegible]	種字	ས་བོན（sa bon）
222442	[illegible]	cuta（八大樹之一）	ཙུ་ཏ（cuta）
224000	[illegible]	佛果增長	འབྲས་བུ་ལྷར་བསྐྱེད་པ（’bras bu lhar bskyed pa）
224000	[illegible]	果金剛持	འབྲས་བུ་རྡོ་རྗེ་འཛིན་པ（’bras bu rdo rje ’dzin pa）
224420	[illegible]	蓮究竟	པདྨ་མཐར་བྱེད（padma mthar byed）
224440	[illegible]	無窮黑暗（八大屍林之一）	མུན་པ་མི་བཟད་པ（mun pa mi bzad pa）
224440	[illegible]	黑暗（八大雲之一）	འཇིགས་བྱེད（’jigs byed）
224472	[illegible]	夜叉	གནོད་སྦྱིན（gnod sbyin）
224472	[illegible]	夜叉主（八大護界神之一）	གནོད་སྦྱིན་གྱི་སྡེ་དཔོན（gnod sbyin gyi sde dpon）
224472	[illegible]	妙害	གནོད་མཛེས（gnod mdzes）
224570	[illegible]	心間法輪	སྙིང་ག་ཆོས་ཀྱི་འཁོར་ལོ（snying ga chos kyi ’khor lo）
227122	[illegible]	頭冠	དབུ་རྒྱན（dbu rgyan）
227422	[illegible]	外諸物	ཕྱི་རོལ་གྱི་དངོས་པོ་རྣམས（phyi rol gyi dngos po rnams）
227442	[illegible]	堪畏懼（八大屍林之一）	འཇིགས་བྱེད་ཐོད་པ་ཅན（’jigs byed thod pa can）
229400	[illegible]	屠戶母	གདོལ་པ་མོ（gdol pa mo）
234122	[illegible]	上師	བླ་མ（bla ma）
234122	[illegible]	勝施妙印	མཆོག་སྦྱིན（mchog sbyin）
234220	[illegible]	屍林	དུར་ཁྲོད（dur khrod）
234220	[illegible]	地藏	སའི་སྙིང་པོ（sa’i snying po）
234242	[illegible]	比丘	དགེ་སློང（dge slong）
234424	[illegible]	父尊	ཡབ（yab）
234424	[illegible]	父母二尊	ཡབ་ཡུམ་གཉིས（yab yum gnyis）
234442	[illegible]	退馳（八大雲之一）	ལྡོག་བྱེད（ldog byed）

234442	[illegible]	普賢	ཀུན་ཏུ་བཟང་པོ（kun tu bzang po）
234455	[illegible]	起屍	རོ་ལངས（ro langs）
234455	[illegible]	屍起鬼	རོ་དང་རོ་ལངས་དང་འདྲེ（ro dang ro langs dang 'dre）
240140	[illegible]	鉞刀	གྲི་གུག（gri gug）
240140	[illegible]	鉞刀	གྲི་གུག（gri gug）
242122	[illegible]	眷屬	འཁོར་རྣམས（'khor rnams）
242124	[illegible]	迷惑（八大雲之一）	འཁོར་བྱེད（'khor byed）
242152	[illegible]	雲神（八大護界神之一）	སྤྲིན་གྱི་རྒྱལ་པོ（sprin gyi rgyal po）
244122	[illegible]	平等性智	མཉམ་པ་ཉིད་ཀྱི་ཡེ་ཤེས（mnyam pa nyid kyi ye shes）
244122	[illegible]	至尊	རྗེ་བཙུན（rje btsun）
244140	[illegible]	六骨飾	རུས་པའི་རྒྱན་དྲུག（rus pa'i rgyan drug）
244140	[illegible]	鈴	དྲིལ་བུ（dril bu）
244140	[illegible]	度母	སྒྲོལ་མ（sgrol ma）
244150	[illegible]	帝釋	བརྒྱ་བྱིན（brgya byin）
244150	[illegible]	百字明	ཡི་གེ་བརྒྱ་པ（yi ge brgya pa）
250420	[illegible]	出定	མཉམ་པར་མ་བཞག་པ（mnyam par ma bzhag pa）
254000	[illegible]	本尊	ལྷ（lha）
254000	[illegible]	佛眼母	སངས་རྒྱས་སྤྱན་མ（sangs rgyas spyan ma）
272425	[illegible]	交合	ཁ་སྦྱོར（kha sbyor）
272440	[illegible]	摩羯魚	ཆུ་སྲིན（chu srin）
272452	[illegible]	深厚（八大雲之一）	མཐུག་པོ（mthug po）
274120	[illegible]	九佛壇城	ལྷ་དགུའི་དཀྱིལ་འཁོར（lha dgu'i dkyil 'khor）
274200	[illegible]	不空成就	དོན་ཡོད་གྲུབ་པ（don yod grub pa）
274220	[illegible]	圓滿	ཡོངས་སུ་རྫོགས་པ（yongs su rdzogs pa）
274220	[illegible]	六莊嚴	རྒྱན་དྲུག（rgyan drug）
274220	[illegible]	易證	ཚེགས་མེད་པར་འགྲུབ་པ（tshegs med par 'grub pa）
274224	[illegible]	妙觀察智	སོ་སོར་རྟོག་པའི་ཡེ་ཤེས（so sor rtog pa'i ye shes）
274280	[illegible]	灌頂	དབང་བསྐུར（dbang bskur）
274280	[illegible]	自在	དབང་ལྡན（dbang ldan）

274280	[illegible]	帝釋	དབང་པོ（dbang po）
274322	[illegible]	戒律心	བསྡམས་པའི་བསམ（bsdams pa'i bsam）
274422	[illegible]	交杵	སྣ་ཚོགས་རྡོ་རྗེ（sna tshogs rdo rje）
274450	[illegible]	加持	བྱིན་གྱིས་བརླབ（byin gyis brlab）
274450	[illegible]	護方神	ཕྱོགས་སྐྱོང（phyogs skyong）
274450	[illegible]	迎入	དགུག་གཞུག（dgug gzhug）
274455	[illegible]	大力	སྟོབས་པོ་ཆེ（stobs po che）
274470	[illegible]	欲王	འདོད་པའི་རྒྱལ་པོ（'dod pa'i rgyal po）
274525	[illegible]	水牛	མ་ཧེ（ma he）
274525	[illegible]	我母	མཱ་མ་ཀཱི（māmakī）
278124	[illegible]	行雨（八大雲之一）	ཆར་འབེབས（char 'bebs）
280151	[illegible]	有情	སེམས་ཅན（sems can）
280151	[illegible]	有情世間	སེམས་ཅན་རྣམས（sems can rnams）
280400	[illegible]	手印	ཕྱག་རྒྱ（phyag rgya）
280400	[illegible]	標幟	ཕྱག་མཚན（phyag mtshan）
280400	[illegible]	金剛手	ཕྱག་ན་རྡོ་རྗེ（phyag na rdo rje）
280424	[illegible]	幻輪	འཕྲུལ་འཁོར（'phrul 'khor）
284120	[illegible]	凡庸	ཐ་མལ་པ（tha mal pa）
284120	[illegible]	凡睡	ཐ་མལ་གྱི་གཉིད（tha mal gyi gnyid）
284120	[illegible]	凡散	ཐ་མལ་གཡེང་བ（tha mal gyeng ba）
284121	[illegible]	水銀	དངུལ་ཆུ（dngul chu）
284240	[illegible]	功德	ཕན་ཡོན（phan yon）
284400	[illegible]	刹那	སྐད་ཅིག（skad cig）
284440	[illegible]	修念	བསྙེན་པ（bsnyen pa）
284440	[illegible]	修念	བསྙེན་པ（bsnyen pa）
290222	[illegible]	護界神	ཞིང་སྐྱོང（zhin skyong）
294225	[illegible]	下門	འོག་སྒོ（'og sgo）
312124	[illegible]	明點	ཐིག་ལེ（thig le）
314440	[illegible]	器世間	སྣོད་ཀྱི་འཇིག་རྟེན་གྱི་ཁམས（snod kyi 'jig rten gyi khams）
314440	[illegible]	情器世間	སྣོད་བཅུད（snod bcud）
322421	[illegible]	密叢林（八大屍林之一）	ཚང་ཚིང་འཁྲིགས་པ（tshang tshing 'khrigs pa）
322421	[illegible]	厚林（八大樹之一）	འཁྲིལ་ཤིང་ཅན（'khril shing can）

332420	[illegible]	pukkasī（八天母之一）	པུཀྐ་སཱི（pukkasī）
334122	[illegible]	能所、二取	གཟུང་འཛིན（gzung ’dzin）
372142	[illegible]	kaṃkala（八大樹之一）	ཀཾ་ཀ་ལ（kaṃkala）
372142	[illegible]	karañja（八大樹之一）	ཀ་རཉྫ（karañja）
374124	[illegible]	血脈	རོ་མ（ro ma）
392420	[illegible]	vetālī（八天母之一）	བེ་ཏཱ་ལཱི（vetālī）
410112	[illegible]	本面	རྩ་བའི་ཞལ（rtsa ba’i zhal）
412150	[illegible]	二次第	རིམ་པ་གཉིས（rim pa gnyis）
412150	[illegible]	無二智	གཉིས་སུ་མེད་པའི་ཡེ་ཤེས（gnyis su med pa’i ye shes）
427472	[illegible]	魔究竟	བགེགས་མཐར་བྱེད（bgegs mthar byed）
482422	[illegible]	跏趺坐	སྐྱིལ་ཀྲུང（skyil krung）
502124	[illegible]	支分	ཡན་ལག（yan lag）
502250	[illegible]	清流	འཛག་པ（’dzag pa）
579400	[illegible]	大肉	ཤ་ཆེན（sha chen）
579400	[illegible]	大圓鏡智	མེ་ལོང་ལྟ་བུའི་ཡེ་ཤེས（me long lta bu’i ye shes）
579400	[illegible]	大手印	ཕྱག་རྒྱ་ཆེན་པོ（phyag rgya chen po）
602422	[illegible]	哈哈笑（八大屍林之一）	དྲག་དུ་དགོད་པ（drag du dgod pa）
712140	[illegible]	膳肴	ཁ་ཟས（kha zas）
712142	[illegible]	虛空藏	ནམ་མཁའི་སྙིང་པོ（nam mkha’i snying po）
712144	[illegible]	香水	དྲི་ཆུ（dri chu）
712144	[illegible]	大香	དྲི་ཆེན（dri chen）
712440	[illegible]	aśvadtha（八大樹之一）	ཨ་ཤྭདྠ（aśvadtha）
712440	[illegible]	arjuna（八大樹之一）	ཨརྫུ་ན（arjuna）
712440	[illegible]	中脈	རྩ་དབུ་མ（rtsa dbu ma）
732442	[illegible]	無量光	འོད་དཔག་མེད（’od dpag med）
772240	[illegible]	八天母	ལྷ་མོ་བརྒྱད（lha mo brgyad）
772240	[illegible]	八十隨好	དཔེ་བྱད་བཟང་པོ་བརྒྱད་ཅུ（dpe byad bzang po brgyad cu）
772240	[illegible]	各八萬遍	ཁྲི་ཕྲག་བརྒྱད་བརྒྱད（khri phrag brgyad brgyad）
774142	[illegible]	遍燃燒（八大屍林之一）	འུར་འུར་འབར་བ（’ur ’ur’bar ba）
774400	[illegible]	喜尊	དགའ་གཙོ（dga’ gtso）

802150	[illegible]	裸身	གཅེར་བུ（gcer bu）
802190	[illegible]	脊柱	སྒལ་ཚིགས（sgal tshigs）
802222	[illegible]	梵天	ཚངས་པ（tshangs pa）
802422	[illegible]	睡眠	ཉལ་བ（nyal ba）
802422	[illegible]	行止	སྤྱོད་ལམ（spyod lam）
804000	[illegible]	仙人聚 （八大護界神之一）	དྲང་སྲོང་འདུས་པ（drang srong ’dus pa）
804100	[illegible]	山中母	རི་ཁྲོད་མ（ri khrod ma）
804110	[illegible]	智慧灌頂	ཤེས་རབ་ཡེ་ཤེས་ཀྱི་དབང （shes rab ye shes kyi dbang）
804220	[illegible]	父密	གསང་གནས（gsang gnas）
804220	[illegible]	秘密灌頂	གསང་བའི་དབང（gsang ba’i dbang）
804440	[illegible]	鐵鉤	ལྕགས་ཀྱུ（lcags kyu）
805520	[illegible]	禪杖	འཁར་གསིལ（’khar gsil）
812220	[illegible]	成所作智	བྱ་བ་ནན་ཏན་གྱི་ཡེ་ཤེས （bya ba nan tan gyi ye shes）
812224	[illegible]	佛	སངས་རྒྱས（sangs rgyas）
814120	[illegible]	能盈（八大雲之一）	འགེངས་བྱེད（’gengs byed）
814124	[illegible]	火焰	འབར་བ（’bar ba）
814140	[illegible]	瓶灌頂	བུམ་པའི་དབང（bum pa’i dbang）
814142	[illegible]	鉞斧	དགྲ་སྟ（dgra sta）
824422	[illegible]	短杖	དབྱུག་ཏོ（dbyug to）
832142	[illegible]	獨覺	རང་སངས་རྒྱས（rang sangs rgyas）
834170	[illegible]	復次	དེ་ནས（de nas）
834520	[illegible]	誓言	དམ་ཚིག（dam tshig）
834520	[illegible]	誓言尊	དམ་ཚིག་པ（dam tshig pa）
834520	[illegible]	三昧怙	དམ་ཚིག་མགོན（dam tshig mgon）
834520	[illegible]	三昧耶印	དམ་ཚིག་གི་ཕྱག་རྒྱ （dam tshig gi phyag rgya）
842122	[illegible]	明妃	རིག་མ（rig ma）
842124	[illegible]	凡夫	སོ་སོ་སྐྱེ་བོ（so so skye bo）
844100	[illegible]	鉞刀	གྲི་གུག（gri gug）
844100	[illegible]	鉞刀	གྲི་གུག（gri gug）
844100	[illegible]	人生	སྐྱེ་བ（skye ba）

844140	[illegible]	處	སྐྱེ་མཆེད（skye mched）
854200	[illegible]	青杖	དབྱུག་སྔོན་ཅན（dbyug sngon can）
872122	[illegible]	威儀	ཆ་ལུགས（cha lugs）
872142	[illegible]	śavarī（八天母之一）	ཤ་ཝ་རཱི（śavarī）
872142	[illegible]	八脚獅	ཤ་ར་བྷ（śarabha）
872220	[illegible]	血	རཀྟ（rakta）
872427	[illegible]	精粹喜金剛	སྙིང་པོ་ཀྱེ་རྡོ་རྗེ（snying po kye rdo rje）
872427	[illegible]	心咒	སྙིང་པོ（snying po）
872522	[illegible]	臍間變化輪	ལྟེ་བ་སྦྲུལ་པའི་འཁོར་ལོ （lte ba sbrul pa'i 'khor lo）
872522	[illegible]	臍輪火	ལྟེ་བའི་གཏུམ་མོའི་མེ （lte ba'i gtum mo'i me）
874120	[illegible]	觀世音	སྤྱན་རས་གཟིགས（spyan ras gzigs）
874150	[illegible]	業印	ལས་ཀྱི་ཕྱག་རྒྱ（las kyi phyag rgya）
874420	[illegible]	寶生佛	རིན་ཆེན་འབྱུང་ལྡན（rin chen 'byung ldan）
874442	[illegible]	彎弓	གཞུ་བདུངས（gzhu bdungs）
874574	[illegible]	精脈	རྐྱང་མ（rkyang ma）
874900	[illegible]	菩提薩埵	བྱང་ཆུབ་སེམས་དཔའ （byang chub sems dpa'）
874900	[illegible]	菩提心	བྱང་ཆུབ་ཀྱི་སེམས （byang chub kyi sems）
882420	[illegible]	正遍知	ཡང་དག་པར་རྫོགས་པའི་སངས་རྒྱས （yang dag par rdzogs pa'i sangs rgyas）
882420	[illegible]	女牆箭垛	མདའ་ཡབ་དང་པུ་ཤུ （mda' yab dang pu shu）
894222	[illegible]	鼗鼓	ཌཱ་མ་རུ（ḍāmaru）
894225	[illegible]	瑜伽師	རྣལ་འབྱོར་པ（rnal 'byor pa）
894225	[illegible]	瑜伽母	རྣལ་འབྱོར་མ（rnal 'byor ma）
905500	[illegible]	大樹（八大樹之一）	ཤིང་ཆེན་པོ（shing chen po）
917145	[illegible]	交合	སྙོམས་པར་ཞུགས་པ（snyoms par zhugs pa）
917145	[illegible]	雙運	ཟུང་འཇུག（zung 'jug）
922420	[illegible]	三世諸世尊	དུས་གསུམ་མགོན་པོ་རྣམས （dus gsum mgon po rnams）
922420	[illegible]	三角	གྲུ་གསུམ（gru gsum）
922420	[illegible]	三叉戟	རྩེ་གསུམ（rtse gsum）

922420	[illegible]	三十二相	མཚན་བཟང་པོ་སུམ་ཅུ་རྩ་གཉིས（mtshan bzang po sum cu rtsa gnyis）
922420	[illegible]	三密處	གསང་གསུམ་གནས（gsang gsum gnas）
954140	[illegible]	天杖	ཁ་ཊྭཱཾ་ག（khaṭvāṃga）
972452	[illegible]	大日如來	རྣམ་པར་སྣང་མཛད（rnam par snang mdzad）
974410	[illegible]	循環	འཁོར（'khor）
975422	[illegible]	鐵鍊	ལྕགས་སྒྲོག（lcags sgrog）
984420	[illegible]	腰帶	སྐ་རགས（ska rags）

藏文基字索引：

藏文基字	藏　文	西夏文	漢　文
ཀ（ka）	སྐད་ཅིག（skad cig）	[illegible]	剎那
	ཀཾ་ཀ་ལ（kaṃkala）	[illegible]	kaṃkala（八大樹之一）
	ཀ་རཉྫ（karañja）	[illegible]	karañja（八大樹之一）
	རྐྱང་མ（rkyang ma）	[illegible]	精脈
	སྐ་རགས（ska rags）	[illegible]	腰帶
	སྐྱིལ་ཀྲུང་ཕྱེད་པ（skyil krung phyed pa）	[illegible]	半跏趺坐
	དཀྱིལ་འཁོར（dkyil 'khor）	[illegible]	壇城
	ཀི་ལི་ཀི་ལའི་སྒྲ་སྒྲོགས་པ（ki li ki la'i sgra sgrogs pa）	[illegible]	發 ki li ki la 聲（八大屍林之一）
	སྐྱིལ་ཀྲུང（skyil krung）	[illegible]	跏趺坐
	སྐུ་གསུང་ཐུགས（sku gsung thugs）	[illegible]	三業
	ཀུན་ཏུ་བཟང་པོ（kun tu bzang po）	[illegible]	普賢
	ཀྱེ་རྡོ་རྗེ（kye rdo rje）	[illegible]	喜金剛
	སྐྱེ་བ（skye ba）	[illegible]	人生
	སྐྱེ་མཆེད（skye mched）	[illegible]	處
	བསྐྱེད་པའི་རིམ་པ（bskyed pa'i rim pa）	[illegible]	增長次第、生起次第
ཁ（kha）	མཁའ（mkha'）	[illegible]	母密
	མཁའ་ནས་འཐོན（mkha' nas 'thon）	[illegible]	沿母密出
	ཁ་སྦྱོར（kha sbyor）	[illegible]	交合
	ཁ་ཟས（kha zas）	[illegible]	膳肴
	འཁར་གསིལ（'khar gsil）	[illegible]	禪杖

	ཁ་ཊྭཱཾ་ག（khaṭvāṃga）	[illegible]	天杖
	འཁྲིལ་ཤིང་ཅན（'khril shing can）	[illegible]	厚林（八大樹之一）
	ཁྲི་ཕྲག་བརྒྱད་བརྒྱད（khri phrag brgyad brgyad）	[illegible]	各八萬遍
	ཁྲོ་བོ་བཅུ（khro bo bcu）	[illegible]	十忿怒明王
	འཁོར་རྣམས（'khor rnams）	[illegible]	眷屬
	འཁོར་བྱེད（'khor byed）	[illegible]	迷惑（八大雲之一）
	འཁོར（'khor）	[illegible]	循環
ག（ga）	གྷ་སྨ་རཱི（ghasmarī）	[illegible]	ghasmarī（八天母之一）
	རྒྱན（rgyan）	[illegible]	嚴飾
	རྒྱན་དྲུག（rgyan drug）	[illegible]	六莊嚴
	བརྒྱ་བྱིན（brgya byin）	[illegible]	帝釋
	བགྲང་ཕྲེང（bgrang phreng）	[illegible]	念珠
	དགའ་གཙོ（dga' gtso）	[illegible]	喜尊
	སྒལ་ཚིགས（sgal tshigs）	[illegible]	脊柱
	དགྲ་སྟ（dgra sta）	[illegible]	鉞斧
	མགྲིན་གཅིག་དུ་བརྗོད་པ（mgrin gcig du brjod pa）	[illegible]	同聲以誦
	སྒྲིབ་པ་རྣམ་སེལ（sgrib pa rnam sel）	[illegible]	除蓋障
	མགྲིན་པ་ལོངས་སྤྱོད་ཀྱི་འཁོར་ལོ（mgrin pa longs spyod kyi 'khor lo）	[illegible]	喉間受用輪
	གྲི་གུག（gri gug）	[illegible]／[illegible]／[illegible]／[illegible]	鉞刀
	སྒྲུབ་པའི་རིམ་པ（sgrub pa'i rim pa）	[illegible]	修行次第
	གྲུ་བཞི（gru bzhi）	[illegible]	四方
	དགུག་གཞུག（dgug gzhug）	[illegible]	迎入
	གྲུ་གསུམ（gru gsum）	[illegible]	三角
	དགེ་སློང（dge slong）	[illegible]	比丘
	བགེགས་མཐར་བྱེད（bgegs mthar byed）	[illegible]	魔究竟
	འགེངས་བྱེད（'gengs byed）	[illegible]	能盈（八大雲之一）
	གཽ་རཱི（gaurī）	[illegible]	gaurī（八天母之一）
	གོ་འཕང（go 'phang）	[illegible]	果位
	གོས་དཀར་མོ（gos dkar mo）	[illegible]	白衣母
	སྒྲོགས་བྱེད（sgrogs byed）	[illegible]	嘷吼（八大雲之一）

	བསྒོམ་པའི་ཚུལ（bsgom pa'i tshul）	[illegible]	修習之法
	སྒྲོལ་མ（sgrol ma）	[illegible]	度母
ང（nga）	སྔ་དྲོ（snga dro）	[illegible]	午前
	རྔ་ཡབ（rnga yab）	[illegible]	拂塵
	དངུལ་ཆུ（dngul chu）	[illegible]	水銀
	དངོས་གཞི（dngos gzhi）	[illegible]	正行
	ངོ་བོ（ngo bo）	[illegible]	現證
	བསྔོ་བ（bsngo ba）	[illegible]	迴向
	མངོན་རྟོགས（mngon rtogs）	[illegible]	現證
	མངོན་དུ་བྱེད་པ（mngon du byed pa）	[illegible]	證得
	སྔོན་དུ་འགྲོ་བ（sngon du 'gro ba）	[illegible]	加行
ཅ（ca）	ལྕགས་ཀྱུ（lcags kyu）	[illegible]	鐵鉤
	ལྕགས་སྒྲོག（lcags sgrog）	[illegible]	鐵鍊
	གཅེར་བུ（gcer bu）	[illegible]	裸身
ཆ（cha）	ཆ་ལུགས（cha lugs）	[illegible]	威儀
	ཆར་འབེབས（char 'bebs）	[illegible]	行雨（八大雲之一）
	ཆུ་སྲིན（chu srin）	[illegible]	摩羯魚
	ཆོས་ཀྱི་ཕྱག་རྒྱ（chos kyi phyag rgya）	[illegible]	法印
	ཆོས་ཀྱི་དབྱིངས་ཀྱི་ཡེ་ཤེས （chos kyi dbyings kyi ye shes）	[illegible]	法界智
	མཆོག་སྦྱིན（mchog sbyin）	[illegible]	勝施妙印
	མཆོད་གཏོར（mchod gtor）	[illegible]	施食供養
ཇ（ja）	འཇམ་དབྱངས（'jam dbyangs）	[illegible]	文殊
	འཇམ་དཔལ་དབྱངས（'jam dpal dbyangs）	[illegible]	文殊
	འཇུག་པར་དབང（'jug par dbang）	[illegible]	能入
	འཇིགས་བྱེད（'jigs byed）	[illegible]	黑暗（八大雲之一）
	འཇིགས་བྱེད་ཐོད་པ་ཅན （'jigs byed thod pa can）	[illegible]	堪畏懼 （八大屍林之一）
	རྗེ་བཙུན（rje btsun）	[illegible]	至尊
ཉ（nya）	ཉན་ཐོས（nyan thos）	[illegible]	聲聞
	ཉལ་བ（nyal ba）	[illegible]	睡眠
	ཉེ་དབང（nye dbang）	[illegible]	遍入天
	ཉེ་བར་བཀུག་པ（nye bar bkug pa）	[illegible]	挽於近旁

	ཉེ་བའི་སྙིང་པོ（nye ba'i snying po）	[illegible]	根本心咒
	སྙིང་རྗེ（snying rje）	[illegible]	悲心
	སྙིང་ག་ཆོས་ཀྱི་འཁོར་ལོ（snying ga chos kyi 'khor lo）	[illegible]	心間法輪
	སྙིང་པོ་ཀྱེ་རྡོ་རྗེ（snying po kye rdo rje）	[illegible]	精粹喜金剛
	སྙིང་པོ（snying po）	[illegible]	心咒
	མཉམ་པར་བཞག་པ（mnyam par bzhag pa）	[illegible]	入定
	མཉམ་པར་མ་བཞག་པ（mnyam par ma bzhag pa）	[illegible]	出定
	མཉམ་པ་ཉིད་ཀྱི་ཡེ་ཤེས（mnyam pa nyid kyi ye shes）	[illegible]	平等性智
	བསྙེན་པ（bsnyen pa）	[illegible]	修念
	གཉིས་སུ་མེད་པའི་ཡེ་ཤེས（gnyis su med pa'i ye shes）	[illegible]	無二智
	སྙོམས་པར་ཞུགས་པ（snyoms par zhugs pa）	[illegible]	交合
ཏ（ta）	རྟ་བབས（rta babs）	[illegible]	牌坊
	ལྟེ་བ་སྦྲུལ་པའི་འཁོར་ལོ（lte ba sbrul pa'i 'khor lo）	[illegible]	臍間變化輪
	ལྟེ་བའི་གཏུམ་མོའི་མེ（lte ba'i gtum mo'i me）	[illegible]	臍輪火
	གཏུམ་དྲག（gtum drag）	[illegible]	甚愚拙（八大屍林之一）
	གཏུམ་པོ（gtum po）	[illegible]	威猛（八大雲之一）
	རྟོག་པ（rtog pa）	[illegible]	妄
	སྟོང་ཉིད（stong nyid）	[illegible]	空性
	སྟོང་པའི་ངང（stong pa'i ngang）	[illegible]	空界
	སྟོབས་པོ་ཆེ（stobs po che）	[illegible]	大力
ཐ（tha）	ཐ་མལ་པ（tha mal pa）	[illegible]	凡庸
	ཐ་མལ་གྱི་གཉིད（tha mal gyi gnyid）	[illegible]	凡睡
	ཐ་མལ་གཡེང་བ（tha mal gyeng ba）	[illegible]	凡散
	ཐམས་ཅད（thams cad）	[illegible]	一切
	ཐག་ཟངས་རིས（thag zangs ris）	[illegible]	妙織
	ཐིག་ལེ（thig le）	[illegible]	明點
	ཐུན་མོང་མ་ཡིན་པའི་དཀོན་མཆོག་གསུམ（thun mong ma yin pa'i dkon mchog gsum）	[illegible]	不共三寶

	ཐུན་མོང་མ་ཡིན་པའི་སྲུང་བའི་འཁོར་ལོ（thun mong ma yin pa'i srung ba'i 'khor lo）	[illegible]	不共守護輪
	མཐུག་པོ（mthug po）	[illegible]	深厚（八大雲之一）
	ཐོད་པ（thod pa）	[illegible]	頭器
	ཐོ་རངས（tho rangs）	[illegible]	黎明
ད（da）	དམ་ཚིག（dam tshig）	[illegible]	誓言
	དམ་ཚིག་པ（dam tshig pa）	[illegible]	誓言尊
	དམ་ཚིག་མགོན（dam tshig mgon）	[illegible]	三昧怙
	དམ་ཚིག་གི་ཕྱག་རྒྱ（dam tshig gi phyag rgya）	[illegible]	三昧耶印
	མདའ་ཡབ་དང་པུ་ཤུ（mda' yab dang pu shu）	[illegible]	女牆箭垛
	དྲག་དུ་དགོད་པ（drag du dgod pa）	[illegible]	哈哈笑（八大屍林之一）
	དྲག་པོ（drag po）	[illegible]	大自在天
	དྲག་པོ（drag po）	[illegible]	威猛
	དྲང་སྲོང་འདུས་པ（drang srong 'dus pa）	[illegible]	仙人聚（八大護界神之一）
	བསྡམས་པའི་བསམ（bsdams pa'i bsam）	[illegible]	戒律心
	ལྡང་བ（ldang ba）	[illegible]	覺起
	དྲི་ཆུ（dri chu）	[illegible]	香水
	དྲི་ཆེན（dri chen）	[illegible]	大香
	དྲིལ་བུ（dril bu）	[illegible]	鈴
	སྡིགས་མཛུབ（sdigs mdzub）	[illegible]	期克印
	བསྡུ（bsdu）	[illegible]	攝
	བདུད་བཞི（bdud bzhi）	[illegible]	四魔
	དུར་ཁྲོད（dur khrod）	[illegible]	屍林
	དུས་གསུམ་མགོན་པོ་རྣམས（dus gsum mgon po rnams）	[illegible]	三世諸世尊
	བདེ་བའི་ངང（bde ba'i ngang）	[illegible]	安樂界
	དེ་དག（de dag）	[illegible]	彼等
	དེ་ཙམ（de tsam）	[illegible]	唯量
	དེ་ནས（de nas）	[illegible]	復次
	རྡོ་རྗེའི་ས་གཞི（rdo rje'i sa gzhi）	[illegible]	金剛地基

	རྡོ་རྗེའི་ར་བ（rdo rje'i ra ba）	[illegible]	金剛城牆
	རྡོ་རྗེའི་གུར（rdo rje'i gur）	[illegible]	金剛寶帳
	རྡོ་རྗེ་བདག་མེད་མ（rdo rje bdag med ma）	[illegible]	金剛無我母
	དོ་ཤལ（do shal）	[illegible]	梵繩
	གདོལ་པ་མོ（gdol pa mo）	[illegible]	屠戶母
	ལྡོག་བྱེད（ldog byed）	[illegible]	退馳（八大雲之一）
	དོན་ཡོད་གྲུབ་པ（don yod grub pa）	[illegible]	不空成就
	འདོད་པའི་རྒྱལ་པོ（'dod pa'i rgyal po）	[illegible]	欲王
	ཌཱ་མ་རུ（ḍāmaru）	[illegible]	鼗鼓
	ཌོམྦི་ནཱི（ḍombinī）	[illegible]	ḍombinī（八天母之一）
ན（na）	རྣམ་པར་སྣང་མཛད（rnam par snang mdzad）	[illegible]	大日如來
	ནམ་མཁའི་སྙིང་པོ（nam mkha'i snying po）	[illegible]	虛空藏
	རྣལ་འབྱོར་པ（rnal 'byor pa）	[illegible]	瑜伽師
	རྣལ་འབྱོར་མ（rnal 'byor ma）	[illegible]	瑜伽母
	སྣ་ཚོགས་རྡོ་རྗེ（sna tshogs rdo rje）	[illegible]	交杵
	སྣང་གྲགས（snang grags）	[illegible]	流傳
	ནོར་སྦྱིན（nor sbyin）	[illegible]	財神
	གནོད་སྦྱིན（gnod sbyin）	[illegible]	夜叉
	གནོད་སྦྱིན་གྱི་སྡེ་དཔོན（gnod sbyin gyi sde dpon）	[illegible]	夜叉主（八大護界神之一）
	གནོད་མཛེས（gnod mdzes）	[illegible]	妙害
	སྣོད་ཀྱི་འཇིག་རྟེན་གྱི་ཁམས（snod kyi 'jig rten gyi khams）	[illegible]	器世間
	སྣོད་བཅུད（snod bcud）	[illegible]	情器世間
པ（pa）	དཔའ་བོ（dpa' bo）	[illegible]	勇士
	སྤྱན་རས་གཟིགས（spyan ras gzigs）	[illegible]	觀世音
	སྤྱི་བོའི་འཁོར་ལོ（spyi bo'i 'khor lo）	[illegible]	頂輪
	སྤྱི་བོ་བདེ་བ་ཆེན་པོའི་འཁོར་ལོ（spyi bo bde ba chen po'i 'khor lo）	[illegible]	頂間大樂輪
	སྤྲིན་གྱི་རྒྱལ་པོ（sprin gyi rgyal po）	[illegible]	雲神（八大護界神之一）
	དཔེ་བྱད་བཟང་པོ་བརྒྱད་ཅུ（dpe byad bzang po brgyad cu）	[illegible]	八十隨好
	སྤྱོད་ལམ（spyod lam）	[illegible]	行止
	པདྨ་མཐར་བྱེད（padma mthar byed）	[illegible]	蓮究竟
	པུཀྐ་སཱི（pukkasī）	[illegible]	pukkasī（八天母之一）

ཕ（pha）	ཕྱག་མཚན（phyag mtshan）	[illegible]	標幟
	ཕྱག་རྒྱ（phyag rgya）	[illegible]	手印
	ཕྱག་རྒྱ་ཆེན་པོ（phyag rgya chen po）	[illegible]	大手印
	ཕྱག་ན་རྡོ་རྗེ（phyag na rdo rje）	[illegible]	金剛手
	ཕན་ཡོན（phan yon）	[illegible]	功德
	ཕྱི་རོལ་གྱི་དངོས་པོ་རྣམས（phyi rol gyi dngos po rnams）	[illegible]	外諸物
	འཕྲུལ་འཁོར（'phrul 'khor）	[illegible]	幻輪
	ཕྱོགས་སྐྱོང（phyogs skyong）	[illegible]	護方神
བ（ba）	བྱང་ཆུབ་སེམས་དཔའ（byang chub sems dpa'）	[illegible]	菩提薩埵
	བྱང་ཆུབ་ཀྱི་སེམས（byang chub kyi sems）	[illegible]	菩提心
	བྱམས་པ（byams pa）	[illegible]	慈氏
	དབང་ཕྱུག་ནགས་ཚལ（dbang phyug nags tshal）	[illegible]	俱足林（八大屍林之一）
	དབང་བཞི་པ（dbang bzhi pa）	[illegible]	第四灌頂
	དབང་བསྐུར（dbang bskur）	[illegible]	灌頂
	དབང་ལྡན（dbang ldan）	[illegible]	自在
	དབང་པོ（dbang po）	[illegible]	帝釋
	འབྲས་བུ་ལྷར་བསྐྱེད་པ（'bras bu lhar bskyed pa）	[illegible]	佛果增長
	འབྲས་བུ་རྡོ་རྗེ་འཛིན་པ（'bras bu rdo rje 'dzin pa）	[illegible]	果金剛持
	འབར་བ（'bar ba）	[illegible]	火焰
	བླ་མ（bla ma）	[illegible]	上師
	བྱ་བ་ནན་ཏན་གྱི་ཡེ་ཤེས（bya ba nan tan gyi ye shes）	[illegible]	成所作智
	བྱིན་གྱིས་བརླབ（byin gyis brlab）	[illegible]	加持
	སྦྲུལ་ཞགས（sbrul zhags）	[illegible]	蛇羂索
	སྦྲུལ་མགོའི་གདེངས་ཀ（sbrul mgo'i gdengs ka）	[illegible]	蛇冠
	དབུ་རྒྱན（dbu rgyan）	[illegible]	頭冠
	བུམ་པའི་དབང（bum pa'i dbang）	[illegible]	瓶灌頂
	དབྱུག་ཏོ（dbyug to）	[illegible]	短杖
	དབྱུག་སྔོན་ཅན（dbyug sngon can）	[illegible]	青杖
	བེ་ཏཱ་ལཱི（vetālī）	[illegible]	vetālī（八天母之一）
མ（ma）	མ་ཧེ（ma he）	[illegible]	水牛
	མ་ལུས་པ（ma lus pa）	[illegible]	一切
	མི་བསྐྱོད་པ（mi bskyod pa）	[illegible]	不動佛

	མི་གཡོ་བ（mi gyo ba）	[illegible]	不動
	མི་མགོ་སྐམ་པོ（mi mgo skam po）	[illegible]	骷髏
	མི་མགོ་སྐམ་པོ་ལྔ（mi mgo skam po lnga）	[illegible]	五骷髏冠
	མུ་ཏིག（mu tig）	[illegible]	珍珠
	མུན་པ་མི་བཟད་པ（mun pa mi bzad pa）	[illegible]	無窮黑暗（八大屍林之一）
	མེ་ལོང་ལྟ་བུའི་ཡེ་ཤེས（me long lta bu'i ye shes）	[illegible]	大圓鏡智
	མཱ་མ་ཀཱི（māmakī）	[illegible]	我母
ཙ（tsa）	རྩ་སྦུབས（rtsa sbubs）	[illegible]	脈道
	རྩ་བའི་སྔགས（rtsa ba'i sngags）	[illegible]	根本咒
	རྩ་བའི་ཞལ（rtsa ba'i zhal）	[illegible]	本面
	རྩ་དབུ་མ（rtsa dbu ma）	[illegible]	中脈
	རྩིག་པ（rtsig pa）	[illegible]	城牆
	གཙུག་ཏོར་འཁོར་ལོས་སྒྱུར་བ（gtsug tor 'khor los sgyur ba）	[illegible]	頂髻轉輪
	རྩེ་གསུམ（rtse gsum）	[illegible]	三叉戟
	གཙོ་བོ（gtso bo）	[illegible]	主尊
	ཙུ་ཏ（cuta）	[illegible]	cuta（八大樹之一）
	ཙཎྜ་ལཱི（caṇḍalī）	[illegible]	caṇḍalī（八天母之一）
	ཙཽ་རཱི（caurī）	[illegible]	caurī（八天母之一）
ཚ（tsha）	ཚང་ཚིང་འཁྲིགས་པ（tshang tshing 'khrigs pa）	[illegible]	密叢林（八大屍林之一）
	ཚངས་པ（tshangs pa）	[illegible]	梵天
	ཚད་མེད་པ་བཞི་བསྒོམ་པ་ནི（tshad med pa bzhi bsgom pa ni）	[illegible]	發四無量心
	མཚན་བཟང་པོ་སུམ་ཅུ་རྩ་གཉིས（mtshan bzang po sum cu rtsa gnyis）	[illegible]	三十二相
	ཚེ་ཐོག་མ་མེད་པ（tshe thog ma med pa）	[illegible]	無始時
	ཚེགས་མེད་པར་འགྲུབ་པ（tshegs med par 'grub pa）	[illegible]	易證
	ཆོས་ཀྱི་དབྱིངས་ཀྱི་རྡོ་རྗེ་མ（chos kyi dbyings kyi rdo rje ma）	[illegible]	法金剛母
	ཚོགས（tshogs）	[illegible]	眾
ཛ（dza）	འཛག་པ（'dzag pa）	[illegible]	清流
	རྫོགས་པའི་རིམ་པ（rdzogs pa'i rim pa）	[illegible]	圓滿次第
ཞ（zha）	ཞགས་པ（zhags pa）	[illegible]	羂索
	གཞལ་ཡས་ཁང（gzhal yas khang）	[illegible]	勝妙殿

	ཞིང་སྐྱོང（zhing skyong）	[illegible]	護界神
	གཞུ་བདུངས（gzhu bdungs）	[illegible]	彎弓
ཟ（za）	ཟུང་འཇུག（zung ’jug）	[illegible]	雙運
	གཟུང་འཛིན（gzung ’dzin）	[illegible]	能所、二取
འ（’a）	འུར་འུར་འབར་བ（’ur ’ur ’bar ba）	[illegible]	遍燃燒（八大屍林之一）
	འོག་སྒོ（’og sgo）	[illegible]	下門
	འོད་དཔག་མེད（’od dpag med）	[illegible]	無量光
ཡ（ya）	ཡན་ལག་ཀུན（yan lag kun）	[illegible]	五體
	ཡན་ལག（yan lag）	[illegible]	支分
	ཡབ（yab）	[illegible]	父尊
	ཡབ་ཡུམ་གཉིས（yab yum gnyis）	[illegible]	父母二尊
	ཡང་དག་པར་རྫོགས་པའི་སངས་རྒྱས（yang dag par rdzogs pa’i sangs rgyas）	[illegible]	正遍知
	ཡི་དྭགས་འདུས་པ（yi dwags ’dus pa）	[illegible]	鬼魔聚（八大護界神之一）
	ཡིད་བཞིན་ནོར་བུ（yid bzhin nor bu）	[illegible]	如意寶
	ཡི་གེ་བརྒྱ་པ（yi ge brgya pa）	[illegible]	百字明
	གཡུང་མོ（gyung mo）	[illegible]	劣種母
	ཡུམ（yum）	[illegible]	母尊
	ཡེ་ཤེས་ཀྱི་ཚོགས（ye shes kyi tshogs）	[illegible]	智慧資糧
	ཡེ་ཤེས་པ（ye shes pa）	[illegible]	智尊
	ཡོངས་སུ་རྫོགས་པ（yongs su rdzogs pa）	[illegible]	圓滿
ར（ra）	རང་བཞིན་གྱིས་མ་གྲུབ（rang bzhin gyis ma grub）	[illegible]	無有自性
	རང་དང་འདྲ་བ（rang dang ’dra ba）	[illegible]	同己
	རང་ཉིད（rang nyid）	[illegible]	我自己
	རང་བྱུང་གི་ཡེ་ཤེས（rang byung gi ye shes）	[illegible]	自然智
	རང་རང་གི་ཐད་ཀའི་ཞལ་རྣམས（rang rang gi thad ka’i zhal rnams）	[illegible]	各自對面
	རང་སངས་རྒྱས（rang sangs rgyas）	[illegible]	獨覺
	རིལ་བ་སྤྱི་བླུགས（ril ba spyi blugs）	[illegible]	淨瓶
	རིགས་ལྔ（rigs lnga）	[illegible]	五佛
	རིམ་པ་གཉིས（rim pa gnyis）	[illegible]	二次第
	རི་ཁྲོད་མ（ri khrod ma）	[illegible]	山中母
	རིག་མ（rig ma）	[illegible]	明妃

	རིན་ཆེན་འབྱུང་ལྡན（rin chen 'byung ldan）	[illegible]	寶生佛
	རླུང་གི་རྒྱལ་པོ（rlung gi rgyal po）	[illegible]	風神（八大護界神之一）
	རླུང（rlung）	[illegible]	風息
	རུས་པའི་རྒྱན་དྲུག（rus pa'i rgyan drug）	[illegible]	六骨飾
	རོ་གཅིག（ro gcig）	[illegible]	一味
	རོ་ལངས（ro langs）	[illegible]	起屍
	རོ་དང་རོ་ལངས་དང་འདྲེ（ro dang ro langs dang 'dre）	[illegible]	屍起鬼
	རོ་མ（ro ma）	[illegible]	血脈
	རཀྟ（rakta）	[illegible]	血
ལ（la）	ལག་པ་མཉམ་གཞག（lag pa mnyam gzhag）	[illegible]	禪定印
	ལས་ཀྱི་ཕྱག་རྒྱ（las kyi phyag rgya）	[illegible]	業印
ཤ（sha）	ཤ་ཆེན（sha chen）	[illegible]	大肉
	ཤ་ར་བྷ（śarabha）	[illegible]	八腳獅
	ཤ་ཤ་རཱི（śavarī）	[illegible]	śavarī（八天母之一）
	ཤ་ཟ（sha za）	[illegible]	食肉鬼
	གཤིན་རྗེ（gshin rje）	[illegible]	獄帝
	གཤིན་རྗེ་གཤེད（gshin rje gshed）	[illegible]	獄帝主
	ཤི་རི་ཤ（śiriśa）	[illegible]	śiriśa（八大樹之一）
	ཤིང་ཆེན་པོ（shing chen po）	[illegible]	大樹（八大樹之一）
	ཤེས་རབ་མཐར་བྱེད（shes rab mthar byed）	[illegible]	慧究竟
	ཤེས་རབ་ཡེ་ཤེས་ཀྱི་དབང（shes rab ye shes kyi dbang）	[illegible]	智慧灌頂
ས（sa）	ས་བོན（sa bon）	[illegible]	種字
	སའི་སྙིང་པོ（sa'i snying po）	[illegible]	地藏
	སངས་རྒྱས་སྤྱན་མ（sangs rgyas spyan ma）	[illegible]	佛眼母
	གསང་གནས（gsang gnas）	[illegible]	父密
	གསང་བའི་དབང（gsang ba'i dbang）	[illegible]	秘密灌頂
	སངས་རྒྱས（sangs rgyas）	[illegible]	佛
	གསང་གསུམ་གནས（gsang gsum gnas）	[illegible]	三密處
	གསལ་བར་དམིགས（gsal bar dmigs）	[illegible]	顯察
	སྲིད་གསུམ་སྒྲོལ་མཛད（srid gsum sgrol mdzad）	[illegible]	度有（救度三有）
	སྲིན་པོ（srin po）	[illegible]	羅刹

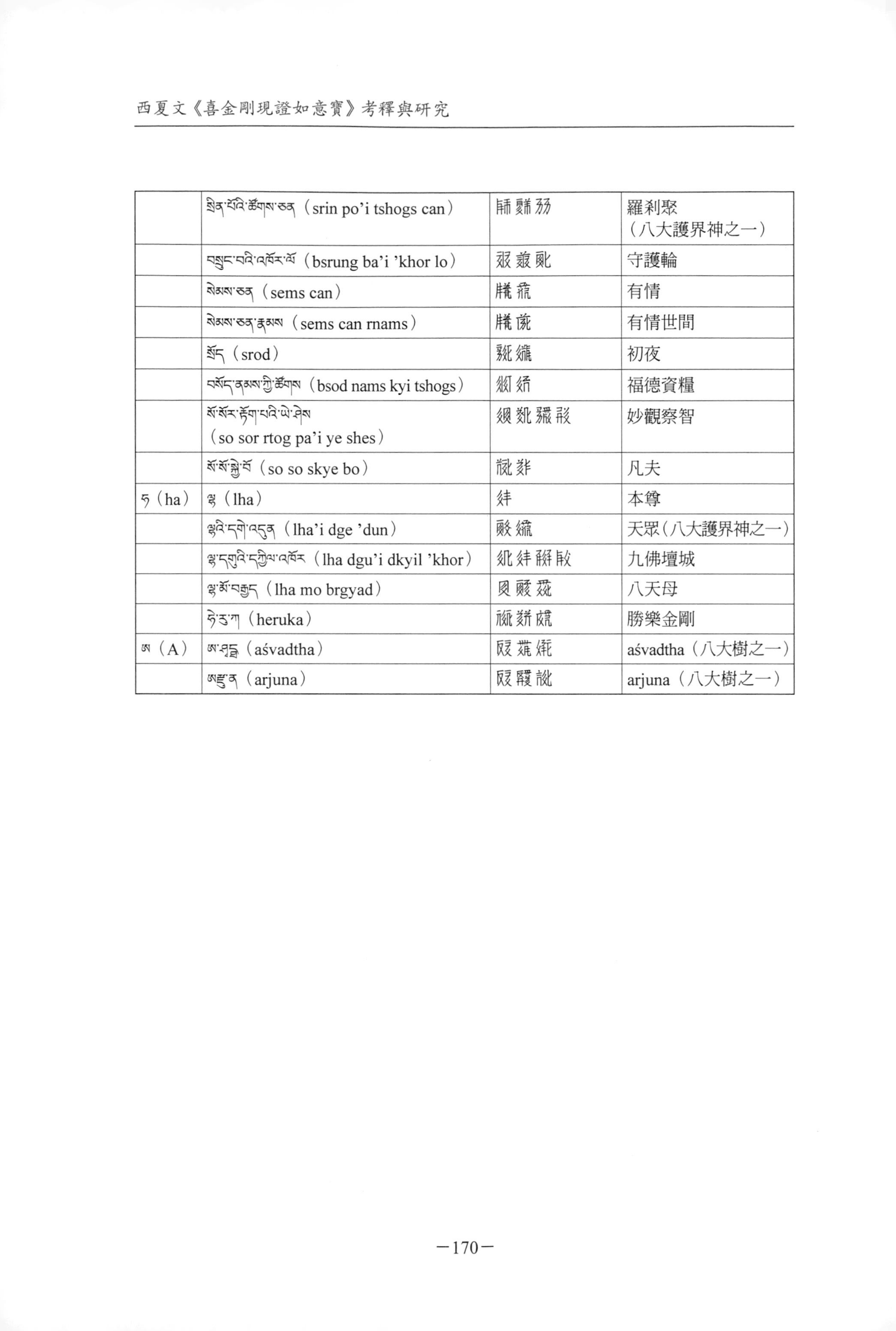

	སྲིན་པོའི་ཚོགས་ཅན（srin po'i tshogs can）	[illegible]	羅刹聚 （八大護界神之一）
	བསྲུང་བའི་འཁོར་ལོ（bsrung ba'i 'khor lo）	[illegible]	守護輪
	སེམས་ཅན（sems can）	[illegible]	有情
	སེམས་ཅན་རྣམས（sems can rnams）	[illegible]	有情世間
	སྲོད（srod）	[illegible]	初夜
	བསོད་ནམས་ཀྱི་ཚོགས（bsod nams kyi tshogs）	[illegible]	福德資糧
	སོ་སོར་རྟོག་པའི་ཡེ་ཤེས （so sor rtog pa'i ye shes）	[illegible]	妙觀察智
	སོ་སོ་སྐྱེ་བོ（so so skye bo）	[illegible]	凡夫
ཧ（ha）	ལྷ（lha）	[illegible]	本尊
	ལྷའི་དགེ་འདུན（lha'i dge 'dun）	[illegible]	天眾（八大護界神之一）
	ལྷ་དགུའི་དཀྱིལ་འཁོར（lha dgu'i dkyil 'khor）	[illegible]	九佛壇城
	ལྷ་མོ་བརྒྱད（lha mo brgyad）	[illegible]	八天母
	ཧེ་རུ་ཀ（heruka）	[illegible]	勝樂金剛
ཨ（A）	ཨ་ཤྭདྠ（aśvadtha）	[illegible]	aśvadtha（八大樹之一）
	ཨརྫུ་ན（arjuna）	[illegible]	arjuna（八大樹之一）